REBELLES

ANNE VERMÈS

REBELLES

Elles sont vos coachs !

Enrick B.
ÉDITIONS

www.enrickb-editions.com

Conception couverture : Marie Dortier
Réalisation couverture : Comandgo

ISBN : 978-2-38313-272-1

À ma fille Mathilde, dont l'altérité lumineuse m'émerveille.

Sommaire

Introduction

« Au théâtre de la mémoire, les femmes sont ombre légère[1]. *»*
nous rappelle Michelle Perrot,
historienne de la condition ouvrière féminine du XIX*e siècle. »*
« Le silence est l'ordinaire des femmes[2] *»*

Se taire, se soumettre à la règle, emmurer ses émotions, ses espoirs et ses drames, le silence des femmes est depuis longtemps la discipline du monde et des familles, une règle politique, économique et sociale. Depuis toujours, la posture naturelle des femmes est l'écoute et le repli des mots au fond d'elles-mêmes. Le récit historique ne laisse aux femmes qu'une place marginale : elles sont rarement considérées pour elles-mêmes, mais plutôt comme une alerte. Dans les archives publiques, centrées sur les actes liés à l'administration du pouvoir, les femmes n'apparaissent que lorsqu'elles troublent l'ordre public, signe avant-coureur de fièvre sociale et d'abattement collectif. Les traces des femmes dans l'Histoire dominante sont infimes, restées dans l'opacité des mémoires familiales et le secret des greniers. Et que dire des archives qui se font muettes dès qu'il s'agit de femmes ?

---

1. PERROT, Michelle, *Les femmes ou le silence de l'histoire*, Paris, Flammarion, 2020, p. 47.
2. PERROT, Michelle, *Les femmes ou le silence de l'histoire*, Paris, Flammarion, 2020, p. 17.

Pourtant, si ce constat reste vrai, les temps changent. Faut-il voir dans le mouvement #MeToo le déclencheur d'une vague inarrêtable qui ne cesse de charrier son lot de dénonciations des discriminations, de harcèlement via des témoignages et des livres qui portent les voix de ces femmes ? Le nombre d'ouvrages publiés sur les femmes oubliées de l'Histoire[3], les femmes d'exception, les femmes d'État et leur art d'exercer le pouvoir ne cesse d'augmenter : une façon de remettre en lumière ces parcours féminins qui redonnent une place légitime à des figures souvent controversées. Car c'est ainsi que, depuis toujours, la même petite musique se fait entendre lorsque l'on évoque des femmes qui ont eu du pouvoir (d'influence, d'action) : elles sont souvent décrites soit comme manipulatrices, soit réduites à être manipulées.

Avez-vous donc entre les mains un nouvel ouvrage évoquant des parcours féminins, sortis des coulisses de l'histoire, pour lesquels la mise en lumière pourrait être considérée comme une réparation ?

Ce livre résulte d'une passion conjointe pour l'histoire et pour la compréhension du comportement humain, notamment dans les phases de changement et de transition. Coach formée aux neurosciences et particulièrement à l'ANC (Approche neurocognitive et neurocomportementale)[4],

---

3. Cf. CHAIRA, Patricia et LÉPINE, Dorothée, « Les oubliées de l'histoire », *Le Figaro. Hors collection. Femmes, d'État, l'art du pouvoir*, sous la direction de FULDA, Anne, 2022.

4. Initiée par le docteur Jacques Fradin dans les années 1980, l'ANC, ou approche neurocomportementale et neurocognitive, est une approche à la fois scientifique et pragmatique de l'homme et de son environnement social, professionnel et personnel. Transdisciplinaire, elle s'enrichit des dernières avancées réalisées par les sciences du cerveau et du comportement, en mettant notamment l'accent sur les liens entre les changements d'attitude et les structures neuronales impliquées. L'ANC propose une modélisation des comportements pour ensuite mieux les gérer et interagir avec nuance et sérénité avec les autres.

je décrypte depuis plus de vingt-trois ans, avec une équipe d'historiens, les clés du succès de 150 leaders/leadeuses qui ont fait face à des changements, des obstacles, et qui peuvent nous transmettre des inspirations pour agir aujourd'hui.

Je soutiens aussi des femmes sortant de période de harcèlement, de violences psychologiques et sexuelles. J'accueille ces récits de violence insidieuse, permanente, ces preuves de stéréotypes et de mécanismes de domination toujours à l'œuvre aujourd'hui dans l'intimité de foyers, dans l'entreprise, dans les sphères publiques comme privées. Ce sont des femmes en quête d'accomplissement, ne sombrant jamais dans la volonté de puissance, mais au contraire soucieuses de leur mission à accomplir et, pour les plus fragiles, prêtes à relever le défi de la réparation et de la résilience.

Ces longues années de pratique m'ont permis d'établir un constat : nous avons besoin d'inspirations qui agissent comme des catalyseurs d'envie et d'enthousiasme. Dans ces moments où la vision se brouille, où les doutes enferment, où l'incertitude paralyse, connaitre quelques grandes figures de l'humanité a de quoi guider et rassurer. Animée par l'idée de partage et de transmission, je raconte les moments clés de la vie de ces figures du passé et modélise des outils/méthodes qui peuvent éclairer et guider nos trajectoires personnelles et nous aider à agir plutôt que subir.

Cette démarche est le fondement de ce livre. Je raconterai les étapes clés de la vie de six femmes du passé : politique, syndicaliste, artiste, cinéaste, journaliste, ethnologue, dont le destin s'est forgé avec la force et l'énergie de combattantes. Peu connues ou oubliées, ces femmes ne doivent leur destinée qu'à la puissance de leur volonté et à leur énergie vitale. Des encadrés s'installeront au fil de la lecture pour vous permettre de réfléchir, de comprendre et de développer vos ressources en répondant aux questions en utilisant les outils, méthodes et protocoles modélisés à partir de ces parcours de vie. Ces encadrés sont donc conçus comme une véritable boite à outils pour traverser remous et changements avec audace et détermination, caractéristiques communes de ces femmes.

Ce livre est une invitation à un voyage intime et complice avec ces « Rebelles de l'Histoire », qui pourront devenir, le temps de cette lecture, des coachs de vie !

CHAPITRE I

Lucie Baud (1870-1913), ou se délivrer de la peur

Son nom ne vous dit probablement rien... Figure fugitive du début du XXe siècle dans le milieu si original des ouvrières de la soie dans l'Isère, Lucie Baud – que Caroline Fourest appelle « la révoltée de la soie » – a pourtant été la première femme syndicaliste française. Il a fallu l'opiniâtreté de l'historienne Michelle Perrot[1] pour aller débusquer de maigres indices sur son parcours dans son village natal, petite ville au cœur du Vercors, Saint-Pierre-de-Mésage.

Quelle est la trajectoire de cette femme,
qui va devenir une actrice de premier plan du mouvement
ouvrier de l'Isère et plus généralement de France ?
En quoi cette lutte la délivre-t-elle de la peur des femmes
de l'époque, aux prises d'une société hostile
ou indifférente au sort des ouvrières ?
Pour quelles raisons décide-t-elle de résister face aux exigences
d'un patronat peu sensible à la condition ouvrière ?
Quels sont ses objectifs dans cette prise de parole ?
Comment vit-elle les risques majeurs de représailles ?
Quelles voies nous offre-t-elle pour nous délivrer de la peur d'agir,
au nom d'une mission ou d'un idéal ?

---

1. Cf. PERROT, Michelle, *Mélancolie ouvrière*, Paris, Points, coll. « Histoire », 2014.

Née dans le Dauphiné, terre de soies

Lucie Baud voit le jour le 28 février 1870 à Saint-Pierre-de-Mésage, au hameau de la Croix, en Isère. Elle nait dans un contexte politique et économique désastreux : la défaite de Sedan durant le conflit franco-prussien accouche de la IIIe République le 4 septembre 1870. La population est révoltée, affamée, brutalisée après la répression de la Commune de Paris.

Localement, le pays est rude, aux hivers longs et froids. Les paysans peinent à cultiver des parcelles minuscules, au milieu de vastes propriétés. La présence de rivières fournissant l'énergie hydraulique permet aux habitants de lancer des activités industrielles à domicile autour du textile et de la chaussure.

Travailler la terre et développer une activité artisanale « à domicile » font partie intégrante de l'identité régionale. Ce sont les filles qui seront les maitresses d'œuvre de ce lien entre l'usine et la campagne. L'industrie de la soie s'ancre solidement sur ce territoire.

La mécanisation progressive des métiers liés à la soie impose un changement de rôles entre les hommes et les femmes. Ces dernières conquièrent la partie la plus noble de l'activité, le tissage, jusqu'alors dévolu au travail masculin. Les plus jeunes sont des acteurs majeurs dans ce développement économique : en 1931, 25 % des ouvriers et des ouvrières ont moins de 20 ans.

Lucie est la première enfant d'un très jeune couple. Ses parents ont alors respectivement 20 et 21 ans. C'était l'usage dans les classes populaires de se marier jeune. La position d'ainée de Lucie lui donne plus de devoirs que de droits. Dans ce contexte social et économique rude, elle a peu de place pour elle, pour ses rêves et ses projets. Contribuer dès son plus jeune âge aux besoins de sa famille remplit déjà, et pour longtemps, toute sa vie.

Mais Lucie bénéficie d'un atout qui se révélera essentiel pour la future syndicaliste. Elle peut, à l'inverse de ses parents, apprendre à lire et à écrire et bénéficie à ce titre de l'effort de scolarisation pour les filles lancé dès la moitié du XIXe siècle. La loi Guizot (1833) dispensait les communes de moins de 800 habitants d'ouvrir une école pour les filles ; la loi Falloux (1850) les y oblige à présent. Saint-Pierre est concerné et fait appel, comme la majorité des communes, aux congrégations religieuses.

Au XIXe siècle, ces congrégations triomphent dans l'éducation féminine et « les filles doivent être élevées sur les genoux de l'église[2] ».

L'emprise religieuse et cléricale est forte. Le curé joue un rôle fondamental dans l'installation des écoles, le recrutement des maitres et exerce une pression sur les fidèles pour envoyer leurs filles chez les sœurs. Les notables et les industriels, cherchant à maintenir sur place la main-d'œuvre féminine, n'hésitent pas à financer ces congrégations, solution peu onéreuse pour alphabétiser et former les futures ouvrières des soieries de la région.

La discipline y est rigoureuse, des sentences et des morales sont affichées sur les murs des classes : « Le travail assure le succès, Il faut faire attention aux signes », « Dieu aime les enfants qui écoutent[3] ».

Lucie passe probablement son certificat d'études dans ce contexte étouffant et rigide. Est-elle une élève docile ou rebelle ? Prend-elle du plaisir à apprendre ? Aucune source ne nous permet de répondre à ces questions. Une chose est sûre : la jeune femme maitrise l'expression écrite et saura, plus tard, structurer ses arguments avec méthode pour semer le vent de la révolte.

---

2. Cf. LANGLOIS, Claude, *Le catholicisme au féminin. Les congrégations françaises à supérieure générale au XIXe siècle*, Paris, Éditions du Cerf, 1984.

3. LANGLOIS, Claude, *Le catholicisme au féminin. Les congrégations françaises à supérieure générale au XIXe siècle*, Paris, Éditions du Cerf, 1984.

L'usine à 12 ans

> « Je suis entrée comme apprentie chez MM. Durand frères, au Péage de Vizille, au commencement de 1883. J'avais alors 12 ans.[4] »

On imagine cette toute jeune fille, main dans la main avec sa mère de seulement 20 ans son ainée, dévalant la pente douce de Saint-Pierre pour arriver, en janvier 1883, dans l'entreprise Durand frères. Émilie, sa mère, y travaille déjà et a vraisemblablement facilité l'embauche de Lucie. C'est chose courante entre mères et filles de réaliser ce genre de transmission. Elles parlent peu, concentrées sur le respect de la charge de travail et les horaires contraignants. Cette petite fille d'à peine 12 ans pénètre dans l'enceinte de l'usine Durand, vouée à la soie. C'est une des plus anciennes du canton ; elle emploie plus de 600 personnes. Cette usine structure l'urbanisme du village avec ses bâtiments industriels et de vastes dortoirs d'ouvrières. À l'origine, le fondateur loge sur place selon le principe du paternalisme qui veut que le maitre demeure au milieu de ses ouvriers. La seconde génération de dirigeants trouve pourtant plus confortable de vivre en ville, à Lyon notamment, et de déserter le lieu de production. Plus tard, Lucie ne manquera pas de reprocher ce comportement à M. Duplan.

Elle y reste cinq ans : toute son adolescence.

Qu'apprend Lucie de cette période d'adolescence ? En quoi ces cinq années à l'usine façonnent-elles sa vision du monde ? Comment concilie-t-elle sa vie à l'usine, les tâches ménagères auxquelles elle doit contribuer et l'éveil de sa personnalité ?

Le vécu émotionnel de Lucie sur cette période est inconnu. On sait cependant que le travail de ces très jeunes filles est

---

4. Témoignage de Lucie Baud, *Le Mouvement socialiste*, n° 199, 15 Juin 1908.

cyclique, sans perspective de carrière. L'ensemble de l'apprentissage se concentre sur le respect des horaires. Le travail est pénible, fatigant pour le dos, les yeux et les mains. Les ouvrières piétinent toute la journée pour surveiller les métiers et les navettes qui font un mouvement incessant et un bruit assourdissant. Les ateliers sont mal ventilés, les poussières de soie irritent les bronches. De plus, les machines peuvent être dangereuses car la navette peut s'échapper et blesser les doigts. Les journées de douze heures s'enchainent... Dur régime pour ces corps d'adolescentes !

Lucie découvre surtout le rapport de force notoirement défavorable aux ouvrières. Un défaut, un manque de rapidité et le salaire diminue. Les sommes convenues avec les parents de ces enfants sont rarement respectées. Elle s'interroge sur la nature du pouvoir, ce pouvoir des hommes sur les femmes, notamment sur le corps des femmes.

Soumettre les corps, tel est bien l'objectif affiché par le patronat de l'époque, rendu possible par l'Église au sein de « couvents soyeux », où de très jeunes filles sont enfermées toute leur jeunesse. Le but de ce système carcéral est de façonner une bonne ouvrière, c'est-à-dire docile et silencieuse.

Une fois embauchées dans les filatures, ces jeunes femmes retrouvent un système de management fondé sur la brutalité et la domination.

Les contremaitres, considérés comme des oppresseurs potentiels, favorisent les jeunes filles les plus jolies et profitent de leur poids hiérarchique pour parfois abuser d'elles. Le droit de cuissage est à l'œuvre. Lucie se tait, mais n'accepte pas la dégradation systématique des femmes – particulièrement des très jeunes. Elle entend s'affirmer en elle une révolte contre l'acceptation de l'asservissement et du rabaissement systématique. Elle écoute les témoignages de ces jeunes filles et saura, le moment venu, se faire l'écho de leurs revendications et leur redonner ainsi dignité et respect.

Se révéler : Lucie ou les chemins de la révolte

Lucie, après ces cinq années d'adolescence chez Durand frères, intègre l'usine Duplan, à quelques kilomètres de chez elle, à Vizille. Malgré les conditions de travail difficiles, cette jeune fille, ardente et remplie d'énergie, goûte la joie de vivre de ses 20 ans. En octobre 1891, à 21 ans, elle quitte la maison pour épouser un homme plus âgé qu'elle, Pierre Jean Baud, 40 ans. Il est veuf et elle choisit de se marier hors de son village, pratique peu courante à l'époque. On l'espère amoureuse. Elle change en tout cas de statut social car la municipalité héberge ce garde-champêtre dans un logement attenant à la mairie. C'est un homme connu de tous, avec une certaine aura. Est-ce cela qui a plu à Lucie ?

Depuis le décret du 20 messidor an III (8 juillet 1795), toutes les communes doivent se doter d'un garde-champêtre. Il est une voix qui informe les citoyens des avis municipaux, au son de son fidèle tambour. Il assiste également la police rurale pour poursuivre maraudeurs et braconniers. Nommé garde-champêtre en avril 1889, Pierre Baud le restera jusqu'à sa mort, en juillet 1902, ce qui suppose une bonne entente et une acceptation réciproque entre lui, le maire et les habitants.

En huit ans, Lucie donne naissance à trois enfants : Lucie-Alexandrine en 1892, Pierre Auguste en 1897 et Marguerite en 1900. Son fils ne vivra que quelques mois. À cette époque, plus de 40 % d'enfants de moins de un an décèdent ; les classes populaires sont particulièrement touchées.

La mort rôde et Pierre, son mari, décède en juillet 1902. Son patron, le maire, le suit dans la mort. En trois jours, Vizille perd son maire et son garde-champêtre. Pierre est enterré dans son village natal, à Saint-Pierre-de-Mésage. Lucie y fait graver une plaque commémorative, révélatrice : « Ici repose Pierre Jean Baud, décédé à Vizille le 9 juillet 1902 dans sa cinquante-troisième année. Bon époux, bon père, il laisse à sa famille d'éternels regrets. »

Aucune mention religieuse ; la famille Baud est connue pour être athée et libre-penseuse.

Dans l'immédiat, la perte de son époux entraîne des conséquences douloureuses pour la famille : Lucie doit quitter le logement de fonction et se retrouve seule avec deux filles de 10 et 3 ans.

Comment garder la maîtrise de son existence quand tout reposait sur le statut social de son époux ? Cette mort la libère-t-elle également ? C'est précisément ce que suggère Fabien Gaveau : « Pierre Baud avait intérêt à ce que rien ne suscite la réprobation chez lui. Il aurait perdu son emploi, son traitement. Son épouse pouvait être une militante mais sans être identifiée[5]. » Son statut d'épouse invitait donc Lucie à cette éternelle soumission. Celui-ci ayant disparu, la jeune femme se retrouve seule à décider de son existence, avec les contraintes nouvelles et pesantes de la précarité économique.

Comment passer d'une posture de « soumission »
face aux dures règles de l'usine à celle d'actrice de sa vie ?
Quelle métamorphose Lucie doit-elle opérer
pour faire émerger son projet de vie et le matérialiser
dans un contexte extrêmement difficile ?
Que doit-elle changer pour assumer ce nouveau rôle ?

Lucie développe une nouvelle conscience, en se concentrant sur des émotions longtemps contenues et qui génèrent une perception inédite d'elle-même. Elle va, au cours des quatre années qui suivent, se libérer du carcan républicain, patronal et familial en développant une conscience aigüe de son rôle et du sens nouveau qu'elle veut donner à son existence. Quatre années d'une densité exceptionnelle qui lui conféreront une relative notoriété, faire d'elle une « héroïne » ; comme

5. Gaveau, Fabien, « De la sureté des campagnes. Police rurale et demandes d'ordre en France dans la première moitié du XIX siècle », *Crimes, Histoire et Sociétés*, vol. IV, n° 2, 14 avr. 2011.

l'entend le dictionnaire *Le Robert* : « Femme d'un grand courage qui fait preuve par sa conduite, en des circonstances exceptionnelles, d'une force d'âme au-dessus du commun. »

Comment développer une conscience de soi ?

Les inspirations de Lucie pour développer une conscience nouvelle de son identité

Considérés comme une énigme, la localisation de la conscience humaine et son fonctionnement interrogent des générations de scientifiques. Antonio Damasio, directeur du Brain and Creativity Institute, est l'un des auteurs les plus influents de la psychologie mondiale.

Après avoir expérimentalement démontré que nous ne pouvons effectuer de choix rationnels sans nos émotions[6], il avance dans son dernier ouvrage[7] une théorie originale : notre conscience ne serait pas le produit des régions les plus sophistiquées de notre cerveau, mais des plus anciennes, là où, précisément, naissent les émotions.

Les sentiments seraient essentiels dans la construction de la conscience, en ce sens que notre cerveau nous fournit « les expériences mentales que nous associons systématiquement à notre être, c'est-à-dire à nous-mêmes ». Damasio parle de « mariage » du système nerveux avec le corps ; car le système nerveux apporte la possibilité de rendre les expériences explicites, il permet de « confier » à la mémoire des connaissances, ouvrant ainsi la voie à des manipulations d'images qui permettent la réflexion. Damasio écrit des sentiments qu'« ils sont la partition musicale qui accompagnent nos idées et nos actions ».

Lucie développe une conscience nouvelle d'elle-même à partir de sentiments qui émergent et qui lui transmettent

6. Cf. DAMASIO, Antonio, *L'Erreur de Descartes*, Paris, Odile Jacob, 1994.
7. DAMASIO, Antonio, *Sentir et savoir : une nouvelle théorie de la conscience*, Paris, Odile Jacob, 2022.

une vision différente de sa réalité. À titre d'exemple, elle laisse surgir, face aux conditions des ouvrières, sa colère, qui fonde un processus de conscientisation (l'injustice de leurs conditions) et débouche sur une action concrète : créer le premier syndicat des ouvrières de la soie en France. Les sentiments sont donc, d'une certaine façon, l'inauguration de la conscience. Informateurs, ils nous poussent à faire quelque chose de cette information et à donner un sens différent à notre action, voire à notre existence.

COACHING

Comme Lucie, quel que soit le moment de votre vie, laissez-vous guider par ces questions et voyez ce qui émerge :

- *à quel sentiment, maintenant, je décide de porter attention ?*
- *quelles informations cela me donne-t-il sur l'action à mener ?*
- *qu'est-ce qui me contraint à l'intérieur de moi ?*
- *si je devais lever cette contrainte, qu'est-ce qui changerait pour moi ?*

Lucie, syndicaliste

Après toutes ces années, sa longue observation des rapports sociaux apporte à Lucie une conviction : il est nécessaire de se doter d'une organisation syndicale. Étymologiquement, le mot syndicat dérive du grec ancien *sún* (avec, ensemble) devenant le mot latin *syndicus*, « l'avocat ou le représentant d'une ville ». Lucie s'approprie d'emblée la posture de défenseuse et de porte-parole. Dans ses très rares écrits, elle utilise le « nous », quasiment jamais le « je ». Une seconde conviction émerge également : la nécessité de développer une intelligence collective. Elle perçoit la puissance de ce fonctionnement collectif, quand celui-ci est bien orchestré. Lucie initiera une nouvelle façon de raisonner collectivement et de coopérer. Elle se révèlera d'une modernité saisissante, sachant adopter des règles exigeantes, que les scientifiques décriront, 150 ans plus tard, comme des leviers de performance d'une équipe.

Quatre mois après la mort de son époux, Lucie fonde donc le premier Syndicat des ouvriers et des ouvrières en soieries du canton de Vizille. Les statuts sont déposés le 30 novembre 1902. Fin décembre, plus de 180 personnes y ont déjà adhéré ! La force de conviction de Lucie génère un certain enthousiasme. Ces femmes, jusque-là « soumises et passives », n'hésitent pas à franchir le pas et à afficher leur choix. Lucie crée ce syndicat grâce à la Bourse du travail de Grenoble. Elle découvre les deux courants syndicaux qui s'affrontent dans le Dauphiné : les guesdistes (Parti ouvrier français) et les anarchistes. Elle rencontre le secrétaire de la Fédération du textile de Lyon, Charles Auda, qui, plus tard lors des grèves de Vizille et de Voiron, la soutiendra.

Ces deux courants, s'ils s'opposent, brulent d'énergie et de rêves qui tout à coup paraissent accessibles. C'est dans cette atmosphère survoltée que Lucie goûte pleinement la réalité douce des mots « soutien » et « solidarité ». Elle trouve ce qui lui manque tant : de la compassion, de la chaleur humaine, un élan collectif (qu'elle saura développer et maintenir vivace), une présence qui met à distance cette longue solitude, cette gangue briseuse de rêves. Cette période de création, voire de créativité, lui apporte d'infinies compensations à la dureté de son quotidien.

En 1904, elle est choisie comme déléguée au VIe Congrès national ouvrier de l'industrie textile, qui a lieu à Reims, du 14 au 18 août 1904. Ce sera le seul voyage de son existence. On imagine cette jeune femme cumulant les premières expériences avec ce mélange d'excitation et de crainte : premier voyage en train, premier séjour à l'hôtel.

Seule femme parmi cinquante-quatre délégués représentant soixante-dix syndicats, elle suggère un ordre du jour sur les questions liées au travail des femmes. Le sujet n'est pas abordé et sa déception est vive. On lui adresse du « notre amie », du « collaboratrice », mais pas un espace de parole pour elle. Ravalant sa rage, elle observe silencieusement et recueille des connaissances qui lui serviront plus tard.

Comment appréhende-t-elle la réalité de cette discrimination et qu'en tire-t-elle pour sa mission de syndicaliste ?

Lucie maitrise sa déception et renforce sa capacité de rebonds en explorant les différentes facettes des succès que les grèves peuvent permettre d'acquérir et des échecs qui, selon elle, peuvent être aussi – si ce n'est plus – source d'apprentissages. Elle ressort de cette expérience avec la conviction que le temps de l'action est venu pour elle. Elle a ce qu'il faut de confiance et de détermination pour enfreindre le comportement attendu des femmes ouvrières : se taire.

Les racines de la colère

En juin 1908, Lucie publie son seul écrit au sein du *Mouvement socialiste*[8], décrivant factuellement et avec précision les motivations de son action. En arrivant à 12 ans au sein de l'entreprise Durand frères, elle travaille douze heures et surveille un métier à tisser qui frappe 80 coups/minute. À 17 ans, elle arrive chez Duplan et gère alors deux métiers à tisser avec une cadence qui a considérablement augmenté. Le directeur revient d'un voyage en Amérique et rapporte un nouveau type de métier à tisser beaucoup plus rapide, jusqu'à 300 coups/minute. Ce gain de production s'accompagne d'une diminution de 60 % du personnel.

8. BAUD, Lucie, « Les tisseuses de la soie dans la région de Virzille », *Le Mouvement socialiste*, n° 10, juin 1908, p. 418-425 ; republié par Perrot, Michelle, « Femmes en grève : Lucie Baud (1870-1913), tisseuse en soie de l'Isère », *Le Mouvement social*, n° 5, oct.-déc. 1978.

Dans les autres usines du Dauphiné, des mouvements de protestation émergent : les tisseuses de soie de l'Isère, encouragées par la conjoncture, supportent de plus en plus mal le régime des internats, la discipline des sœurs et les pratiques religieuses.

Lucie prend également conscience que Vizille n'est pas à la pointe de l'organisation syndicale et qu'elle perd du terrain. En fine analyste de la situation, elle note que le directeur de l'usine augmente la durée de travail tout en allégeant les effectifs par petits paquets, de huitaine en huitaine : il renvoie ainsi une cinquantaine d'ouvrières sur 200. « C'était pour elles une menace d'être congédiées d'un instant à l'autre. Nous avons préféré, devant cette alternative, nous mettre en grève[9]. »

Lucie découvre l'ivresse du pouvoir du « non » et déclenche une grève en mars 1905 qui très vite prend de l'ampleur : 200 femmes, des cortèges de soutien de 2 000 à 3 000 personnes, hurlant leur révolte sous les fenêtres de M. Duplan. Ces cortèges parcourent la ville et chantent *L'Internationale* ou *La Marseillaise*.

Lucie fédère des personnes différentes autour d'un objectif commun. Elle sait organiser des tours de paroles pour que chacune de ces femmes puisse s'exprimer et générer des idées pour mener cette grève. Elle cherche à créer un débat contradictoire plus efficace, pense-t-elle, qu'un compromis mou. Faut-il voir dans cette liberté nouvelle d'expression les fondements d'une action créative, inédite et joyeuse ?

Cette foule de jeunes femmes a aussi envie de se réjouir, de chahuter ; cette grève, c'est aussi une opportunité pour rompre un quotidien morose et pesant. Ces manifestantes se rendent à l'usine, avec casseroles et chaudrons, sonnettes et sifflets à roulette. C'est une joyeuse pagaille : elles s'en donnent à cœur joie et font du boucan jusqu'au milieu de la nuit, en lançant slogans et invectives contre M. Duplan.

---

9. BAUD, Lucie, « Les tisseuses de la soie dans la région de Virzille », *Le Mouvement socialiste*, n° 10, juin 1908.

Début avril, les manifestants s'en prennent aux forces de police : « Enlevez le bouc ! », hurlent-ils à l'attention du commissaire de police. Quelques vitres sont brisées. Lucie désapprouve immédiatement la violence, mais soutient leurs revendications.

Lucie sait, avec beaucoup d'habileté, user de tous les outils de communication dont elle dispose : réunions à la mairie, assemblées, meetings. Cette ville, qu'elle a si souvent arpentée dans ses allers-retours quotidiens entre l'usine et sa maison, devient son espace de contestation, de partage, de rêve...

Elle se découvre oratrice, organisatrice de réunions, d'assemblées. Elle est partout : interlocutrice de la presse et du patronat, elle fait renaitre une pratique mêlant solidarité matérielle et convivialité avec les « soupes communistes ». Elle met sur pied un vaste réseau de solidarités. « Les secours matériels et moraux ne nous firent pas défaut, et nos cantines eurent un grand succès : les jours de marché, les paysans étaient nombreux qui venaient goûter notre soupe[10]. »

Lucie se révèle une véritable cheffe de projet en logistique : elle anticipe les besoins de cette communauté et utilise les spécificités sociétales de celle-ci, notamment la pluriactivité agricole qui offre des ressources alimentaires non négligeables.

Elle maitrise sa communication en produisant des affiches et des tracts. Elle sait interpeller sur le fonds du sujet : « Camarades, frères et sœurs de travail, nous laisserez-vous rentrer en esclaves au bagne capitaliste ? », sans perdre son sens concret : « Vous êtes priés d'adresser vos dons à la camarade Veuve L. Baud, secrétaire, 10 rue Jardins à Vizille[11]. » Elle a intégré à la vitesse de l'éclair les codes de communication pour être comprise de ses pairs. Les journalistes l'ont bien

10. BAUD, Lucie, « Les tisseuses de la soie dans la région de Virzille », *Le Mouvement socialiste*, n° 10, juin 1908.

11. PERROT, Michelle, *Mélancolie ouvrière*, Paris, Points, coll. « Histoire », 2014, p. 118.

compris et titrent : « 100 jours de grève, 100 jours de lutte de 200 femmes[12] ».

Comment incarner dans le syndicat une vision différente du pouvoir, une vision partagée c'est-à-dire où chacun est sollicité dans la prise de décision par exemple et où l'initiative est au cœur du fonctionnement de l'organisation ? Que nous apprend Lucie sur les modalités pour créer un groupe intelligent collectivement ?

Les inspirations de Lucie pour développer un futur désirable et mobiliser une équipe

Quand une organisation, une équipe, une personne veut modifier sa façon d'appréhender son environnement, il faut réorganiser sa perception et son interaction avec ce dernier. Cette démarche demande une reconfiguration interne. Lucie passe d'observatrice avisée à leader/chef de projet en privilégiant deux axes :

Axe 1 : organiser concrètement le collectif autour de trois piliers

- Objectifs courts, clairs et concrets : maintien des salaires, réintégration des ouvrières, reconnaissance du syndicat ;
- cohérence des actions : organisation de réunions, rédaction de tracts, etc. ;
- clarté des règles par une discipline individuelle et collective : pas de pillage, pas d'initiative sans en référer à Lucie.

Axe 2 : faire émerger un « futur désirable » *pour engager des efforts conséquents de la part des équipes et déployer persévérance et créativité*

Lucie comprend que pour déclencher un changement durable, il est nécessaire de construire un futur désirable,

12. Perrot, Michelle, *Mélancolie ouvrière*, Paris, Points, coll. « Histoire », 2014, p. 118.

suffisamment stimulant pour engager des efforts en prévision d'une récompense future. En neurosciences, nous appelons cela le « plaisir différé », soit la capacité à renoncer à une gratification immédiate pour obtenir une récompense plus importante à long terme. Cette capacité est liée à la maturation du cortex préfrontal, une région du cerveau qui est impliquée dans la prise de décision, la planification et le contrôle de l'impulsion.

COACHING

En vous inspirant de la posture et de l'action de Lucie, lorsque vous voulez engager une action qui demande des efforts conséquents à vos équipiers de projet, commencez par vous poser les questions suivantes :

- *que voulez-vous vraiment ?*
- *quel est votre rêve de futur, que vous avez l'audace de formuler ?*
- *quels bénéfices pouvez-vous en tirer ? Quels bénéfices pouvez-vous en tirer, collectivement ?*
- *sur quoi devez-vous prioritairement concentrer vos efforts pour atteindre la première étape de votre projet ?*

Un autre aspect déterminant dans les processus collectifs de changement concerne la nécessité d'une sécurité psychologique et relationnelle. Lors de situations stressantes, l'amygdale s'emballe et libère des hormones typiques du stress, tel que le cortisol ou l'adrénaline (le corps réagit par une accélération du rythme cardiaque, notamment). Face à cet emballement psychocorporel, le comportement se radicalise : on veut fuir, lutter ou se soumettre. Lucie, du fait de son expérience, connait l'insécurité sociale, économique et probablement psychologique, et veillera de façon constante à créer des conditions de sécurité (approvisionnements en nourriture, logistique, etc.). Elle contribuera ainsi à réduire le plus possible la peur qui bloque les initiatives.

Les inspirations de Lucie pour créer un groupe intelligent collectivement

Le syndicat est pour Lucie l'occasion d'expérimenter la force d'un collectif. Elle met en œuvre des principes qui figurent, selon les chercheurs[13], parmi les plus efficaces pour rendre un groupe intelligent.

Quels sont-ils ?

COACHING

1. Diversité cognitive : rassembler dans des groupes projets des individus aux opinions et compétences diverses est une base de la performance d'un groupe. Il s'agit de mixer des compétences différentes : des compétences créatives/des compétences d'organisation/ des compétences relationnelles

2. Il est également nécessaire d'entremêler des types de personnalités diverses : des individus qui ont confiance en eux et d'autres plus anxieux, qui sauront poser des questions sur ce qui se passe si la première solution ne fonctionne pas. Lucie n'hésite pas à opter pour une diversité culturelle (elle rassemble les ouvrières italiennes et françaises dans un combat commun), elle mixe des compétences organisationnelles et créatives.

3. Partage des informations et tours de paroles nombreux. Cette dernière condition permet d'éviter deux biais cognitifs fréquents dans les groupes et qui peuvent atténuer l'intelligence collective. Il s'agit du biais de

13. Cf. Woolley, Anita W., Chabris, Christofer F., Pentland, Alex, Hasmi, Nada et Malone, Thomas W., « Evidence for a Collective Factor in the Performance of Human Groups », *Evidence*, vol. CCCXXX, n° 6004, 2010, p. 686-688.

conformité qui nous pousse à adopter le point de vue de la majorité et le biais de confirmation qui nous amène à sélectionner parmi les informations et les arguments échangés, ceux qui confortent et confirment notre propre point de vue. Plus le partage d'informations est fluide entre les membres d'un groupe, plus les débats sont contradictoires, et plus ces biais sont neutralisés. Lucie a intuitivement compris le fonctionnement de ces biais, puisque, d'une part, elle veille à transmettre et à coordonner toutes les informations au sein de son groupe de syndicalistes et, d'autre part, invite au débat et à l'expression des opinions des uns et des autres, surtout si elles sont différentes.

Quelle modernité étonnante chez Lucie, et quel sens collectif !

Se libérer de la peur

Comment réussir à garder le cap, passer outre les obstacles, maintenir suffisamment de confiance en soi pour résister aux pressions dans le rapport de force de Lucie avec ses employeurs ?

En quelques mois, Lucie est devenue l'interlocutrice de tous les acteurs locaux : patronat, presse, pouvoir public. Elle profite de cette nouvelle notoriété pour préciser clairement ses revendications : maintien du salaire au niveau actuel, réintégration de tout le personnel sans exception et reconnaissance du syndicat par le patron.

Ce dernier point met le feu aux poudres. Discuter avec un représentant passe encore, mais reconnaitre une entité juridique, comme un syndicat, que M. Duplan vit comme un contre-pouvoir permanent est tout simplement impossible et inacceptable. Duplan maintient sa position fondée sur la peur et la menace (baisser les salaires et fermer l'usine).

Il refuse catégoriquement les demandes réitérées de Lucie de dialoguer en sa qualité de leader du comité de grève.

Le maire, M. Baret, tente une médiation en rencontrant M. Duplan, qui ne modifie en rien ses arguments et annonce un tarif encore plus bas. Lucie persiste à vouloir créer un dialogue direct avec le patron plutôt qu'avec le directeur et, alors que le nouveau tarif est validé par la direction, Lucie se déclare prête, au nom des siens, « à une guerre à outrance[14] ».

Duplan reste bouche bée. Comment une « petite bonne femme », ouvrière et paisible épouse de feu le garde-champêtre, peut-elle lui asséner, avec un aplomb et une présence spectaculaire : « Je n'ai pas peur de vous M. Duplan. J'ai devant moi, un capitaine qui fait danser des millions qu'il n'a pas gagnés[15] ! »

Cette ouvrière défie seule cet homme qui incarne et résume l'image que les ouvriers ont à l'époque de leur patron : « Des jouisseurs spéculateurs, avant tout dilapidant l'or prélevé sur leurs ouvriers[16]. »

Quel chemin intime Lucie a-t-elle fait pour
« se délivrer de la peur » et rester pleinement lucide
et adaptative dans ce moment de tension ?
Que pouvons-nous en tirer face
à nos propres peurs et comment les gérer ?

Les inspirations de Lucie pour terrasser sa peur

Lucie mobilise, à cet instant précis, son intelligence adaptative pour résister à l'impact paralysant de la peur. Comment s'y prend-elle ?

14. BAUD, Lucie, « Les tisseuses de la soie dans la région de Virzille », *Le Mouvement socialiste*, n° 10, juin 1908.

15. BAUD, Lucie, « Les tisseuses de la soie dans la région de Virzille », *Le Mouvement socialiste*, n° 10, juin 1908.

16. PERROT, Michelle, « Comment les ouvriers voyaient leur patron », *Cahier du Mouvement social*, 1979.

- Elle reste concentrée sur la finalité de cette lutte : obtenir des conditions de travail dignes ;
- elle rationalise la situation en analysant les causes et les conséquences de ce conflit et évite, ainsi, la contamination émotionnelle de la peur ;
- elle garde une cohérence intérieure en se concentrant sur ce qu'elle croit être juste et efficace et choisit d'être dans une posture authentique plutôt que se conformer à ce que la société pourrait attendre d'elle.

Cette cohérence intérieure façonne deux comportements nouveaux chez elle : une joie dans la résistance et une observation amusée de l'inversion des rôles et des rapports de force.

Comment réduire l'impact émotionnel de la peur et, comme Lucie, garder intactes nos capacités d'action et de réflexion ?

Comment notre cerveau réagit-il face à la peur ?

L'amygdale est une région du cerveau considérée comme le centre du circuit cérébral de la peur. Elle reçoit des signaux sensoriels provenant de différentes parties du cerveau, telles que les yeux (informations visuelles) et les oreilles (informations auditives), les évalue rapidement pour détecter des stimuli potentiellement menaçants et engendre alors la réponse comportementale adaptée : le sujet se prépare à fuir, à combattre ou à se figer, assurant ainsi sa survie.

Un des leviers pour éviter cette contamination émotionnelle du sentiment de peur consiste à insérer du rationnel dans l'irrationnel et de nommer de façon concrète nos peurs. Voici, en s'inspirant de Lucie, une façon de gérer vos peurs :

COACHING

Petit guide pratique pour gérer ses peurs

1) Une première étape consiste à nommer ce qui vous fait peur de façon précise. Par exemple : « Je crains

d'échouer » est trop vague, qu'est-ce qui *précisément* vous fait peur ? « J'ai peur d'oublier des informations importantes lors de mon entretien d'embauche » ;

2) Une seconde étape consiste à identifier, pour chaque peur, le risque factuel que cette peur se réalise. Ex : « J'ai peur de parler devant plus de 3 personnes ». « Quel est le pourcentage où vous avez échoué (bégayer/arrêter de parler) quand vous deviez vous exprimer ? » ;
3) Sélectionnez les risques les plus importants et posez-vous la question suivante : « Que puis-je faire pour anticiper ce risque ? » ;
4) Enfin, dernière étape, si le risque survient, quelles solutions avez-vous pour le gérer ? Lister toutes les idées qui vous viennent et noter celles que vous pouvez mettre en œuvre.

Cet exercice stimule votre cortex préfrontal (et plus spécifiquement le cortex préfrontal ventromédian) qui joue un rôle essentiel dans la régulation émotionnelle et la modulation de la peur.

Il contribue à évaluer la pertinence du stimulus de peur et permet de générer une réponse appropriée. Le sentiment de peur étant de nature invasive et peu nuancée, cet exercice permet de le rationaliser.

Cela permet à l'individu de construire une stratégie d'action.

D'ouvrière oubliée, Lucie gagne avec cette grève longue ses galons : le 1er mai, son collègue syndicaliste félicite cette mère de famille qui, sans souci des critiques, a su maintenir haut et ferme le prestige de l'action syndicale. Cependant, la grève est une impasse. Lucie demande que toutes soient réembauchées mais le patron négocie individuellement.

Elle est alors exclue. La chambre syndicale lui organise une soirée d'adieu où les louanges ne manquent pas. Néanmoins, derrière la tentative d'en faire une héroïne, Lucie fait l'objet de critiques acerbes.

Comment cette jeune femme ose-t-elle marier, avec un certain succès, objectifs concrets, convivialité et créativité (avec notamment l'organisation de ces charivaris nocturnes, si différents des formes de contestation d'alors) ? Comment peut-elle vouloir associer grève et fête ? La grève est un sujet *masculin* et *sérieux*. Les socialistes, face à l'inventivité joyeuse de Lucie et craignant le ridicule, lui demanderont de s'abstenir ou de revenir à des formes d'expression plus décentes.

Lucie connaît ce mépris. À un journaliste qui lui posait la question du pourquoi n'était-elle pas allée signaler ses doléances à la mairie, elle répond : « Peuh, nous ne sommes pas électeurs. À l'usine Duplan, les grévistes hommes sont très peu nombreux, ce sont les femmes qui constituent la grande majorité des chômeurs, et vous comprenez, notre situation n'offre aucun intérêt électoral. Les femmes, ça ne compte pas dans un scrutin[17]. »

Lucie : de la soie dans l'organisation

Lucie déménage à Voiron avec ses deux filles et y trouve rapidement du travail. Son séjour sera bref, exalté et tragique.

Pour Lucie, Voiron représente un changement de cadre, de dimension et d'environnement. En 1906, la ville compte plus de 20 000 habitants. Quand Lucie arrive, plus de 1 500 ouvrières, réparties dans quatorze usines, composent le paysage économique. Cette ville couve depuis longtemps une sourde colère contre les journées à rallonge, l'encadrement étroit et la soumission à une discipline de fer au sein de ces usines aux salaires médiocres.

Avant l'arrivée de Lucie, des débrayages spontanés ont lieu dans certains lieux de travail. Les ouvrières manient pétitions, chants et cortèges avec courage et un certain culot.

17. BAUD, Lucie, *Le Petit Dauphinois*, avr. 1905.

Légalistes, elles croient en la médiation républicaine et sollicitent le préfet : « Nous vous prions d'user de vos droits et d'intervenir dans cette affaire afin que nous en venions à un arrangement honorable[18]. » Elles vont même jusqu'à l'attendre devant la préfecture, en vain ! Enjouées, spontanées, parfois naïves, elles se lancent dans des grèves éphémères, sans organisation efficace, faiblement soutenues par les familles paysannes et souvent vouées à l'échec.

Lorsque Lucie arrive, elle dresse un constat implacable de la situation et se concentre sur une seule priorité : s'organiser. En décembre 1905, ses valises à peine posées, elle contacte Charles Auda et convoque les ouvrières exilées de Vizille et venues travailler à Voiron à une assemblée syndicale interprofessionnelle.

Elle connait bien les turbulences oratoires de ces groupes de femmes, dont l'expression nouvelle s'accorde de débats passionnés et volubiles. Forte de son expérience, la syndicaliste sait accueillir ces paroles tout en recentrant les débats vers des objectifs atteignables. Avec douceur et fermeté, elle guide la synthèse de cette assemblée vers l'émergence collective de deux revendications concrètes : un tarif unique sur l'ensemble des usines et une journée de huit heures au lieu des douze habituelles.

Cette dernière revendication, pour utopique qu'elle semble être dans la région, esquisse avec trente ans d'avance une philosophie où le travail ne composerait pas l'unique occupation d'une vie. Lucie, soutenue par Charles Auda, transforme donc des mouvements sporadiques et inorganisés en une action concertée, qui se développe dès février 1906.

Voiron est touché par un mouvement de grèves protéiformes qui concernent toutes les usines. Cette grève ouvre

18. GAUTIER, Andrée, « Les ouvrières de la soie dans le Bas-Dauphiné sous la Troisième République », fév. 1876, p. 46 ; « Les ouvrières de la soie dans le Bas-Dauphiné sous la Troisième République », *Le Monde alpin et rhodanien. Revue régionale d'ethnologie*, vol. XXIV, *Mémoires d'industries*, n°s 2-41996, p. 89-105.

un espace médiatique dans lequel les ouvriers s'invitent. Les objectifs des photographes captent ces hommes cravatés défiant dans des cortèges, chaque jour plus nombreux. Ils photographient ces longues silhouettes féminines, emmitouflées sous des manteaux et des caracos, en ce printemps glacial de 1906. Ces cortèges se dirigent vers les « bagnes féminins » où croupissent les Italiennes, dont le sort révolte de longue date Lucie. Elle décide, avec Charles Auda, qui parle italien, d'aller les voir pour les convaincre de rejoindre le mouvement. En arrivant devant cet « internat », elle constate leur peur. Totalement dépendantes de ces structures, blâmées par leur famille si elles ne respectent pas les règles, elles sont réticentes à accepter de suivre Lucie. Cette dernière sait pourtant donner du sens à leur refus, et les Italiennes se sentent accueillies au sein de ces groupes d'ouvrières.

Du 16 mars à la mi-avril, la grève est quasi générale et toutes les usines sont fermées. Le mouvement est pacifiste, même si le verbe assassine le patron.

Les choses se compliquent lorsque le patronat décide de recruter de jeunes paysannes pour suppléer à l'absence des ouvrières. Celles-ci tentent, à leur arrivée, de les intégrer dans leur mouvement, souvent avec succès.

Le préfet, face à cette situation inédite, fait appel à la troupe : 3 000 soldats débarquent dans une ville de 15 000 habitants. Sans anticipation logistique, cette arrivée complexifie la situation. Jamais Voiron n'a été aussi proche du chaos.

Lucie endosse de nouveau un rôle qu'elle maitrise à la perfection. Nouvelle venue, elle a permis d'organiser la résistance mais n'est pas en première ligne. Elle décide de soigner une organisation dont elle pressent qu'elle devra tenir dans la durée. Elle s'implique dans la gestion de cantine comme elle l'avait fait à Voiron, avec ses « soupes communistes ». Elle collecte, cuit, distribue. La grève dure douze jours.

Selon Lucie, le mouvement de contestation est un succès : la réduction des salaires est freinée par l'adoption d'un tarif unificateur et les internats doivent fournir des chambres aérées et du linge propre.

Dans l'immédiat, plus de 700 femmes sont licenciées, dont Lucie. Le recrutement de jeunes paysannes pour faire fonctionner les usines est mal vécu par ces ouvrières. Une autre figure féminine, Cécile Poncet, va tirer parti de cet échec relatif en créant un syndicat libre féminin, issu du catholicisme social, allergique à la lutte des classe, réformiste et non révolutionnaire. Lucie a-t-elle perçu ce changement et en a-t-elle été affectée ?

Malgré les risques qu'elle encourt et un contexte perturbé,
comment Lucie arrive-t-elle à décider sereinement,
en gardant son intelligence au pouvoir ?
Quelles idées cela nous donne pour décider
dans des circonstances instables ?

Les inspirations de Lucie pour décider dans un contexte instable

Comment prendre une décision en utilisant son intelligence adaptative ?

Quand vous avez une décision importante à prendre et que vous êtes dans un état de stress, comment réussir à prendre une bonne décision ?

COACHING

Suivons le protocole de Lucie pour prendre une décision dans un contexte instable :

Commencez par vous poser cette première question :

Quelle signification cette décision a-t-elle pour moi ? Autrement dit, au travers de cette décision, quels sont mes enjeux, qu'est-ce que cela représente pour moi ?

Quels sont les faits concrets ?
- Listez les faits en votre possession qui sont liés à cette décision

1) Quels sont les opinions et jugements des personnes impliquées ?
- Dressez la liste des personnes qui sont impliquées dans votre décision et lister leurs opinions

2) Qu'est-ce que je pense vraiment de cette décision ?

Si vous ne deviez tenir compte de personne dans cette décision, quelle serait-elle ?

Et après avoir répondu aux précédentes questions, finissez par celle-ci : finalement quelle est ma décision ?

Le retour à la solitude

Après l'euphorie des moments de lutte (cortèges, soupes communistes...), où la solidarité se conjugue quotidiennement à des actions concrètes et bienfaitrices, les lendemains de grève sont empreints de mélancolie. Lucie, sans soutien, retourne à sa solitude. Elle manque d'argent et doit élever ses filles, qui n'approuvent pas ses actions. Être fille d'une « héroïne » à la réputation de semeuse de révoltes n'est pas simple quand on a 15 ans et l'envie d'être acceptée.

On imagine l'errance géographique et émotionnelle de Lucie, cherchant un travail dans ce Dauphiné où elle n'est plus la bienvenue, après avoir fédéré tant d'ouvrières autour d'elle.

Une brève du *Petit Dauphinois* mentionne, dans son édition du 11-12 septembre 1906 : « Madame veuve Baud s'est tiré trois coups de révolver dans la tête. La nouvelle de cette tentative de suicide a vivement impressionné la population ouvrière de Voiron où Madame Baud était très estimée. »

Lucie a prémédité son geste. Elle laisse des lettres, expliquant des soucis de famille, à l'origine de sa tentative de suicide. C'est dans la solitude de son appartement qu'elle décide d'en finir. Elle utilise un révolver et se tire trois coups dans la bouche. Une amie la découvre baignant dans son sang et appelle les forces de police. Ils découvriront ses lettres. Lucie gardera comme séquelle une mâchoire fracassée.

Lucie la pacifiste retourne la violence qu'elle a combattue contre elle. Elle le fait de façon virile, touchant sa gorge et sa bouche. Celle qui a trouvé sa voie en dénonçant la réalité de la condition ouvrière et féminine, celle qui a porté la voix des sans-voix, avec détermination, courage, intelligence et sensibilité, s'effondre dans une solitude glacée, incomprise de ses proches.

C'est dans un strict anonymat que s'éteint, le 7 mars 1913, à 43 ans, cette figure du syndicalisme féminin. Aucun avis dans la presse ne parait. Après sa tentative de suicide, le seul texte qu'elle écrit est publié dans *Le Mouvement socialiste* : il apparait clairement que ses convictions demeurent intactes : pour elle, la solidarité, l'union et l'organisation fondent la force des syndicats.

Rebelle oubliée de l'histoire, femme singulière dans ce mouvement ouvrier naissant, valorisant le « nous » plutôt que le « je », Lucie nous interroge face à ses silences, ses mystères et sa quête de justice qui l'a conduite à la révolte. Elle représente, par ailleurs, cette éthique spécifique du mouvement ouvrier, résistants têtus à parler de soi, de leurs émotions et de leurs sentiments, mais se jetant de toutes leurs forces dans ce combat collectif pour un respect des droits humains. Elle nous invite, par son parcours, à clarifier le sens de nos actions et de nos combats.

CHAPITRE 2 :

Joséphine Baker (1906-1975), ou savoir jouer avec les stéréotypes

Il aura fallu attendre novembre 2021 pour que Joséphine Baker sorte d'un oubli de plus de quarante ans. Elle entre au Panthéon, seule femme noire à y accéder, apportant dans cette illustre demeure un vent de fantaisie et d'audace. « Elle aurait, écrit son fils Jean-Claude Bouillon-Baker, repoussé cette couronne trop lourde à porter pour le commun des mortels ; et cependant, c'est bien une enfant des rues qui partage dorénavant la chambre mortuaire de Maurice Genevois[1]. » Car Joséphine Baker symbolise « la route de ceux qui accomplissent avant de songer à s'accomplir ».

De Tumpie, surnom d'enfance que ses proches lui donnent jusqu'à la fin de sa vie, à Josie, l'informe adolescente jetée sur des routes improbables, puis Joséphine, la danseuse affirmée et iconoclaste des deux côtés de l'Atlantique, elle devient la star de la France libre, espionne et résistante. Icône absolue de la lutte contre la discrimination raciale, la veuve de Martin Luther King, Coretta Scott King, lui demande même, quelques temps après la mort de son mari de reprendre le flambeau de la lutte.

Joséphine Baker est une figure exemplaire d'une triple résilience : femme, noire et pauvre.

---

1. Cité dans BAKER, Joséphine et SAUVAGE, Marcel, *Mémoires*, Paris, Phébus, 2022, p. 7.

Elle dément à elle seule tous les déterminismes qui accablent, et emprisonnent la volonté humaine.

Comment vivre et dépasser ces trois types de discriminations ?
Quelles ressources existe-il pour affronter ces stéréotypes ?
Quels leviers activer pour se construire une vie et une identité ?

Débuts dans le Missouri : femme, noire et pauvre

Pour comprendre l'incroyable et unique ascension de Joséphine Baker, revenons à ce premier point d'ancrage : Saint-Louis, aux États-Unis, au début du XXe siècle.

Joséphine McDonald nait le 3 juin 1906 au 3rd Bernard Street d'une mère couturière, Carrie, et d'un père, Eddie Carson, d'origine espagnole. Ce dernier quitte sa femme un an à peine après la naissance de Joséphine. Carrie développe ressources et énergie pour maintenir sa famille en état de survie. Le froid, la faim, la puanteur composent l'enfance de Joséphine. Saint-Louis est alors un État esclavagiste. À la fin du XIXe siècle, les trois quarts des esclaves du Missouri travaillant dans l'agriculture sont considérés comme des biens meubles, n'ayant pas le droit d'apprendre à lire. Battre, tuer ou violer une personne noire n'est pas considéré comme un crime.

Joséphine a, dès l'enfance, une conscience aigüe de la violence économique et sociale dans laquelle elle grandit. La douleur lancinante de cette ségrégation quotidienne, la pauvreté endémique, la solitude émotionnelle d'une gamine des rues auraient pu briser en elle tout espoir.

Elle a 5 ans lorsqu'elle est admise à l'école. Son tempérament se révèle déjà : tonique, curieuse, aimant par-dessus tout être en mouvement, elle fracasse le modèle d'enseignement qui exige obéissance, discipline et soumission. « Je me battais avec toutes les maîtresses », « Je n'aime pas que l'on m'oblige à faire ceci ou cela » et « Puis, on m'empêchait de faire des grimaces ! Mais la grimace est un sport. Un sport aussi intéressant et nécessaire que les autres[2] ». À force de batailles, de changements d'école et de maitresse, Joséphine finit par découvrir la joie d'apprendre. Une matière lui apporte intérêt et réconfort : l'Histoire. Les leçons nourrissent une impulsion créatrice et un imaginaire riche et varié ; ressources précieuses qui lui seront utiles plus tard.

« J'ai appris l'Histoire avec amour, cela me passionne. Je voudrais savoir tout ce que les hommes de toutes les couleurs ont fait depuis que le monde existe[3]. »

Ce processus de stimulation intellectuelle est de courte durée. Carrie, à bout de ressources, décide de placer Tumpie dans une famille blanche pour y faire le ménage. Elle a à peine 7 ans.

On commence par lui faire revêtir de beaux habits, ce qui la met en joie. Elle écoute d'une oreille distraite les recommandations impérieuses de sa patronne, car elle vient de remarquer, dans la cave, un petit chien attaché qui l'émeut.

Elle caresse l'animal et comprend que cette cave sera sa chambre.

Les journées sont harassantes. Tumpie s'ennuie en faisant la poussière. Pour tromper son désœuvrement, elle commence à remuer épaules, jambes, bassin, pieds. Elle se regarde dans un miroir, se coiffe du plumeau sur la tête et fait des grimaces.

Elle chante et danse… pour lutter contre le découragement, pour vivre, pour exister.

Et voilà qu'en dansant, elle fait tomber un vase. Le bruit alerte Mme Kaiser, qui lui inflige une correction. Elle se saisit

2. BAKER, Joséphine et SAUVAGE, Marcel, *Mémoires*, Paris, Phébus, 2022, p. 34.

3. BAKER, Joséphine et SAUVAGE, Marcel, *Mémoires*, Paris, Phébus, 2022, p. 34-35.

d'un fouet et martèle son dos avec brutalité et détermination. Les coups brulent ses jambes frêles.

Ce soir-là, en revenant dans son sous-sol, Joséphine glisse son visage dans la fourrure du petit chien et laisse échapper des larmes : « Toi et moi, il va falloir que l'on se serre les coudes pour tenir[4] ! »

Le lendemain, le dos encore douloureux, Tumpie va à la cuisine pour y laver la vaisselle habituelle. Elle a froid et faim et commence à laver les plats. Mme Kaiser la surveille de près, prend une assiette et l'inspecte. La peur saisit Joséphine qui, par reflexe fait une grimace pour s'excuser. Tumpie a compris très tôt qu'elle pouvait se tirer d'affaire par le rire et la dérision. Faire rire le Blanc, c'est souvent échapper au plus grave !

Mme Kaiser, nullement sensible à cette grimace, prend les deux mains de la petite et les plonge dans l'eau bouillante. Tumpie hurle de douleur et s'échappe, les mains en lambeaux. Malgré son jeune âge, et de façon surprenante, elle sait tirer parti de cette situation. Émerge ainsi chez elle un choix déterminant. Puisque le métissage sociologique est impossible, puisque la brutalité du racisme quotidien constitue une réalité incontournable, elle décide de répondre à une certitude qui pointe au fond de son être : il est temps de servir ce qui la rend vivante pour s'en sortir, sa passion du chant et de la danse !

Tirer parti d'une expérience émotionnelle de la discrimination

Quelque temps après, son frère Richard lui partage une idée, alors qu'ils déneigent les abords de leur maison : « Et si tu montais un show ? Tu n'aurais qu'à faire des grimaces, à chanter et danser ! »

4. Baker, Joséphine et Sauvage, Marcel, *Mémoires*, Paris, Phébus, 2022, p. 36.

Joséphine possède une force qu'elle décide d'utiliser : elle sait faire rire. Elle aime danser et chanter.

Qu'est-ce-que l'expérience de Joséphine nous révèle sur ce qui constitue nos forces ?
Comment les trouver et les valoriser dans notre vie ?

Les inspirations de Joséphine pour se connecter à ses motivations profondes

De l'émotion à la motivation : découvrir ce qui nous rend motivé, passionné durablement et le positionner au cœur de nos choix de vie

La motivation vient du latin *motivus*, « relatif au mouvement » : ce qui met en mouvement, ce qui nous fait bouger. Motivation et émotion ont d'ailleurs la même racine étymologique. Bien gérer ses émotions s'avère fondamental pour bien gérer sa motivation. Toutefois, que veut dire « bien gérer » ses émotions ? Il s'agit de les prendre en compte, sans les étouffer ni les oublier.

L'émotion participe à ce qui nous met en mouvement. Elle est la mémoire de nos ressentis agréables ou désagréables et est donc un moteur puissant d'action. La motivation est plus souterraine, plus incorporée, ce que le docteur Jacques Fradin[5] appelle « notre système de fonctionnement personnel interne ».

À partir du moment où un individu est connecté à ses motivations profondes – que nous pouvons appeler « tempérament » – et qu'il « gère » ses émotions, il gagne en épanouissement et en stabilité dans l'action.

Comme le souligne Jacques Fradin, plusieurs choses peuvent nous empêcher d'accéder à ce qu'il appelle « un

5. Jacques Fradin est docteur en médecine, psychothérapeute, comportementaliste et cognitiviste. Il est également le fondateur de l'IME (Institut de médecine environnementale) et l'auteur de nombreux ouvrages, dont *Manager selon les personnalités*, aux Éditions d'Organisation, en 2006.

contenant motivationnel ». Il est donc crucial de les connaitre pour en déjouer les pièges :

- Habitudes, routines, coutumes sociales, familiales, professionnelles qui formatent dans un moule dont il est parfois difficile de sortir : « On a toujours fait comme cela ! »
- Le regard des autres, leurs jugements ou « leurs conseils » qui se traduisent par « Tu devrais faire comme cela ! »
- Le manque de confiance en soi, l'oubli de sa propre personnalité pour rester conforme à ce que les autres attendent de nous.

Tout le monde possède une « personnalité primaire » – ou « tempérament » – soit de manière consciente (« je sais ce que j'aime faire de façon spontanée »), soit de manière inconsciente (vous n'en êtes pas conscients, mais en observant vos comportements spontanés aidés d'un coach, vous pouvez accéder à cette richesse cachée).

Tout le monde est donc « motivable ». Connaitre son tempérament, l'affirmer, permet une certaine détente, une décontraction et une joie intérieure. Joséphine a 10 ans lorsqu'elle décide de concentrer son destin sur ce qui, en dépit des difficultés, lui apportera tout au long de sa vie un plaisir durable et une certaine résistance à l'échec.

COACHING

Pour déceler ce qui relève de votre tempérament, prenez le temps de répondre à ces questions :

- qu'est-ce qui, dans les moments chaotiques, vous (re) donne de l'énergie et de l'envie ?
- quelles sont les activités que vous aimez faire sans voir le temps passer ?
- quelles sont les choses pour lesquelles votre naturel revient au galop ?
- quels sont les talents que l'on vous prête ?

Question complémentaire : « D'après vous, quel est le pourcentage de temps à consacrer à sa/ses motivations profondes pour avoir l'énergie de faire tout le reste ? »

Les neuropsychologues s'accordent à dire que nos motivations profondes doivent pouvoir s'exprimer dans 25 à 30 % de nos activités pour nous éviter une surcharge mentale/fatigue/burn out, etc.

Dès son adolescence, Joséphine découvre ses motivations et les positionne au cœur de sa vie. Pour elle, la fantaisie, l'humour et la drôlerie sont de puissants leviers de plaisir. Elle aime également « servir » de grandes causes qui l'animeront toute sa vie, comme le militantisme pour une société diverse et inclusive ou la défense la France libre lors de son engagement en 1940.

Elle veillera, sans réellement conscientiser ce choix, à exprimer dans son métier et dans sa vie ces deux axes motivationnels. Nous pouvons y voir une explication à sa capacité toujours vive de se relever des épreuves et à agir avec énergie et détermination.

« Danser sera ma vie. »

Retrouvons Joséphine qui organise, à tout juste 10 ans, son premier spectacle. Elle confectionne un rideau, fait de pièces ajustées bout à bout. « J'avais disposé des bougies sur les boites de conserve. C'est moi qui jouais, j'avais volé les chaussures à talons hauts de ma mère et une robe dans laquelle je disparaissais, tellement elle était large. Pour entrer dans mon théâtre, il fallait payer une épingle. Il y avait représentation tous les soirs[6]. »

Un soir, Joséphine voit sa robe prendre feu et le public déserter avec rapidité le lieu. Elle se retrouve seule à batailler avec une torche de feu. Elle a juste le temps de se déshabiller

6. Baker, Joséphine et Sauvage, Marcel, *Mémoires*, Paris, Phébus, 2022, p. 36.

pour éviter de se blesser et, le lendemain, est de nouveau sur scène. Comment résister à cette gamine qui se contorsionne et décline une palette de grimaces, provoquant rires et applaudissements ? Elle s'agite, roule des yeux, louche. Dans ce théâtre, les gens oublient tout et, elle, elle se réchauffe à la lumière de leur regard. Son corps d'enfant trompe la faim et le froid par des pirouettes. Plus les temps sont durs, plus les rires sont forts et puissants. Parfois, le public, touché et ému par cette toute jeune fille, entonne lentement un chant qui lui tire les larmes des yeux. La magie du théâtre opère. Dans ce lieu improbable, la drôlerie de Joséphine adoucit la trop dure et trop violente réalité de la ségrégation de Saint-Louis.

Sur scène tout est permis : elle invente ses règles, mène le jeu, ouvre des espaces de liberté. Désormais, elle le sait : danser sera sa vie.

Un « merveilleux malheur[7] »

En ce début d'année 1917, Joséphine porte un seau de charbon, précieux butin de ses excursions au cœur de Saint-Louis, quand elle entend une clameur qui s'intensifie au fur et à mesure de ses pas. Elle aperçoit le ciel embrasé de flammes cramoisies. Une foule en panique déferle vers elle, prise en chasse par des hommes blancs armés de barres de fer et de fourches, tremblant de haine et d'injures. Vite, se cacher ! Joséphine se précipite dans une ruelle et découvre une barrique renversée. Elle plonge dedans, se recroqueville ; la tête entre ses genoux, respirant à peine. Elle se rappelle les mots de sa grand-mère : « Si les diables blancs font quelque chose, prends tes jambes à ton cou, et cache-toi, tu auras toujours

7. Référence à CYRULNIK, Boris, *Un merveilleux malheur*, Paris, Odile Jacob, 2002 ; source : « Résilience », définition sur *Mentorshow* par Boris Cyrulnik, en ligne. 2024

tort avec eux[8]. » Elle s'apprête à quitter son refuge lorsqu'un vieil homme s'agrippe au bord du fût pour y entrer. Un court instant, Joséphine plante son regard dans les yeux effrayés de l'homme. Elle distingue les pieds du policier blanc et le bout de la matraque. Sous la violence du choc, le vieil homme vacille. Le sang gicle à l'intérieur du tonneau sur la petite, pétrifiée. Tard dans la nuit, elle sort de sa cachette et retrouve les siens.

Ces émeutes de Saint-Louis verront le massacre de plus de quarante personnes et constituent pour Joséphine un événement incontestablement traumatique. Une partie de son enfance s'est arrêtée ce soir-là. Pour Boris Cyrulnik, la résilience est « la reprise d'un nouveau développement après un traumatisme ». Ainsi, ce soir-là, à partir de cette expérience émotionnelle, physique et réaliste de la barbarie et du racisme, Joséphine ancre sa vie dans la lutte contre la discrimination. Des années plus tard, lorsqu'elle effectuera une série de concerts aux États-Unis, sous le joug des barrières raciales, elle commencera son show avec la référence à cet événement.

En quoi cet épisode traumatique de la vie de Joséphine Baker nous donne-t-il des clés pour apprivoiser nos ruptures de vie ?

Les inspirations de Joséphine pour tirer parti d'une expérience physique et émotionnelle de la discrimination

1) Se protéger des impacts du traumatisme avec les souvenirs heureux d'une figure tutélaire.

Joséphine évoque, dans ses mémoires, la force de l'image de sa grand-mère qui lui intime l'ordre (au moment où elle aurait voulu aider ce vieil homme désespéré) : « Protège-toi, Tumpie ! Ils peuvent te tuer ! »

8. Cité dans BAKER, Joséphine et SAUVAGE, Marcel, *Mémoires*, Paris, Phébus, 2022, p. 35.

2) Mettre à distance ce que Cyrulnik appelle « le détracteur interne » qui juge et nous assène des phrases comme : « Tu es nulle », « Tu n'es pas capable », « Tu es misérable sous le regard de l'autre ».

3) Se créer des situations qui vont vous valoriser. Se trouver un domaine, même modeste, où vous pouvez exprimer votre valeur avec de petites victoires. Pour Joséphine, ce sera la décision de créer un spectacle, se déguiser et chanter, ce qui lui permettra de dépasser ce traumatisme.

4) Accomplir la stratégie des petits pas. L'action calmant l'anxiété, choisir une action, même infime qui vous apporte plaisir et satisfaction.

Joséphine, dès 13 ans, crée ses spectacles avec le peu de moyens dont elle dispose. Cette action régule l'intensité émotionnelle des difficultés qu'elle traverse.

À 13 ans, l'apprentissage dans les rues de Saint-Louis lui procure une expérience précieuse. Elle a déjà assimilé un immense répertoire de mouvements. La danse des jambes en caoutchouc, qu'elle développera plus tard sur les scènes parisiennes, correspond à des mouvements bien connus aux États-Unis par les danseurs de jazz des années vingt. Pour échapper aux conflits récurrents avec sa mère, Joséphine se marie à 13 ans. Elle divorcera deux ans plus tard et à 15 ans se remarie avec un certain Willie Howard Baker. Son unique rôle sera de lui donner un nom. Joséphine Baker est née.

Arrivée à New York, la jeune femme n'a qu'un seul objectif : se faire engager pour la revue *Shuffle Along*. Une loi new-yorkaise interdit d'engager des danseuses de moins de 16 ans, mais elle va tenir bon malgré les difficultés. Joséphine n'a pas choisi au hasard cette comédie musicale en trois actes qui connaitra un triomphe considérable à Broadway, avec plus de 500 représentations. C'est aussi le premier show joué par des personnes de couleur qui connait un succès fulgurant auprès de tous : « La première manifestation nègre[9] » écrira Joséphine. Les deux metteurs en scène, Blake et Sissle, envisagent de recruter une seconde troupe pour une tournée dans le pays. Joséphine décide de faire le siège du bureau d'Al Mayer, directeur du *Daly's 63rd Street Music-Hall,* où se joue *Shuffle Along.* Celui-ci se montre imperturbable : « Vous êtes trop jeune. Et puis vous êtes laide. Le corps est laid, la figure est laide[10]. » Joséphine résiste à ces jugements et reste devant le théâtre trois jours et trois nuits. « J'étais creuse, creuse à tomber en deux. Je ne savais où dormir[11]. » Elle veut travailler, elle veut danser. Elle s'enhardit et toque à la porte d'Al Mayer qui, de guerre lasse, accepte de la prendre comme habilleuse.

Sans le dire, elle apprend tous les chants et chorégraphies et attend son heure. Quand l'une des danseuses tombe malade, Joséphine propose immédiatement de la remplacer. Sissle et Blake hésitent. « Je sais me raidir quand il s'agit de gagner[12] ! », la jeune fille argumente avec fougue et rigueur, et démontre quelques pas de danse pour les convaincre. Ils acceptent. Le soir même, Joséphine se lance pour la première fois, seule sur scène. Elle entre comme l'éclair, se déchaine, se contorsionne, genoux écartés, pliés. Elle fait le grand écart, rebondit, roule des yeux, dents éclatantes, corps souple, cabré, électrique.

Le public la suit dans tous ses déhanchements, redoublant de plaisir à chacune de ses grimaces.

En ce soir d'octobre 1922, Sissle et Blake prennent conscience du « phénomène Joséphine ». Elle intègre la troupe principale l'été 1923, reconnue désormais comme une artiste.

---

9. Cité dans BAKER, Joséphine et SAUVAGE, Marcel, *Mémoires,* Paris, Phébus, 2022, p. 45.

10. BONAL, Gérard, *Joséphine Baker. Du music-hall au Panthéon,* Paris, Taillandier, coll. « Libre à elles », 2021, p. 34.

11. BAKER, Joséphine et SAUVAGE, Marcel, *Mémoires,* Paris, Phébus, 2022.

12. BAKER, Joséphine et SAUVAGE, Marcel, *Mémoires,* Paris, Phébus, 2022.

Les griffes de la misère, l'écho glacé de sa solitude d'enfant et la dureté des relations avec sa mère s'estompent.

Les inspirations de Joséphine pour être dans le « Flow » et y rester

Selon les différentes recherches en sciences sociales et les travaux d'Abraham Maslow de 1954, notre bien-être suppose la relative satisfaction d'aspirations fondamentales, celles qui sont « naturelles et nécessaires ».

Il existe sept catégories de besoins essentiels :

- les besoins corporels ;
- les besoins de stimulations ;
- les besoins de stabilité et de cohérence ;
- le besoin de relations affectives ;
- le besoin d'activités ;
- le besoin de contrôler une partie de l'environnement ;
- le besoin d'estime de soi.

Certains comportements satisfont plusieurs besoins à la fois. Par exemple, pour Joséphine, apprendre des textes par cœur (sans être sûre de pouvoir être sur scène), créer des costumes, chanter et danser sont des occasions de plaisirs corporels, de stimulations intenses, de gratification affective, d'un sentiment d'efficacité personnelle et d'estime de soi.

Pour le psychologue Mihály Csíkszentmihályi[13], de telles activités sont des « expériences optimales », qui génèrent un flow mental et émotionnel, sorte de flux et de fluidité, source de bonheur.

13. Mihály Csíkszentmuháliy (1934-2021) est un psychologue et psychiatre hongrois qui a élaboré le concept du flow, état mental caractérisé par un profond sentiment d'immersion dans une activité, où la personne est pleinement concentrée, engagée et absorbée par ce qu'elle fait. Dans cet état, le temps semble passer rapidement, la conscience de soi diminue et les pensées et les actions s'alignent harmonieusement. Cf. *Flow and the Foundations of Positive Psychology*, Dordrecht, Springer, 2014.

COACHING

Toujours selon lui, réaliser des activités, en lien avec ce qui nous motive vraiment et qui alimentent plusieurs besoins simultanément, crée ce flow.

Et pour vous, où sont vos « expériences optimales » ? celles qui vous procurent un vif plaisir car liées à un effort pour obtenir un résultat à moyen terme ?

Les neuroscientifiques ont d'ailleurs démontré que bien gérer sa vie suppose le développement de la capacité à produire, dans l'instant, un effort substantiel et à choisir de différer des plaisirs immédiats pour des objectifs plus ou moins éloignés mais qui en valent vraiment la peine.

Cela suppose donc une prise de conscience et une réflexion sur les valeurs que l'on estime primordiales.

Alors quelles sont ces valeurs à vos yeux ? Sur quoi êtes-vous prêt/te à fournir des efforts pour atteindre ce qui compte vraiment pour vous ?

Meneuse de revue

En ce début d'année 1925, André Daven, administrateur du théâtre des Champs-Élysées à Paris, est préoccupé. Son établissement traverse une mauvaise passe. Il doit réfléchir à un moyen de le relancer. Son ami Fernand Léger vient de voir une exposition au musée des Arts Décoratifs sur l'art nègre, et lui suggère de présenter un spectacle entièrement exécuté par des artistes noirs. Quelque temps après cette suggestion stimulante, Caroline Dudley, une Américaine nomade, surgit un beau matin dans le bureau de Daven pour lui proposer de monter une « revue nègre ». Elle raconte avec talent comment elle est tombée amoureuse de la musique, du ragtime, du jazz et du tempérament fougueux de ces troupes noires qu'elle a eu l'occasion de découvrir à New York. Ayant convaincu Daven, elle retourne à New York afin de chercher une étoile féminine et un groupe de danseuses. C'est au *Plantation Club* qu'elle découvre Joséphine et la convainc de quitter New York pour Paris.

Ce matin brumeux du 16 septembre 1925, sur le quai d'accostage du paquebot *Le Berengaria*, Joséphine, tout juste 19 ans, a choisi son destin. Accompagnée d'une troupe joyeuse de vingt-cinq artistes noirs, elle remarque un homme, le regard tourné vers le large, sa veste négligemment jetée sur son épaule, ayant pour tout bagage son saxophone. Il s'agit d'un des plus grands musiciens de jazz de l'époque, Sydney Bechet. Il se met à jouer et sa musique réchauffe le cœur inquiet de Joséphine.

Paris lui fait une impression de fête. Les garçons de café la servent sans remarque désobligeante. Les femmes conduisent seules leur voiture, ont les cheveux courts et embrassent librement leurs amoureux dans la rue. Il faut imaginer cette jeune femme, au cœur blessé, confrontée depuis l'enfance aux ségrégations et au racisme, se laisser envahir par la puissance du sentiment de liberté et de sécurité.

Elle n'a cependant pas vraiment le temps de flâner et doit enchainer des répétitions pour la première de la *Revue nègre*, prévue le 2 octobre 1925.

L'affiche du spectacle montre deux caricatures de personnes noires à la bouche immense, aux dents proéminentes, aux lèvres rouges et aux cheveux crépus et une silhouette stylisée de femme au corps athlétique, dans une position très suggestive. Cette jeune femme, c'est elle ! Elle sent confusément qu'elle répond à un fantasme attendu. Elle s'en inquiète auprès de Sydney qui la rassure : « Donne-leur ce qu'ils veulent : des sauvages, des négresses, des tam-tams ! Reste concentrée sur ce qui compte pour toi : danser et être libre à Paris[14] ! »

---

14. SOLAL, Elsa, *Joséphine Baker. Non aux stéréotypes*, Arles, Actes Sud jeunesse, 2021, p. 27.

Le rideau se lève sur une toile de fonds où figurent des bateaux à vapeur sur le Mississipi. Vêtus de couleurs vives, des hommes et des femmes se mettent à danser. Une fois le public conquis par tant d'énergie et de joie, Joséphine entre en scène. Ses lèvres sont peintes en noir, sa peau est couleur caramel, ses cheveux courts sont collés sur sa tête, sa voix est suraiguë, agitée d'un perpétuel tremblement. Son corps se tortille comme celui d'un serpent. Elle louche, grimace, se désarticule, fait le grand écart puis repart à quatre pattes avec les jambes raides et le derrière plus haut que la tête, comme une girafe en bas âge. Elle dicte sa partition au saxophoniste, Sydney Bechet, qui s'efforce d'être le traducteur spontané de ce corps expressif et libéré.

Le prochain grand moment après son entrée sur scène est la fameuse « Danse sauvage », danse d'accouplement primitive. Joséphine, seins nus, porte une ceinture de plumes sur une culotte de satin et un col de plumes autour du cou. Son partenaire, Joe Alex, la porte sur le dos. Elle agite les bras et les jambes. Lorsqu'il la dépose, elle se lance dans une danse « de l'estomac » ; combinaisons de différents mouvements évoquant la danse du ventre.

Le public des Champs-Élysées hésite. Faut-il applaudir ? ne pas applaudir ? siffler ? Prendre le risque de se ridiculiser en faisant le mauvais choix ?

Ce tourbillon de musique va trop vite pour eux. On n'a pas le temps de voir ni de comprendre le mouvement des jambes, de son corps qui se jette de toutes ses forces dans le regard du public, tandis que le ragtime s'emballe, transpercé par des coups de trompette aigus. « Ce n'est pas une danseuse, ni une femme mais quelque chose de fugitif et d'extravagant[15] », note un journaliste.

Les artistes qui assistent à cette première comme Jean Cocteau, Blaise Cendrars, Fernand Léger vacillent sous le

15. Novy, Yvon, *Comoedia*, 12 oct. 1925.

choc de cette énergie érotique, comme oppressés « devant la Vénus noire, celle qui hanta Baudelaire[16] ».

Certaines personnes, peu nombreuses, quittent bruyamment leur siège en s'exclamant : « C'est une honte ! ».

Le lendemain, la presse est favorable : « C'est d'une saveur et d'une couleur prodigieuse », affirme André Antoine[17]. André Levinson, critique le plus attentif et le mieux informé des spectateurs, assiste à la première et – malgré son mépris pour l'art noir – fait une critique flatteuse, principalement en raison de son admiration pour Joséphine : « C'est elle, de son trémoussement forcé, de ses dislocations téméraires et de ses mouvements lancés qu'émane le jet rythmique. Certaines poses de *Miss* Baker évoquent les prestiges de la haute stature nègre. Le sens plastique d'une race de sculpteurs et les fureurs de l'Eros nous étreignent[18]. »

En revanche, Robert De Flers, critique prestigieux du *Figaro littéraire* et membre de l'Académie française, écrit : « La *Revue nègre* est un lamentable exhibitionnisme transatlantique qui semble nous faire remonter au singe en moins de temps que nous avons mis à en descendre[19]. » Pour lui, le succès de la *Revue nègre* signale le début de l'hégémonie culturelle noire et la fin de la civilisation.

Jouer avec les stéréotypes pour mieux les déconstruire

Même si les scènes de la *Revue nègre* illustrent la vie américaine, le public y voie les jungles de l'Afrique, les plages bordées de cocotiers du Pacifique et l'existence d'un monde à

16. LEVINSON, André, *Comoedia*, 12 oct. 1925.
17. Cf. BONAL, Gérard, *Joséphine Baker. Du music-hall au Panthéon*, Paris, Taillandier, coll. « Libre à elles », 2021, p. 14.
18. LEVINSON, André, *Comoedia*, 12 oct. 1925.
19. FLERS, Robert de, *Le Figaro*, 16 nov. 1925.

la fois mystérieux, sexuellement disponible, étranger et soumis. Joséphine interroge, brouille les pistes, revoie les stéréotypes de façon créative et burlesque. Les Parisiens n'ont jamais vu cela. Cela ne relève ni du ballet, ni du burlesque, ni de la danse tribale. Joséphine capte l'esprit du temps : le rire, le désir et la liberté.

Le caractère sulfureux de la *Revue nègre* évoqué dans les journaux se révèle une publicité prodigieuse pour Joséphine. Six semaines de gloire contre les deux initialement prévues, Joséphine rayonne dans ce Paris de la nuit. Mistinguett (la célèbre danseuse et chanteuse) lui confie : « En vous voyant, je me suis tellement mise dans la peau de la danse que je me sens toute noire[20]. » Comment imaginer qu'elle assiste à la naissance d'une star qui sera sa principale rivale, de trente ans sa cadette ?

Ce soir du 18 décembre 1925, le rideau tombe définitivement sur la *Revue nègre*. Caroline Dudley imagine une tournée européenne : six semaines au Cirque royal de Bruxelles, six à Berlin et six à Moscou. À Berlin, Joséphine n'ira pas plus loin. Elle écrit dans ses mémoires : « Mme Dudley me donnait 1 000 dollars par mois. Mais j'ai connu des gens et je suis partie[21]. » Il s'agit du directeur des Folies Bergères qui, intéressé par la notoriété singulière de cette artiste qui déplace en masse les foules parisiennes, s'est rendu à son spectacle. « Tout de suite, je tombe en extase devant une merveilleuse fille, bâtie comme un tanagra qui mettait les feux aux planches[22]. » Dès le lendemain, il lui fait porter un projet de contrat qu'elle signe, sans l'avertir de la tournée qui se prépare. Elle sera la vedette du prochain spectacle *La Folie du jour*, qui débutera en avril 1926. Caroline Dudley

20. BONAL, Gérard, *Joséphine Baker. Du music-hall au Panthéon*, Paris, Taillandier, coll. « Libre à elles », 2021, p. 55.

21. BAKER, Joséphine et SAUVAGE, Marcel, *Mémoires*, Paris, Phébus, 2022, p. 58.

22. BONAL, Gérard, *Joséphine Baker. Du music-hall au Panthéon*, Paris, Taillandier, coll. « Libre à elles », 2021, p. 60.

vit mal la situation pour différentes raisons : notamment parce qu'elle a misé affectivement et financièrement sur Joséphine, sans imaginer qu'elle puisse la quitter pour des conditions financières plus avantageuses.

Trop vite adulée par les journalistes, trop inexpérimentée pour endosser un vedettariat soudain, Joséphine ne s'est pas encore dépouillée de la capricieuse désinvolture de sa jeunesse et, comme elle le déclare : « Je fais ce qui me plait[23]. » Elle accepte les propositions sans véritablement analyser les conséquences de ses choix. L'enfant chérie des Parisiens accumule les caprices et les retards et évite tout ce qu'elle déteste. La ponctualité n'est pas son fort, ni le respect des règles dans une revue parisienne à grand spectacle.

Cette aversion pour les aspects matériels de l'existence (contrats, engagements administratifs, etc.) se confirmera tout au long de son existence et sera à l'origine de grandes difficultés financières à la fin de sa vie.

Caroline intente un procès à Joséphine pour rupture de contrat, mais décidera finalement d'y renoncer. Elle a une profonde affection pour « sa découverte[24] » et redoute qu'elle perde son essence d'artiste : cette façon sauvage et authentique de danser, qui propage sur son environnement un éclat de liberté et d'audace et se passe de strass et de paillettes.

Elle le lui dit : « Aux Folies Bergères, tu perdras ton âme ; tu ne seras qu'un mannequin emplumé[25]. »

Le 24 avril 1926 a lieu la première représentation de *La Folie du jour*. Les critiques évoquent un spectacle sans grande surprise, dont les effets sont déjà connus, mais tous s'accordent sur un point : Joséphine est la clé de voute de la revue. Elle apparait nue avec une ceinture de bananes nouée autour des reins. Ces bananes sont comme des phallus remuants,

---

23. BAKER, Joséphine et SAUVAGE, Marcel, *Mémoires*, Paris, Phébus, 2022.
24. BONAL, Gérard, *Joséphine Baker. Du music-hall au Panthéon*, Paris, Taillandier, coll. « Libre à elles », 2021, p. 60.
25. BONAL, Gérard, *Joséphine Baker. Du music-hall au Panthéon*, Paris, Taillandier, coll. « Libre à elles », 2021, p. 60.

sorte de trophées destinés à séduire ou à impressionner. S'agit-il d'une provocation ?

Joséphine tient à distance tous les fantasmes. C'est une femme forte qui danse, qui, derrière le visible, joue sa vie depuis l'enfance : ce qui remue sous sa peau, c'est la douleur lancinante de la ségrégation, des stéréotypes et des préjugés.

Elle choisit d'incarner le fantasme de la femme qui s'offre, puis se refuse, puis s'offre encore. Dans le même temps, elle grimace et louche, secouant d'un rapide mouvement de rein sa ceinture, parodiant son propre personnage. Elle s'agite, mime l'acte sexuel mais de manière si moqueuse, si burlesque, si drôle que tout érotisme et fantasme s'en trouvent exclus.

Avec ses petits seins, ses hanches dénudées, ses cheveux noirs coupés courts et collés à la gomina, elle devient la garçonne, libre de gouverner sa vie comme elle l'entend. Elle incarne les tendances et les aspirations de l'époque.

La romancière Colette confirme et lui confie, à la fin de la première aux Folies Bergères : « Je vous remercie Joséphine Baker, vous avez libéré la danse. Vous avez montré qu'une femme est libre de son corps[26]. » Elle poursuit : « Votre manière si musicienne de conduire le jazz m'a particulièrement frappée. Et je suis heureuse que tant de dons et tant de travail intelligent soient récompensés par un grand succès[27]. »

Dans le tourbillon du jazz et de la danse, une amitié étonnante voit le jour entre ces deux femmes qui, chacune à sa façon, pulvérisent les clichés réducteurs.

Joséphine poursuit son travail de déconstruction des stéréotypes au profit des femmes. Son corps se libère grâce à sa danse burlesque. Le couturier Paul Poiret s'en sert et en profite pour « tuer » le corset. Il crée grâce à Joséphine des vêtements amples et simples.

---

26. SOLAL, Elsa, *Joséphine Baker. Non aux stéréotypes*, Arles, Actes Sud jeunesse, 2021, p. 32.

27. SOLAL, Elsa, *Joséphine Baker. Non aux stéréotypes*, Arles, Actes Sud jeunesse, 2021, p. 33.

Le jeu de genoux si particulier de Joséphine devient le charleston ; une danse phare des années 1920. Sa silhouette révolutionne la perception du corps noir, qui devient soudain l'un des « objets » africains qui semblent beaux à une élite parisienne s'enthousiasmant pour l'art africain. La *Revue nègre* semble avoir constitué un tournant dans la vulgarisation de l'art nègre en France.

Ainsi, en 1927, Joséphine n'hésite pas à écrire : « Depuis que la *Revue nègre* est arrivée à Paris, je dirais qu'il fait de plus en plus noir à Paris[28]. »

Les inspirations de Joséphine pour affronter et jouer avec les stéréotypes

De quoi parle-t-on quand on parle de stéréotype ?

Le mot « stéréotype » vient du grec *stereos*, qui signifie « dur », « solide », et de *typos* qui est traduit par « gravure », « modèle ». Le stéréotype est d'abord un terme technique qui désigne un procédé typographique. Le stéréotype, « c'est l'objet dupliqué à l'infini grâce à la reproduction d'un même modèle ».

Selon l'observatoire des inégalités, en 2022, la carte d'identité du stéréotype se présente comme suit :

- figé et rigide, car il fonctionne comme une certitude ;
- erroné, car il fournit une vision du monde déformée, partielle et partiale ;
- réducteur et simpliste ;
- économique, car il permet de faire l'économie de la réflexion ;
- globalisant, car il regroupe sans tenir compte des particularités.

Selon les études et les expériences en sciences sociales, quatre leviers sont nécessaires pour construire et maintenir des stéréotypes :

- la confrontation à l'autre ;

28. Colin, Paul, *Tumulte noir*, préfaces de Rip et Joséphine Baker, Paris, Art Success, 1927.

- un contexte favorable ;
- une intériorisation du stéréotype ;
- un enjeu identitaire.

Pour la sociologue Marie Duru-Bellat[29], c'est la confrontation à l'autre qui durcit les stéréotypes. Sans Blanc, pas de Noir, sans personne valide, pas de personne handicapée. Les rôles attitrés des uns émergent du fait de se distinguer des autres. Il faut également un contexte spécifique pour créer et maintenir des stéréotypes. Par exemple : si dans une université, les étudiants pensent majoritairement que les femmes sont moins bonnes en mathématiques que les hommes, il a été constaté que les performances des femmes en mathématiques sont moins bonnes que celles des hommes. Le sociologue Bernard Lahire[30] nous donne des éclairages sur le développement de ces stéréotypes : « L'effet du stéréotype sur les performances repose sur l'intériorisation du stéréotype » ; « Plus l'ordre inégal des choses est le produit d'une histoire de longue durée et est solidement installé, plus il faut de temps, d'énergie et d'efforts pour en prendre conscience et le remettre en question[31] ». Enfin, pour que le stéréotype puisse exercer une influence négative sur les performances, il faut que le domaine affecté par le stéréotype fasse partie de l'identité de la personne.

Joséphine Baker agit sur ces quatre leviers.

29. Marie Duru-Bellat est une sociologue française et professeure de sociologie à l'institut d'études politiques de Paris. Ses recherches portent principalement sur les inégalités sociales, les inégalités homme/femme et la mixité.

30. Bernard Lahire est professeur de sociologie à l'École normale supérieur en lettres et sciences humaines de Lyon-II, et directeur de recherche sur la socialisation au CNRS de Lyon.

31. LAHIRE, Bernard, « Héritages sexués : incorporation des habitudes et des croyances », *La Dialectique des rapports hommes-femmes*, 2001.

COACHING

1) Confrontation à l'autre

Depuis l'enfance, Joséphine résiste à la catégorisation identitaire en tant que femme noire et pauvre en déployant plusieurs tactiques :

- multiplier et rendre visibles ses ressources pour éviter la catégorisation ;
- garder une communication claire/courte/concrète en évitant un rapport de force et des comportements de domination ou de soumission face à ces stéréotypes.

2) Contexte favorable

Savoir capter, en corollaire des stéréotypes, les tendances et les besoins de son époque a été une carte maitresse de Joséphine.

Dès son arrivée en France, Joséphine comprend la tension entre le besoin de liberté corporelle et sexuelle des femmes et le stéréotype lié à son genre et à sa couleur de peau (une femme noire sexuellement disponible, donc soumise aux désirs et aux fantasmes des hommes blancs). Elle se sert de ces stéréotypes et les fracassent, grâce à l'insolite, à l'humour, au burlesque et à la caricature.

3) Intériorisation du stéréotype

Elle réduit l'effet néfaste du stéréotype sur l'estime et la confiance en soi, en se focalisant en permanence sur « sa boussole intérieure, son « futur désirable » : faire de sa vie une danse et un chant

4) Enjeu identitaire

Elle positionne le stéréotype non pas comme un obstacle mais comme un levier : la ceinture de bananes et ses cheveux courts et gominés deviennent une marque personnelle, qu'elle saura valoriser en créant une entreprise de produits cosmétiques, vendant le Bakerfix.

Entrepreneuse et star

Au cours de sa grisante célébrité, Joséphine fait une rencontre décisive. En quittant les Folies Bergères, la jeune femme aime aller danser dans un cabaret jusqu'à l'aube. C'est là qu'elle rencontre un certain « comte », Giuseppe Abatino, dit Pepito, de sept ans plus âgé. Cet Italien charmeur « à l'accent de mandoline et au teint de marbre[32] » s'est créé de toutes pièces une légende qui résistera aux années. Il s'invente une famille aristocrate, se construit des faits d'armes autour desquels il sait tisser un storytelling captivant. Quand il rencontre Joséphine, il saisit sa chance, celle de pouvoir capter la lumière d'un destin singulier. Il devient rapidement son amant et son manager. Si la carrière de Joséphine prend une tournure internationale, c'est à lui qu'elle le doit. Il s'avère également un négociateur redoutable pour ses contrats artistiques. Il passe un marché avec la pommade capillaire Bakerfix, décroche un contrat pour son premier film *La Sirène des Tropiques*, et la pousse à ouvrir son propre cabaret *Chez Joséphine*, rue Fontaine, en décembre 1926.

Pepito s'occupe de tout et Joséphine est enfin débarrassée de ces tracasseries administratives. Cet homme est le premier qui l'accompagne, fier et prévenant : un homme qui n'a pas honte de l'aimer au grand jour. Elle n'est pas dupe de sa supercherie concernant ses origines, mais il la protège et la respecte. Elle lui fait confiance ; une confiance qu'elle ne trahira jamais, y compris lorsque des dissensions professionnelles apparaitront.

32. BONAL, Gérard, *Joséphine Baker. Du music-hall au Panthéon*, Paris, Taillandier, coll. « Libre à elles », 2021, p. 86.

Si elle n'a pas encore changé les mentalités, elle impose son succès par son talent, son énergie et son sens de l'effort. Le pari est complexe dans ce Paris des années 1920 : être femme, noire, star et cheffe d'entreprise dans le quartier le plus chaud de Paris demande talent, sang-froid et puissance de travail.

En 1928, après une série de spectacles qui finissent par se ressembler, Pepito a l'intuition qu'un changement s'impose face à une popularité dont il perçoit les premiers signes d'essoufflement.

Le tournage du film *La Sirène des Tropiques* s'avère pénible. Débutante, Joséphine ne sait pas se tenir devant l'objectif. Pepito a une idée : se faire oublier pour mieux se réinventer et faire émerger une nouvelle Joséphine. Il évoque auprès d'elle l'idée d'une tournée européenne qu'elle accepte aussitôt. Quinze pays, vingt-quatre villes : de Vienne à Madrid, de Séville à Buenos Aires, de Santiago du Chili à Rio de Janeiro. Pepito, en redoutable homme d'affaires, a réglé au millimètre sa tournée : pour chaque étape, Joséphine se produira dans un cabaret, rebaptisé pour l'occasion *Chez Joséphine*. Ils recrutent sur place musiciens et danseurs.

Cette artiste déjà consacrée accepte, durant deux années et demie, avec une conscience professionnelle qui force le respect, de repartir de zéro. Il s'agit d'un apprentissage intense et austère de chant, de danse et de techniques vocales, pour aboutir à la maitrise d'un répertoire complet, fondé non plus uniquement sur l'instinct et l'improvisation, mais sur des méthodes. Joséphine maitrise élégamment le français et mesure ses propos et ses comportements. Avec Pepito et sous son influence, elle se forge une culture et une pratique de la performance.

Ces deux années de tournée mettent également à rude épreuve sa détermination face à la discrimination et à la violence raciste. Dans une partie de l'Europe, elle est accueillie avec une agressivité et une haine sans pareille. Les ennuis commencent à Vienne.

Les Viennois reprochent à Joséphine son luxe, son coté « Gatsby le Magnifique » et ses cachets faramineux, alors que la ville garde les traces d'une guerre perdue et d'une humiliation face au dépeçage de l'empire austro-hongrois. Interrogée sur son train de vie, Joséphine, comme toujours, s'en sort par une pirouette. C'est une des forces de l'artiste : rien n'est jamais grave, l'argent n'est pas un sujet sérieux !

Soutenue par Pepito, elle ne se laisse pas impressionner et trouve des appuis inattendus qu'elle sait mobiliser. Le comte Adalbert Sternberg, membre du parlement autrichien, affirme devant ses pairs que « les Noirs ont su préserver le caractère à la fois sacré et humain de la danse[33] ». Malgré cela, les attaques ne faiblissent pas en intensité. Joséphine, en tension, observe, écoute avec tous ses sens et s'adapte aux variations du public. Il suffit qu'elle entonne le chant d'esclave *Pretty Little Baby* avec une voix remplie d'émotions, vêtue d'une robe simple, longue et fermée jusqu'au cou, pour qu'elle fasse taire les opposants. La seconde suivante, elle apparaît seins nus, ceinturée de bananes pour la séquence du charleston. Le public adhère. La tournée de 1928-1929 a rempli ses objectifs : renouveler son art et conduire un changement, passant d'une star française à une vedette internationale. Joséphine change la modalité de sa présence sur scène, plus maitrisée, moins spontanée. Elle s'affirme différemment, révélant une part de son identité jusqu'ici muette : celle d'une femme engagée sur un chemin nouveau dont elle ne s'écartera plus, celui de la fraternité humaine.

---

33. BONAL, Gérard, *Joséphine Baker. Du music-hall au Panthéon*, Paris, Taillandier, coll. « Libre à elles », 2021, p. 118.

Les inspirations de Joséphine pour traverser une crise professionnelle et se renouveler

COACHING

1) **Reconnaitre que l'on traverse une crise et reconnaitre sa part de responsabilité**

Joséphine observe l'essoufflement de sa popularité et comprend qu'elle est face à une crise personnelle. Pouvoir se dire : « Oui j'ai un problème » constitue le point de départ d'une conscience pour permettre une évolution vers la résolution du problème. Joséphine accède à cette conscience nouvelle.

Cependant, il ne suffit pas d'admettre que l'on a un problème, un second défi émerge : endosser la responsabilité de le résoudre. Joséphine a acquis une compétence comportementale précieuse dans ces situations. Elle est la seule personne qui maitrise totalement ses actions et il lui incombe de faire quelque chose, de changer sa façon de faire, son comportement pour enclencher un changement.

2) **Identifier et délimiter le problème à résoudre** en se posant deux questions clés : « Qu'est-ce qui fonctionne déjà bien, n'a pas besoin d'être modifié et à quoi je peux m'accrocher ? » Pour Joséphine, il s'agit de son talent de meneuse de revue et de chanteuse.

« Quelles sont les choses dont on peut ou devrait se débarrasser afin de les remplacer par de nouvelles façons de faire ? » Nous pouvons appeler cela un « changement sélectif ». Joséphine accepte d'introduire des outils/méthodes liés au chant, à la danse et à la présence sur scène, alors qu'elle agit depuis toujours de façon intuitive et sans suivre une méthode.

3) **Obtenir de l'aide matérielle et/ou émotionnelle de la part d'autres personnes.** Joséphine accepte l'aide de

Pepito et saura reconnaitre ses apports. Il combine une aide pratique avec l'apport de ressources émotionnelles, notamment une écoute et un soutien constants.

4) **Renforcer la force du Moi :** Cette notion familière aux psychologues comprend la confiance en soi et, plus largement, le sens de soi-même, le sens d'une raison d'être, notamment de s'accepter tel que l'on est. La force du Moi comprend aussi la capacité de supporter des émotions fortes, de rester focalisé sur son travail dans des situations émotionnellement instables, de percevoir la réalité avec justesse. Ces qualités interdépendantes sont essentielles pour vaincre la peur paralysante.

5) **Capitaliser sur l'expérience de crises antérieures :** La capacité de surpasser des crises avec succès constitue un atout indéniable. Joséphine a dans le passé l'expérience de crises personnelles (le départ de Saint-Louis, les débuts difficiles à New York). Même si elles furent douloureuses, Joséphine sait qu'elle est parvenue à les surmonter. Elle sait que cette décision de partir en tournée pour apprendre et se perfectionner est difficile mais que cela va probablement bien se passer.

6) **Développer sa flexibilité :** Un des atouts pour se renouveler dans une crise personnelle ou professionnelle est la flexibilité, à l'inverse de la rigidité. Par rigidité, on entend la certitude qu'il n'y a qu'une voie possible, ce qui empêche d'explorer d'autres voies et de remplacer une manière de faire inopérante par des moyens plus créatifs et nouveaux. Joséphine est par essence une personnalité flexible : curieuse et créative, elle est à l'aise avec le caractère imprévisible de l'existence.

Résister et inclure

En 1934, Joséphine reçoit une proposition de Henri Varna, directeur du Casino de Paris, pour tenir un premier rôle de meneuse de revue, de chanteuse et de danseuse. « C'est monsieur Henri Varna qui m'a sortie du déhanchement. Il m'a donné ma place de vedette de music-hall[34]. » Elle doit remplacer une artiste renommée, Mistinguett. C'est un défi pour Joséphine : la prestation est différente, car il s'agit de danser, de jouer des sketchs et de parler au public. Le succès est total. Elle règne à présent au sommet de sa gloire.

En septembre 1939, la France et l'Angleterre viennent de déclarer la guerre à l'Allemagne. Joséphine n'a pas l'intention de se contenter d'être spectatrice : « Je ne demandais qu'une chose, la moindre, servir le pays à l'égard duquel j'aurai toujours une dette de reconnaissance, même si je dois lui sacrifier ma vie. La France m'a faite ce que je suis, en marge de tous les préjugés[35]. » Daniel Marouani, frère ainé de l'agent de Joséphine, suggère à Jacques Abtey, chef du contre-espionnage militaire de Paris, de l'engager. En effet, le service de renseignement marche à plein régime et manque de bras. Il cherche des gens dont la profession leur permet de se déplacer librement et de pouvoir recueillir des informations. Jacques Abtey n'est pas convaincu par la candidature de Joséphine, mais Marouani insiste. Il la rencontre donc dans sa demeure du Vésinet. Il a du mal à contenir sa surprise : au détour d'une allée, c'est une Joséphine en tenue de jardinière, feutre sur la tête et sabots aux pieds qui l'accueille, souriante.

Abtey l'écoute, plus impressionné qu'il veut se l'avouer : « C'est la France qui m'a faite. Ne suis-je pas devenue

---

34. BAKER, Joséphine et SAUVAGE, Marcel, *Mémoires*, Paris, Phébus, 2022, p. 194.

35. BAKER, Joséphine et SAUVAGE, Marcel, *Mémoires*, Paris, Phébus, 2022, p. 222.

l'enfant chérie des Parisiens ? Ils m'ont tout donné, en particulier leur cœur. Je suis prête capitaine, à leur donner ma vie. Vous pouvez disposer de moi comme vous l'entendez[36]. » Abtey est frappé par la sincérité et l'authenticité de la jeune femme. Il décèle un courage, une audace et un patriotisme désintéressé. Convaincu de sa force de caractère et de l'engagement total de Joséphine, Jacques Abtey se charge, à son tour, de convaincre son chef, le colonel Paillote, de la nécessité de la recruter comme correspondante au service du contre-espionnage français. Sa première mission l'oblige à s'introduire à l'ambassade d'Italie pour obtenir des informations sur les intentions du régime de Benito Mussolini. Consciente du charme qu'elle opère sur les hommes, elle séduit un attaché militaire de l'ambassade d'Italie, qui lui livre des renseignements lors d'un diner. Elle choisit de le contredire pour bénéficier de détails stratégiques. C'est ainsi que la star aidera les responsables de la SCR[37] à comprendre que les Italiens concentrent leurs forces dans les Balkans et n'envisagent pas une attaque contre la France. Elle informera plus tard ces mêmes responsables de la réservation d'un bassin pour installer les sous-marins allemands, ceux-là même qui tenteront de détruire les flottes alliées dans l'Atlantique.

Entre le 10 et le 14 mai 1940, à la signature de l'armistice, Joséphine refuse, malgré sa notoriété, de chanter à Paris tant que les Allemands seront présents sur le territoire. Rares seront les artistes prêts à sacrifier leurs conforts matériel et personnel pour maintenir cette position sur toute la durée de la guerre.

Abtey devient François Hébert, son imprésario, qui voyage avec elle. Il est impressionné par le sang-froid de la jeune

---

36. Bonal, Gérard, *Joséphine Baker. Du music-hall au Panthéon*, Paris, Taillandier, coll. « Libre à elles », 2021, p. 220.

37. Section centrale de renseignements.

femme et son intelligence tactique. Ils doivent faire passer des renseignements à Londres via Lisbonne sur les positions de l'armée allemande en Bretagne et dans l'Ouest : informations sur les terrains d'aviation, les ports et les barges d'un éventuel débarquement allemand à Gibraltar. Une partie de ces renseignements est transcrite à l'encre sympathique[38] sur les partitions musicales qu'emporte Joséphine dans sa (fausse) tournée. Cela fera dire au colonel Paillote : « Il n'est pas exagéré de penser que le sort de la France libre a été confié à *J'ai deux amours*[39]. » En effet, lors de leur arrivée à Casablanca, Joséphine présente ses papiers et plaisante : « Vous voulez fouiller Joséphine Baker ? Vous croyez que je suis une espionne ? » dit-elle en éclatant de rire. Les deux douaniers sont surpris et la laisse passer quand, tout à coup, un officier arrive et leur intime l'ordre de s'arrêter. Hébert juge la situation perdue et regarde fixement devant lui. Joséphine trouve le courage de se retourner avec un sourire éclatant en proposant : « Un autographe, peut-être ? ». L'officier confirme. Elle signe l'autographe et, sous le coup de l'émotion, entame la chanson *J'ai deux amours*, pour le plus grand plaisir des douaniers.

Joséphine retrouve face à la peur la même détermination que lorsqu'elle était enfant. Aujourd'hui, elle se sent utile, luttant contre ce qu'elle a toujours combattu : le racisme et la discrimination. Elle a trouvé sa place dans ce vaste monde : une femme qui combat pour ses idéaux, sans calcul et sans quête de gloire.

En juin 1941, une douleur au ventre la contraint à se faire hospitaliser à Casablanca. Elle y restera dix-huit mois. Elle organise des rencontres dans sa chambre et s'emploie à rehausser l'image du général de Gaulle chez tous les officiels

---

38. Encre est invisible qui ne se révèle que sous l'action d'un réactif ou de la chaleur.

39. Bonal, Gérard, *Joséphine Baker. Du music-hall au Panthéon*, Paris, Taillandier, coll. « Libre à elles », 2021, p. 230.

de la France libre et des États Unis. À partir de 1943, elle chante régulièrement et gratuitement pour les soldats français, britanniques et américains.

Une fois la guerre finie, la route sera longue pour lui décerner la croix de guerre et les insignes de la Légion d'honneur. À deux reprises, sa désignation sera refusée. En 1947, la France devient tatillonne, inutilement méticuleuse, ingrate et brutale face à ces engagés de la première heure, téméraires et actifs à un moment où peu de monde l'était. Pour la France, Joséphine s'est dépensée sans compter, utilisant toutes ses relations internationales, prenant des risques considérables : Abtey est là pour en témoigner. Le général de Gaulle en personne la félicite… en vain ! Ce n'est qu'en 1957 que Jacques Chaban-Delmas, alors ministre de la Défense, signe un décret attribuant enfin la Légion d'honneur à Joséphine Baker.

À partir de 1950, Joséphine décide de revenir aux États Unis pour une tournée dans son pays et à Cuba. Elle obtient un contrat avec la direction du *Copa City*, à Miami, en imposant une condition qui effraie les dirigeants : elle exige une clause de non-discrimination. Autrement dit, elle n'acceptera de jouer que si le public est exclusivement et à parts égales composé de personnes blanches et noires, sans aucune forme de séparation physique. Aucun artiste n'a pu se produire devant une assemblée mixte. Joséphine livre un combat acharné avec les producteurs et parvient à ses fins. Pour la première fois, lors de ses concerts, les spectateurs de toutes couleurs de peau se retrouvent ensemble, sans imaginer que cette situation est le résultat d'une lutte en coulisses.

Durant cette tournée, Joséphine devient une icône de la lutte pour les droits civiques et n'hésite pas à provoquer des scandales quand elle se trouve confrontée aux lois ségrégationnistes. Ainsi, elle décide de se présenter dans le très sélect club new-yorkais, le *Stork Club*, sachant le patron hostile à la présence de personnes noires dans son établissement. Joséphine, constatant qu'elle est ignorée, appelle le préfet, lui demandant de venir constater la réalité d'une infraction pour discrimination raciale. L'affaire prend de l'ampleur et la communauté noire de Harlem manifeste, avec le soutien de Joséphine. Le champion de boxe noir américain Sugar Ray affirme publiquement son soutien au combat de Joséphine. Cette affaire met en lumière les plaies béantes du racisme exercé depuis des décennies contre la communauté noire aux États-Unis.

Le 28 août 1963 à Washington, devant le *Lincoln Memorial*, Joséphine Baker prend la parole devant des milliers de militants pour l'égalité des droits civiques, juste avant Martin Luther King. Elle définit ce jour comme le plus beau de sa vie, l'aboutissement d'une longue lutte. C'est sans paillette et sans strass, mais avec son uniforme de combattante de la liberté qu'elle prend la parole : « Vous êtes à la veille d'une complète victoire. Vous ne pouvez pas échouer. Le monde est derrière vous ! » Puis elle ajoute : « Poivre et sel, exactement comme il fallait[40]. » Des témoins diront plus tard que, de tous les orateurs qui prirent la parole ce jour-là, Baker et Martin Luther King furent les plus optimistes.

En observant les engagements de Joséphine
face aux combats de son temps :
l'engagement dans la résistance et la discrimination raciale,
que nous lègue-t-elle comme inspirations pour agir
au service d'une société inclusive, ouverte et tolérante ?

Les inspirations de Joséphine
pour agir au service d'une société inclusive et ouverte

Joséphine nous donne quelques clés pour rendre concrète cette idée d'inclusion et de tolérance.

40. ONANA, Charles, *Joséphine Baker contre Hitler, la star noire de la France libre*, Paris, Éditions Duboiris, 2013, p 167.

COACHING

Clarifier son futur désirable et s'y tenir

Joséphine milite et incarne ce qu'elle appelle de ses vœux : « une société ARC-EN-CIEL », qui défend une certaine idée de l'homme, un universalisme, une égalité de tous avant l'identité de chacun, une hospitalité pour toutes les différences et une émancipation des femmes. Elle concrétise, à son échelle, cette vision par l'adoption de ses douze enfants, issus de toutes les confessions religieuses. Autrement dit, une question pour vous : « à quelle société voulez-vous contribuer ?

Développer la résistance du roseau pour aboutir à vos fins

L'engagement double de Joséphine pour la liberté d'un pays (la France) et l'égalité de traitement entre êtres humains, sans discrimination, offre un exemple de cohérence intérieure. Ce parti pris de rester elle-même face aux risques et aux brutalités de la ségrégation raciale lui donne, comme le roseau de la fable de Jean de La Fontaine[41], la force de « plier » sous la tempête, sans perdre un pouce de sa vision et de son projet. Autrement dit, une question pour vous : « comment, dans ce qui vous anime – et qui parfois, par manque de concrétisation, peut vous décourager –, plier comme le roseau et garder le cap ? »

Se saisir des questions/combats de sa génération, sans souci de légitimité

Joséphine est un témoin des discriminations. Elle les a vécues et porte son expérience au rang de légitimité pour agir. Elle nous donne des clés pour combattre ce que la

41. La Fontaine, Jean de, *Fables*, « Le Chêne et le Roseau », livre I, fable 22, Paris, Claude Barbin, 1668.

psychologue Pauline Clance, de l'université de Géorgie, à Atlanta, a appelé : « le syndrome de l'imposteur[42] », à la fin des années 1970. Selon Clance, les personnes concernées par ce syndrome ont une conscience aigüe des capacités des autres, qu'elles ont tendance à surestimer. Quand elles se comparent à autrui, leurs faiblesses sont jugées toujours plus nombreuses et importantes que celles des autres, d'où un sentiment persistant de faible estime de soi. Joséphine développe une image immuable d'elle-même, en pratiquant un exercice que vous pouvez adopter : celui de la pensée stable, issue des travaux de l'IME[43]. Il s'agit d'amener plus de cohérence dans sa réflexion vis-à-vis de soi :

- choisir une situation positive (qui se passe bien pour vous) et noter tous les pensées/jugements (avec implication) que vous avez sur vous et quand une personne autre que vous est concernée (sans implication) ;
- choisir une situation négative (tout est difficile et se passe mal) et même chose, noter les jugements/pensées que vous avez sur vous à ce moment-là et que vous avez sur une personne autre que vous, confrontée à la même situation ;
- observer la cohérence de vos jugements. Il est vraisemblable que vos jugements seront beaucoup plus modérés vis-à-vis de la personne non impliquée ;
- comment pouvez-vous remettre de la cohérence concernant les jugements sur vous ?

Tout au long de sa vie, Joséphine a porté un rêve : créer dans son château de Dordogne un collège de la fraternité universelle, où elle souhaitait que soient enseignés à des enfants du monde entier la tolérance, la laïcité et le goût de l'égalité et de la fraternité. Si le projet n'a jamais vu le jour, l'adoption avec son dernier mari, Joe Bouillon, de douze

42. Cf. SPINACH, Brigit, « Le syndrome de l'imposteur », *Cerveau & Psycho*, n° 39, mai 2010.
43. Institut de médecine environnementale ; cf. Fiches pratiques.

enfants de pays et de confessions différents lui a permis de prouver que les origines, les religions et les couleurs de peau peuvent cohabiter avec harmonie et sérénité.

C'est lors d'un dernier spectacle en avril 1975, que Joséphine, encore émue du rappel du public, sent ses jambes lourdes. Elle est victime d'une hémorragie cérébrale. « J'aimerais mourir à la fin d'une danse[44] » : ce vœu sera finalement exaucé.

Joséphine – dont Le Corbusier affirmait qu'« elle gliss[ait] sur les rugosités de la vie[45] » – aura orchestré sa vie autour de trois axes : chanter, danser et se libérer. Artiste internationale, résistante et militante au courage éblouissant, elle a choisi de se lever face aux injustices d'une société fracassée par la haine de l'autre. Son parcours de vie nous invite à oser choisir l'altérité, à s'interroger sur « le faire et l'être ensemble », à regarder la différence comme une source inépuisable de richesses.

---

44. BONAL, Gérard, *Joséphine Baker. Du music-hall au Panthéon*, Paris, Taillandier, coll. « Libre à elles », 2021, p. 296.

45. PERRIAND, Charlotte, *Une vie de création*, Paris, Éditions Odile Jacob, 1998, p. 38.

CHAPITRE 3

Alice Guy (1873-1968), ou se rendre visible par la créativité et l'innovation

Alice Guy est une véritable pionnière du cinéma, cumulant une série de records restés anonymes dans l'histoire. Première réalisatrice de films de fiction (pas moins de 800 films !) et première à avoir structuré les rôles, les missions et les métiers de la production d'un film, cette créatrice passionnée développe, en outre, une stratégie d'innovation avec le making-of, c'est-à-dire un documentaire sur le tournage et la genèse d'un film. Elle est à l'origine des premiers trucages et des premiers films parlants. Enfin, elle intègre dans ses fictions des personnes de couleur, leur confiant des rôles de premier plan, autres que « serviteurs des blancs ».

Artiste, entrepreneure et femme d'affaires du début du XXe siècle, l'injustement méconnue Alice Guy ouvrira des voies nouvelles pour les femmes dans le monde du cinéma. Seule femme au monde à se créer une carrière française et américaine, curieuse et exploratrice, elle incarne l'esprit pionnier, motivée par le désir de repousser les limites.

Dans cet univers nouveau et masculin, la cinéaste doit surtout apprendre à sortir de l'ombre, à conquérir une place et à capter la lumière pour exister.

Qui est cette femme, s'imposant par sa créativité et son esprit visionnaire, prenant tous les risques et tentant toutes les aventures avec passion ?
Qui est cette première scénariste et réalisatrice de films, qui nous apprend comment naissent les bébés, ose filmer le désir féminin, documente la discrimination raciale aux États-Unis, et va jusqu'à nous raconter la vie de Jésus-Christ ?
Comment cette audacieuse, joignant l'utopie créatrice à la compétence financière et organisationnelle, alliant la force de la guerrière à l'esprit de finesse, devient-elle une entrepreneuse à succès en France et aux États-Unis ?
Comment vit-elle, au travers de ses films, l'affirmation du féminisme, le désir de parité, la conscience des inégalités et la conquête de la technologie ?
Comment se crée-t-elle un espace où elle reliera son pouvoir créateur et sa responsabilité de productrice, alors que les débuts de ce cinéma « primitif » sont, comme le rappelle Daniel Toscan du Plantier, le lieu du « copinage mâle[1] » ?

La liberté, le soleil et la lecture

Alice Guy nait le 1er juillet 1873, cinquième et dernière enfant de l'union entre Émile Guy et Marie Aubert. Sa mère a supporté vaillamment la longue traversée entre la France et la ville de Valparaiso, au Chili. Sept semaines de voyage sans le moindre confort. Alice s'interrogera : « Quel motif avait obligé mes parents à s'exiler ainsi[2] ? »

L'oncle et la tante maternels de Marie ont émigré au Chili, dans l'espoir de rebâtir une fortune « fortement ébranlée[3] »

1. Flot, Yonnick et Beauchemin-Flot, Christine, *La Vie des productrices*, Paris, Séguier, 2016.
2. Guy, Alice, *La Fée-Cinéma. Autobiographie d'une pionnière*, Paris, Gallimard, coll. « L'Imaginaire », 2022, p. 46.
3. Guy, Alice, *La Fée-Cinéma. Autobiographie d'une pionnière*, Paris, Gallimard, coll. « L'Imaginaire », 2022, p. 46.

par la Révolution. Ce pari se révèle fructueux et, lors de leur retour en France, ils découvrent leur nièce, une belle jeune femme sortant du couvent de la Visitation et préparée, comme l'époque l'exige, à ses devoirs d'épouse et de mère. Séduits par sa beauté, ils l'imaginent mariée à un de leurs compatriotes, Émile Guy, franc-comtois comme eux et fondateur des premières librairies à Valparaiso et à Santiago.

« Je ne sais si l'amour faisait partie du contrat[4] », s'inquiète Alice. Sa mère Marie, tout juste épousée, quitte son pays et sa famille, et se promet, lors de l'arrivée à Valparaiso, d'apprendre rapidement l'espagnol et d'aider son mari Guy dans le développement des librairies. Elle devient également critique littéraire.

Durant ses quatre premières années, Alice est confiée aux soins de sa grand-mère maternelle, en Suisse. Choyée par cette aïeule, elle goûte aux joies d'une enfance libre dans l'un des faubourgs de Genève, à Carouge. Le cœur de la grand-mère est vaste. Elle offre à Alice une sécurité affective où la petite est bercée par la puissance narrative des légendes de son pays béarnais et cajolée par ses chants enjoués. La brusque réapparition de sa mère, qu'elle avait oubliée, l'arrache à ce havre de paix pour rejoindre ses frères et sœurs au Chili. C'est un déchirement pour Alice.

L'enfant ne manque cependant pas de ressources. Lors de la traversée, malgré une mère distante et la différence de langage, elle sait attirer l'attention et sortir de son invisibilité d'enfant pour devenir la mascotte de l'équipage. Elle utilise la pantomime[5] et révèle déjà ses talents créatifs. C'est au moment où le navire entre dans le détroit de Magellan, avançant prudemment entre deux murs de glace, que l'imagination d'Alice prend naissance : « De chaque crevasse le soleil faisait jaillir des étincelles diaprées et mon imagination

---

4. GUY, Alice, *La Fée-Cinéma. Autobiographie d'une pionnière*, Paris, Gallimard, coll. « L'Imaginaire », 2022, p. 46.

5. Spectacle où l'artiste s'exprime uniquement par des gestes, des mimiques et des attitudes.

enfantine peuplait chaque caverne, chaque cascade pétrifiée, de fées et d'animaux étranges[6]. »

L'arrivée dans le port de Valparaiso est pour Alice « pleine d'intérêt[7] ». Elle regarde, émerveillée, les Indiens pagayer à leur rencontre, dans des barques remplies de fruits aux couleurs chatoyantes. Elle fait la connaissance, pour la première fois, de son père et plante son regard malicieux dans le sien. Celui-ci l'évite et remarque simplement sa ressemblance frappante avec sa mère.

Alice se glisse avec enthousiasme et curiosité dans sa nouvelle vie. Elle passe le plus clair de son temps avec les servantes, notamment Conchita, qui deviendra son pilier affectif. La petite fille observe le monde des traditions chiliennes avec une sensorialité qu'elle saura utiliser, des années plus tard, lors de ses tournages de films. Sa mémoire d'enfant capte des scènes où se mêlent émotions, actions et relations humaines. Tous les dimanches, Alice grimpe sur les falaises surplombant la baie, d'où elle observe l'art des femmes de piller le maïs, pour confectionner de succulentes *empanadas*[8]. Elle photographie mentalement le mouvement de leurs jupes amples et bariolées.

Ces deux années passées dans sa famille chilienne ont stimulé son imagination et sa vision sensorielle du monde. Alice lit, joue et observe, bénéficiant d'une totale liberté : ses parents ont gardé leur distance originelle vis-à-vis d'elle ce qui, d'une certaine façon, lui laisse des opportunités de découverte. Alice décrit ces années comme « pleines de soleil, de gaieté[9] ».

---

6. GUY, Alice, *La Fée-Cinéma. Autobiographie d'une pionnière*, Paris, Gallimard, coll. « L'Imaginaire », 2022, p. 49.

7. GUY, Alice, *La Fée-Cinéma. Autobiographie d'une pionnière*, Paris, Gallimard, coll. « L'Imaginaire », 2022, p. 49.

8. Petit chausson farci de viande, d'œufs ou de légumes.

9. GUY, Alice, *La Fée-Cinéma. Autobiographie d'une pionnière*, Paris, Gallimard, coll. « L'Imaginaire », 2022, p. 53.

En quoi l'expérience sensorielle et observatrice du monde telle qu'Alice la vit nous renseigne-t-elle sur nos leviers pour stimuler notre capacité imaginative ?

Les inspirations d'Alice pour éveiller et stimuler votre imagination

Qu'est-ce l'imagination et que se passe-t-il dans notre cerveau ?

Cette faculté de combiner des images pour créer quelque chose de nouveau constitue le fonctionnement même de notre imagination. Les recherches en neurosciences et en sciences sociales nous détaillent ce processus : où et comment naissent les images ? Le corps est un acteur puissant de notre capacité à produire images/idées et sensations. Selon Antonio Damasio[10], ce sont d'abord nos yeux, nos oreilles ou notre peau qui concoctent nos schémas de compréhension de notre environnement. Ils travaillent ensuite de concert avec le système nerveux central ; la moelle épinière et le tronc cérébral. Ceux-ci assemblent les signaux collectés par nos organes sensoriels et, après quelques étapes supplémentaires, notre cortex reçoit l'information qu'il organise. Selon les recherches faites par les chercheurs David Hubel et Torsten Wiesel[11], nous savons que ce dispositif nous permet de créer des cartes des objets et de leur territoire, qui sont la base des images que nous avons à l'esprit.

Comment, à partir de ces connaissances, activer notre imagination ?

Le vagabondage mental revêt une fonction, plus centrée sur l'innovation et la créativité. Ainsi, il n'est pas toujours productif de se focaliser sur le problème à résoudre. Laisser flotter son esprit permet d'accéder à des idées sous-jacentes, comme si

10. DAMASIO, Antonio, *Sentir et savoir : une nouvelle théorie de la conscience*, Paris, Odile Jacob, 2022, p. 65.

11. HUBEL, David H. et WIESEL, Torsten N., *Brain and Visual Perception. The Story of 25-Year Collaboration*, New York, Oxford University Press, 2004.

elles étaient en attente, sous le seuil de la conscience, pour mieux affleurer et de devenir exploitables.

Si l'on en croit le psychologue Jonathan Schooler, de l'université de Californie à Santa Barbara, il en résulte alors des intuitions créatives[12]. Ainsi, Orhan Pamuk, écrivain turc récompensé par le prix Nobel de littérature en 2006, imaginait un autre monde dans lequel il se réfugiait enfant, où il était « quelqu'un d'autre, ailleurs... Dans le salon de ma grand-mère, je me figurais que j'étais dans un sous-marin. »

Albert Einstein s'imaginait, lui, courant le long d'une vague légère – une rêverie qui l'aurait conduit à la théorie de la relativité restreinte.

Quant au réalisateur Tim Burton, il aurait rêvé à son parcours professionnel vers les sommets hollywoodiens en passant son enfance calfeutré dans sa chambre, créant des affiches pour une série imaginaire de films d'horreur.

Petit manuel pour vous aider à stimuler votre imagination .

COACHING

1. Prenez un carnet et notez – lors de vos vagabondages – cent questions qui vous viennent en tête. Vous serez surpris de constater que les trente premières sont très connectées à vos préoccupations quotidiennes, que les trente autres relèvent de sujets plus globaux, et que les quarante dernières sont des questions connectées au sens et à ce qui est fondamental pour vous. Dans cet exemple, le réseau du mode par défaut dans votre cerveau[13] (DMN : Default Mode Network) s'active lorsque vous êtes dans un état de repos mental et est associé

12. *Cerveau & Psycho*, n° 46, *Comprendre la créativité.*
13. *Default mode network* (DMN).

à des fonctions telles que la réflexion introspective, la pensée créative et la génération d'idées.

2. Allez dans un endroit dans lequel vous n'êtes jamais allés auparavant (un café, une association, un village, etc.)
3. Ne faites rien pendant quinze ou trente minutes et laissez vos pensées divaguer : ennuyez-vous.
4. Observez quelqu'un dans la rue, relevez son attitude, son apparence et inventez-lui une vie.
5. Face à un problème pour lequel vous êtes à court d'idées, changez une petite chose dans votre quotidien : descendez à une station de bus ou de métro avant votre arrêt habituel, marchez en vous concentrant sur vos sensations (les sons, puis les odeurs et la vue). Vous serez surpris d'avoir des idées nouvelles sur le sujet qui vous préoccupe.

La dure transformation en une petite fille sage

Un beau matin, Conchita réveille Alice et l'habille plus chaudement qu'à l'habitude. Sa mère la serre à plusieurs reprises dans ses bras. Alice comprend que son séjour chilien s'achève et repart en France, seule avec son père. Le détroit de Magellan n'offre plus les mêmes stimulations et rêveries qu'à l'aller. La tristesse et l'incompréhension face à ce départ précipité rendent la petite fille passive et perdue. Alice est ainsi faite : son regard aiguisé sur le monde et sa curiosité insatiable prennent le dessus. La traversée est source de découvertes : elle repère un jardin zoologique sur le bateau, dialogue avec les lionceaux, leur donne des fraises à manger, évitant de justesse un doigt arraché.

Quelques jours plus tard, elle rentre comme pensionnaire au couvent du Sacré-Cœur, à Viry, à la frontière suisse : elle a tout juste 6 ans. D'une enfance bercée par la multiculturalité, la sensorialité, les couleurs et la joie, elle pénètre dans le monde de la nuit. « Je subis la dure transformation d'une enfant libre et gaie en petite fille timide et sage[14]. »

Ce type de pensionnat cherche à modeler des jeunes femmes fortes, capables de tenir leur rôle d'épouse et de mère dans tous les milieux. Pour atteindre cet objectif, les moyens pédagogiques utilisés sont brutaux : privation et humiliation règnent en maitres. Le sens d'observation d'Alice lui est d'une grande utilité. Elle repère ce qui, chez ces religieuses, provoque peur et effroi. Maladies et infections les terrorisent. Alice s'en souvient et sera souvent malade, ce qui lui permettra d'être renvoyée ponctuellement chez sa grand-mère bien-aimée et de retrouver ainsi chaleur et réconfort.

Une série de catastrophes s'abat sur la famille Guy, influençant le destin d'Alice. La mort de son frère aîné, souffrant d'une maladie cardiaque, des tremblements de terre détruisant les librairies à Valparaiso, des vols et des incendies mettent fin à l'épopée chilienne. Père, mère, frères et sœurs reviennent en France. Alice quitte le couvent après six longues années.

Son père, miné par le chagrin, est incapable de s'adapter à ces nouvelles conditions de vie nettement moins prestigieuses. Il décède à 51 ans. Une ère nouvelle s'ouvre pour Alice et sa mère, qui doit affronter la réalité d'une situation fragile économiquement et trouver du travail. Les sœurs d'Alice cherchent à se marier pour échapper aux conséquences de la faillite financière de leur défunt père. Alice, âgée de 18 ans, analyse avec recul l'opportunité qui se cache derrière ce drame familial. Trop jeune, trop différente et trop rebelle, elle ne cherche qu'une chose : s'extraire du destin habituel des jeunes filles de bonne famille pour accéder à une formation et à un emploi qualifiés.

Depuis sa sortie du couvent, elle s'est frénétiquement jetée dans la littérature de son époque. Sa sœur Julia lui conseille de lire Balzac. Ses livres provoquent un véritable cataclysme

14. Guy, Alice, *La Fée-Cinéma. Autobiographie d'une pionnière*, Paris, Gallimard, coll. « L'Imaginaire », 2022, p. 56.

intérieur. La jeune femme comprend à quel point le corps et la pensée des femmes sont soumis au contrôle de l'Église. Elle est consciente des ravages de cette morale trop stricte, source de misère émotionnelle et affective au sein des mariages arrangés. En lisant *La Comédie humaine*[15], Alice est touchée par ces destins de femmes et d'hommes broyés par des conventions religieuses et sociales. Plus tard, dans ses films, elle n'hésitera pas à fustiger ces diktats et à mettre en lumière le désir féminin.

Il lui faut, dans l'immédiat, trouver un emploi. Une relation familiale, Paul Bhrem, lui conseille un cours dont la science est toute nouvelle à l'époque : la sténodactylographie. Dès 1893, Alice est repérée par un professeur qui décide de lui donner des cours particuliers. À tout juste 21 ans, elle obtient facilement un premier poste de secrétaire dans une petite usine dans le quartier du Marais, à Paris.

Interface scientifique chez Gaumont

Cette première expérience professionnelle se révèle formatrice à plusieurs titres. Seule femme au milieu de douze hommes, Alice n'échappe pas aux remarques sexistes et grossières d'un de ses collègues. Un jour, exaspérée par son comportement, elle bondit de sa chaise, frappe du poing sur son bureau et lui crie : « Vous allez ravaler vos ordures, vous taire et me laisser travailler en paix, sinon j'en référerai à qui de droit[16]. » Son collègue, stupéfait, grommelle : « Il va falloir la dresser la môme[17]. » Quelques jours plus tard, elle est convoquée par son supérieur hiérarchique qui lui rappelle qu'elle n'a aucune légitimité pour faire des remontrances à

15. Honoré de Balzac a regroupé dans *La Comédie humaine* vingt-quatre ouvrages écrits entre 1829 et 1850.

16. GUY, Alice, *La Fée-Cinéma. Autobiographie d'une pionnière*, Paris, Gallimard, coll. « L'Imaginaire », 2022, p. 59.

17. GUY, Alice, *La Fée-Cinéma. Autobiographie d'une pionnière*, Paris, Gallimard, coll. « L'Imaginaire », 2022, p. 59.

un collègue. La jeune femme garde son sang-froid, explique factuellement ce qu'il s'est passé et obtient soutien et compréhension de la part de son « manager ».

Un soir, à la sortie des bureaux, la nuit est noire, le ciel est nappé de brouillard et le froid engourdit ses pensées. Elle entend un pas sourd qui se rapproche derrière elle. Un frisson d'appréhension la parcourt, lorsqu'elle reconnait la voix du collègue indélicat : « Ça vous dérange si je marche à coté de vous[18] ? [...] Vous ne seriez quand même pas allé vous plaindre, n'est-ce pas ? »

Alice sent la peur la quitter et lui explique les impacts de ce comportement brutal et misogyne. Contre toute attente, le collègue, penaud, lui tend sa large main en lui demandant si elle accepte de devenir son amie, lui promettant d'être à ses côtés en cas de difficultés. Son manager, qui la suivait de loin, assiste médusé à cette métamorphose relationnelle, admiratif des capacités d'Alice à se trouver des alliés parmi ses opposants.

Les inspirations d'Alice face à des comportements sexistes

COACHING

Comment la réaction d'Alice face à des remarques sexistes peut-elle, à notre époque, nous aider à gérer ce type de situation ?

1) Clarifier pour soi ce qui est acceptable ou non acceptable.
2) Cadrer, dès qu'il se présente, le comportement déviant : Alice affirme avec énergie ce qu'elle n'accepte pas. En effet, pour notre cerveau, un comportement inadapté qui n'est pas géré est un comportement admis, d'où

18. Guy, Alice, *La Fée-Cinéma. Autobiographie d'une pionnière*, Paris, Gallimard, coll. « L'Imaginaire », 2022, p. 61.

l'importance d'agir, que ce soit individuellement ou au sein des organisations.
3) Analyser les faits liés à la situation sans jugement.
4) Remettre au cœur du dialogue la responsabilité de chacun. Alice parle des impacts sur elle et évoque sa responsabilité (pouvoir dire ce qui ne lui convient pas) et celle de son interlocuteur (pouvoir améliorer la relation).

En 1894, Alice est informée par son professeur de sténo que le Comptoir général de photographie recherche une secrétaire. Il lui suggère de tenter sa chance et lui propose une lettre de recommandation. Quelques semaines plus tard, elle pousse la porte du 57 rue Saint-Roch, siège du Comptoir. « Le directeur n'est pas là, c'est son fondé de pouvoir, Monsieur Léon Gaumont, qui va vous recevoir », lui signale Madeleine, une secrétaire du même âge qu'elle. Alice pénètre dans une grande pièce bien éclairée. Tout respire l'ordre et la méthode. L'ambiance clinique de la pièce contraste avec la décoration généreuse de l'entrée. Léon Gaumont, la lettre de recommandation à la main, lui fait remarquer : « Vous avez d'excellentes références, mais vous êtes bien jeune pour ce poste. » « Monsieur, cela me passera[19] », lui rétorque Alice.

Léon Gaumont est déstabilisé par son sens de la repartie, l'énergie et l'intelligence qui se dégagent de cette jeune femme. À son grand étonnement, il poursuit la conversation alors qu'il pensait abréger l'entretien. Il se rappelle qu'il ne reçoit Alice que parce qu'elle est recommandée et qu'il préfère confier ce poste à un homme.

Alice, fine observatrice, capte son hésitation et se lance : « J'ai été reçue première de la promotion et seule femme. » « Connaissez-vous la photographie ? », s'enquiert Léon Gaumont. « Il y a six mois, je ne connaissais rien à la

19. Guy, Alice, *La Fée-Cinéma. Autobiographie d'une pionnière*, Paris, Gallimard, coll. « L'Imaginaire », 2022, p. 65.

sténographie et j'ai tout appris rapidement. J'aime apprendre et je sais le faire vite[20] », répond Alice.

Elle poursuit : « Dans tout Paris, vous ne trouverez pas une sténo plus rapide ni plus efficace que moi. »[21] Alice sourit intérieurement en pensant à sa mère qui, probablement, la réprimanderait pour cette démonstration d'audace et de volonté qu'elle jugerait insolente.

Gaumont lui tend un bloc-notes en lui soufflant : « Eh bien, essayons[22] ! »

En sortant de son entretien, Alice éprouve le besoin de se libérer de ses émotions. Elle a réussi ! Qu'a-t-elle réussi précisément ? En tout premier lieu, cet emploi lui permet de se libérer d'une destinée programmée d'épouse dévouée et invisible, vraisemblablement malheureuse. Ensuite, elle a décroché un poste dans un secteur au cœur des enjeux scientifiques et économiques de son siècle. Elle orchestre sa vie autour de ce qui, depuis son enfance au Chili, compte pour elle : liberté d'agir et autonomie financière.

Alice débute ainsi sa longue carrière de pionnière, en devenant la première femme sténodactylo au sein de la prestigieuse entreprise Gaumont.

Elle s'investit dans ses missions avec une énergie folle, et découvre la complexité et la difficulté de sa tâche. Elle doit faire preuve d'une résistance au stress et à la pression. Son bureau est doté d'une sonnette électrique qui lui indique la nécessité de se rendre immédiatement dans le bureau directorial. De 8 h à 20 h, six jours sur sept, le rythme de travail est exigeant. Alice doit également intégrer rapidement des connaissances techniques : dimension des plaques de photographie, diversité des papiers, utilisation de produits

---

20. GAUME, Emmanuelle, *Alice Guy, la première femme cinéaste de l'histoire*, Paris, Plon, 2015, p. 125.

21. GUY, Alice, *La Fée-Cinéma. Autobiographie d'une pionnière*, Paris, Gallimard, coll. « L'Imaginaire », 2022, p. 66

22. GAUME, Emmanuelle, *Alice Guy, la première femme cinéaste de l'histoire*, Paris, Plon, 2015, p. 125.

chimiques, noms des appareils photos, leurs caractéristiques, le foyer des objectifs, etc.

Elle suit des cours avec Frédéric Dellaye, un photographe avant-gardiste qui lui apprend le développement des plaques photographiques et l'utilisation de différents matériels de laboratoire, ainsi que le trucage photographique dont elle se servira plus tard dans ses films.

Sa curiosité et son désir d'apprendre trouvent, enfin, un espace pour se déployer. Alice voit défiler dans le bureau de Gaumont tout ce que Paris compte d'éminents scientifiques, d'explorateurs et de médecins. Son patron étant souvent en retard à ses rendez-vous, Alice accueille ces prestigieux visiteurs, interroge, écoute, émet avis et opinions dans ces conversations de haut vol avec Santos-Dumont, aviateur, Thierry de Martel, pionnier en neurochirurgie, Joseph Vallot, astronome et géographe, ou encore Gustave Eiffel, qui commence la construction du canal de Panama. Sans oublier Louis et Auguste Lumière, les futurs inventeurs du cinématographe...

La rapidité d'assimilation de la jeune femme est repérée par Gaumont qui lui demande d'intégrer le bureau directorial et la positionne ainsi au cœur de l'activité stratégique de l'entreprise. Ses facultés d'adaptation, son intelligence relationnelle et son esprit de synthèse lèvent les dernières résistances de Léon Gaumont qui lui demande de devenir l'interface entre la communauté scientifique et l'entreprise.

En moins d'un an, Alice est passée d'une posture de secrétaire à celle de bras droit de Gaumont.

Alice constate : « Peu à peu, les rênes de tous les services se retrouvaient dans mes mains[23]. »

Pour chaque service, elle structure un mode d'organisation (qui sera sa marque managériale plus tard) fondé sur l'autonomie de décision et la prise de responsabilité. Chaque équipe transmet à Léon Gaumont, par l'intermédiaire

---

23. GUY, Alice, *La Fée-Cinéma. Autobiographie d'une pionnière*, Paris, Gallimard, coll. « L'Imaginaire », 2022, p. 78.

d'Alice, une brève note de synthèse où sont expliqués les faits, l'action requise et les responsabilités que prend le service pour assumer telle ou telle décision. Alice prodigue parfois des conseils de présentation à ses collègues, connaissant bien le type de communication qui convient à son manager.

Un matin, elle remarque l'air préoccupé de Léon Gaumont. Lui habituellement si vif et entreprenant semble abattu et absent. Il l'informe de nouvelles préoccupantes, mettant en péril l'entreprise. Jules Richard, l'inventeur du baromètre enregistreur et du stéréoscope – instrument conçu pour l'observation de clichés photographiques –, vient de gagner son procès contre M. Richard, le directeur de l'entreprise Gaumont. L'impact est majeur : Gaumont ne peut plus fabriquer les appareils photographiques. C'est toute la rentabilité de l'entreprise qui est menacée, plongeant ses employés dans l'incertitude économique.

Alice garde son calme et présente son savoir-faire commercial. Depuis qu'elle est en charge des relations clients, elle compile des notes et des observations sur chacun d'entre eux : leurs données socio-économiques (situation, âge, intérêts), leurs comportements d'achat (les appareils achetés ou testés), leurs interactions avec la marque Gaumont, leur feedback client (leur satisfaction.). Elle suggère donc à Léon Gaumont de créer une société avec ceux qui répondent à deux critères : la fidélité à la marque et un sens entrepreneurial. Cette solution permettrait de poursuivre l'activité commerciale, sans risque pour le maintien des emplois.

Gaumont est sincèrement impressionné par le sang-froid de cette jeune femme qui, au-delà de ses capacités d'organisation et de coordination, fait preuve d'un sens stratégique opportun et visionnaire. À cet instant, il comprend qu'Alice a toutes les qualités pour devenir une entrepreneuse.

En observant la mutation professionnelle d'Alice, quels leviers activer pour rendre visibles ses talents et ses forces ?

Les inspirations d'Alice pour rendre appréciables ses talents de future entrepreneuse

Le mode opératoire d'Alice dans sa relation avec Léon Gaumont et, plus largement, avec l'environnement de l'entreprise repose sur trois actions, en lien avec ses forces. Ainsi, valoriser ses qualités dans une organisation passe pour Alice par un art de la communication persuasive, un « management » centré sur l'autonomie et la responsabilisation, et un focus sur les besoins des clients.

1) La première force d'Alice est donc un sens de l'observation acquis dès l'enfance. Elle scrute les modes d'interactions préférentiels de ses interlocuteurs pour gagner en efficacité dans sa communication. Elle repère le mode préférentiel de communication de son patron pour adapter sa communication et développer une fluidité relationnelle entre eux, à l'origine de la confiance qu'il lui accorde. Elle observe son comportement non verbal, son environnement de travail et son langage et en déduit que l'homme a besoin de faits et d'une communication centrée sur la synthèse plus que sur les détails. Elle orchestre donc – dans ses échanges avec lui une communication courte : (présentation synthétique des enjeux) / claire (phrases simples, style direct) et factuelle (les faits principaux sans rentrer dans le détail).

COACHING

En vous inspirant d'Alice, observez les termes de vos interlocuteurs dans votre domaine professionnel ou personnel :

- *Sont-ils orientés vers les faits, les chiffres ?*
- *Sur une vision plus globale ?*
- *Sur le relationnel et le sensible ?*
- *Ou sur les aspects pratiques et détaillés d'un projet ?*

À partir de ce constat, adoptez la voie de communication préférentielle de votre interlocuteur pour créer adhésion et engagement de sa part.

2) La deuxième force d'Alice est de miser sur l'autonomie et la prise de responsabilité des équipes pour gagner en performance. Alice bénéficie d'une marge de manœuvre pour suggérer et implémenter des changements organisationnels qui stimuleront l'engagement et l'implication des équipes. Elle sait qu'il est plus facile de s'impliquer dans une activité qui n'est pas vécue comme imposée. Alice veille ainsi, à partir des instructions de Léon Gaumont, à donner la possibilité de choix aux services (activités/organisation) pour les impliquer davantage.

COACHING

- *En vous inspirant d'Alice, comment pouvez-vous donner davantage d'autonomie à vos équipiers dans vos projets professionnels ou personnels, afin de les impliquer davantage ?*

3) La troisième force d'Alice est de savoir se centrer sur les besoins des clients. La méthode d'Alice pour anticiper repose sur une écoute de l'expérience client. En amont des rendez-vous avec Léon Gaumont, elle les interroge sur leur environnement, leur vision du marché, leurs ressentis de la concurrence (notoirement élevée entre les compagnies de photographie en France et aux États-Unis à cette époque), leurs actions commerciales. Elle pratique une réelle empathie relationnelle qui lui permet de proposer cette stratégie d'association face à l'aléa entrepreneurial.

COACHING

Pour mieux comprendre et développer une connaissance sensible et rationnelle de vos interlocuteurs, voici donc une carte d'empathie que vous pouvez adopter.

Carte d'empathie

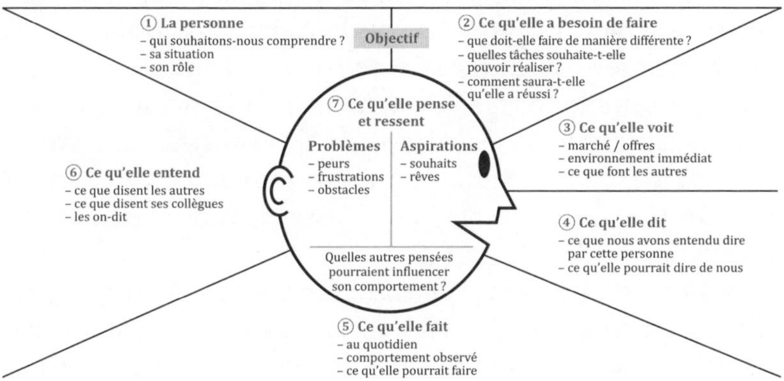

« Ma jeunesse, mon inexpérience, mon sexe, tout conspirait contre moi[24] ! »

Léon Gaumont met ce projet à exécution et, quelques semaines plus tard, la Société des établissements Gaumont est créée, avec Gustave Eiffel en qualité de président. En mars 1895, Louis et Auguste Lumière invite Léon Gaumont à la soirée organisée par la Société d'encouragement à l'Industrie nationale pour présenter dans le plus grand mystère un appareil de leur invention. Léon Gaumont propose à Alice de l'accompagner. Son patron est happé par les mondanités,

24. Guy, Alice, *La Fée-Cinéma. Autobiographie d'une pionnière*, Paris, Gallimard, coll. « L'Imaginaire », 2022, p. 82.

tandis qu'elle observe les ouvriers tendre un drap blanc. L'assemblée est plongée dans le noir. Alice entend le cliquetis d'une machine que Louis Lumière actionne. Sur le drap blanc une lumière blanche et noire danse au milieu de la salle. Le cœur d'Alice se serre. Ce qu'elle découvre est tout simplement magique : des personnages vivants et animés sont projetés sur le drap. Des femmes sortent gaiement de leur usine, bavardant et secouant leurs longues jupes, des ouvriers avancent vers le public en agitant leurs mains, un grand chien maigre traverse le cadre et s'enfuit vers la gauche. Le rêve se poursuit avec l'arrivée à vive allure d'un train qui semble foncer directement vers le public qui, stupéfait, disparait sous les sièges. Un frisson collectif traverse l'assemblée, consciente qu'un autre monde s'ouvre devant eux. Nous venons simplement d'assister à la naissance du cinéma[25].

Le génie de Louis et Auguste Lumière est d'avoir su produire le cinématographe, un appareil d'une très grande qualité cumulant trois fonctions essentielles : prises de vues, tirage du film et projection.

Et pourtant, le lendemain de cette présentation, Louis pense que leur invention n'a aucun avenir commercial.

Alice n'est pas de cet avis. Après cette projection de mars 1895, elle a longuement observé ce matériel. Elle constate avec amusement l'euphorie des ingénieurs et des scientifiques évoluant dans l'écosystème des entreprises Gaumont. Ils ne tarissent pas d'éloges sur les aptitudes techniques de ce cinématographe et restent principalement motivés par la résolution des problèmes mécaniques : l'apport du son dans les films, la façon de le rendre utilisable par le plus grand nombre.

Comme l'avait déjà remarqué Gaumont, Alice porte un autre regard sur cette invention et révèle ses aptitudes visionnaires. Elle écrit : « Dans peu de temps, tous les cinémas du

25. GUY, Alice, *La Fée-Cinéma. Autobiographie d'une pionnière,* Paris, Gallimard, coll. « L'Imaginaire », 2022, p. 81.

pays diffuseront des histoires au lieu de spectacles, d'intrigues au lieu de panoramas[26]. » Elle perçoit la nécessité de réaliser des prises de vues plus diversifiées que celles proposées par les frères Lumière, qui se contentent de filmer des défilés de troupes militaires, des quais de gare et des événements princiers. Alice s'interroge : « Et si cette invention devenait un moyen d'éduquer et de distraire[27] ? »

Elle se souvient du Chili de son enfance, notamment de ce plaisir sensoriel à observer des scènes de rues. Et si ce cinématographe devenait son canal privilégié pour faire partager au plus grand nombre la poésie du monde, le comique de l'existence et toutes ces choses capables d'instruire et de faire oublier les tracas du quotidien ?

Alice décide de valoriser ses talents d'écriture et d'imagination auprès de Gaumont. « Fille d'un éditeur, j'avais beaucoup lu, pas mal retenu. J'avais fait un peu de théâtre amateur et je pensais que l'on pouvait faire mieux. M'armant de courage, je proposais timidement à Gaumont d'écrire une ou deux saynètes et de les faire jouer par des amis. Si on avait prévu le développement que prendrait l'affaire, je n'aurais jamais obtenu ce consentement[28]. »

Gaumont écoute Alice lui donner un exemple concret d'une histoire comique qui pourrait être filmée. Il n'a jamais vraiment imaginé que cette invention, née du cerveau de scientifiques et de techniciens et développée pour l'étude du mouvement, puisse devenir un objet de divertissement populaire. Quel risque prend-il à laisser Alice agir ?

Il donne ses conditions : tout est possible si cette activité n'empiète pas sur ses fonctions de secrétaire, c'est-à-dire une disponibilité totale de huit heures du matin à 16 h 30.

---

26. Film de GREEN, Pamela B., *Be natural. L'histoire cachée d'Alice Guy-Blaché*, 2018.

27. Cf. film de GREEN, Pamela B., *Be natural. L'histoire cachée d'Alice Guy-Blaché*, 2018.

28. GUY, Alice, *La Fée-Cinéma. Autobiographie d'une pionnière*, Paris, Gallimard, coll. « L'Imaginaire », 2022, p. 82.

Ces débuts du cinéma primitif constituent selon Brigitte Rollet « une parenthèse enchantée[29] ». Personne ne croit au développement du cinéma de fiction. Alice peut donc y prendre une place et structurer comme elle l'entend un espace de créativité laissé vierge par les scientifiques. Elle mise sur la complémentarité entre les techniciens et les scénaristes : elle invente les bases de l'industrie cinématographique et organise les rôles de chacun dans la production d'un film.

Pour l'heure, elle réalise son premier film *La Fée aux choux* en 1896, dans l'indifférence générale. Néanmoins, le bouche-à-oreille, en plus de petits tracts évoquant le film, en fait un immense succès. Elle sait mobiliser les talents : ses amis deviennent, le temps de ce tournage, des artistes. Un ami peintre lui conçoit un décor, des ébénistes découpent des morceaux de bois en forme de choux et elle « emprunte » un bébé braillard à une amie.

Alice a 23 ans lorsqu'elle produit ce premier film de fiction où un génie féminin dépose des bébés dans des choux. Elle sera à l'origine d'une multitude de sujets filmés, d'histoires fictives et de sketches inventés et tournés par ses soins, révélant une auteure complète. De 1896 à 1907, elle réalise pour Gaumont plus de 200 films dont une superproduction de trente minutes, avec plus de 300 figurants.

Elle n'hésite pas à embrasser tous les styles, preuve de son incroyable créativité et de son ouverture d'esprit : de la comédie loufoque, avec son film *La Femme collante*, mis en scène dans un bureau de poste et narrant la mésaventure de clients occupés à coller des timbres avec plus ou moins d'adresse, à des films plus moralisateurs, comme *Les Dangers de l'alcoolisme*. À une époque influencée par une vision normative du rôle de la femme, elle cherche à apporter rigueur et créativité à ses œuvres et ose aborder le thème du désir féminin. Les autres arts, comme la peinture ou le chant, positionnent

29. ROLLET, Brigitte, *Femmes et cinéma, sois belle et tais-toi !*, Paris, Belin, 2017.

régulièrement la femme dans un rôle de mère ou d'épouse, avec un regard sexualisé : la vierge ou la prostituée. Dans ses films *Madame a des envies* et *Les Résultats du féminisme*[30], on trouve une société dans laquelle les hommes, très efféminés, font de la broderie et s'admirent dans la glace, tandis que les dames, plutôt dans le genre camionneurs en robe, se prélassent et fument la pipe... et, à l'occasion, protègent ces messieurs des ardeurs féminines. À la fin du film, la morale est sauve : les hommes reprennent le dessus, même si ces femmes fortes se retrouvent autour d'un café. À travers cette parodie, Alice cherche à faire comprendre ce que les femmes ressentent dans un milieu exclusivement masculin, lorsqu'elles sont sans cesse observées, malmenées, tripotées. Dans tous ses films, la femme se bat à égalité contre son mari et n'est pas plus ridiculisée que lui, contrairement à beaucoup des œuvres de l'époque. Alice ne met jamais la plastique de la femme en avant, mais montre ce que celle-ci ressent, et utilise le burlesque et l'humour pour évoquer le désir féminin, sujet hautement invisible dans ces débuts du cinéma.

Alice cherche à sortir la femme de son « invisibilité » artistique en effectuant des choix audacieux.
Elle joue la carte de la créativité dans un contexte professionnel qui l'ignore et en fait un levier de différenciation.
En quoi le choix d'Alice nous invite-t-il à comprendre comment être ou devenir plus créatifs ?

Les inspirations d'Alice pour stimuler sa créativité et la rendre visible dans ses projets

Depuis plusieurs années, la créativité fait l'objet de recherches neuroscientifiques qui nous donnent quelques clés pour stimuler notre cerveau créatif.

30. Réalisés en 1906.

1) Susciter des provocations dans vos expériences et vous faire sortir de vos schémas habituels de pensées

Le cerveau ne reçoit pas l'information de façon passive : il l'interprète, à la lumière de ses connaissances antérieures. Les schémas mentaux sont essentiels. Ils nous permettent de prédire des résultats probables sur la base d'informations incomplètes et cela suffit, pour l'essentiel, à nos activités quotidiennes. En revanche, cette architecture cognitive a un inconvénient : nous commettons des erreurs et sommes sujets aux illusions, aux faux souvenirs et aux préjugés. Quand un schéma mental est installé, nous ne voyons plus certaines évidences. La pensée créative exigerait deux styles cognitifs : l'un serait contrôlé par les schémas mentaux classiques, l'autre nous donnerait accès à une expérience non filtrée du monde qui nous entoure[31].

COACHING

– *Autrement dit, que pouvez-vous faire de différent dans vos routines quotidiennes pour titiller votre créativité et bousculer vos schémas mentaux* ?

Pensez à approfondir un nouveau sujet, à expérimenter quelque chose d'inédit pour vous.

2) Aimer est le meilleur moteur de la création

L'activité créatrice demande de l'énergie et nécessite de trouver son carburant.

Teresa Amabile, de l'université Harvard[32], a réalisé de nombreuses études, à la fois en milieu scolaire et dans le monde

31. Cf. Snyder, Alan, « La stimulation cérébrale du talent », *Cerveau & Psycho*, n° 66, déc. 2014. Alan Snyder est physicien et neurobiologiste. Il dirige le Centre pour le cerveau de l'université de Sydney, en Australie.

32. Théresa Amabileest psychologue et docteure en psychologie et enseigne à l'Université de Harvard.Ses recherches portent sur la créativité, à. Cf. « Les clés de la créativité », *Cerveau & Psycho*, n° 46, déc. 2011.

de l'art, sur le niveau de créativité des individus et leur motivation. Elle met au jour un lien fort entre créativité et motivation intrinsèque. Les personnes qui tirent du plaisir de la production de nouvelles idées continuent à le faire sans se limiter dans leurs approches ; elles ne se préoccupent pas de savoir si ces idées seront ou non couronnées de succès. En revanche, les personnes habituées à s'adonner à une activité pour les bénéfices qu'elles espèrent en retirer supportent mal l'idée de s'engager sur une voie trop innovante, qui ne rapporterait aucun bénéfice immédiat. C'est pourquoi le goût de la création doit s'enraciner en soi-même. Pour reprendre l'exemple d'Alice, elle dit « *être* mordue » par le démon du cinéma et elle explore des sujets différents.

COACHING

- *Et vous, dans quels domaines êtes-vous prêts à prendre le risque de vous surprendre ?*

Productrice innovante et manager de talents

La boulimie productive d'Alice engendre une série d'innovations techniques qui structureront durablement la réalisation des films, en France comme à l'étranger. Elle mobilise le savoir-faire des techniciens de Gaumont, dont celui de Frédéric Dillaye – conseiller technique et auteur de livres sur la photographie artistique –, pour créer les premiers gros plans, notamment dans le film *Madame a des envies*.

Ses équipes se lancent de nouveaux défis. Ils ont l'idée de tourner les films à l'envers, ce qui permet de voir une maison s'écrouler et, immédiatement après, sa reconstruction, ou un personnage tomber d'un toit et remonter aussi vite.

Cette équipe utilise le ralentissement et l'accélération du tour de manivelle, « transformant de paisibles passants en êtres pris de frénésie, ou, au contraire, en dormeurs éveillés[33] ». Alice veille à ce que les expériences de son équipe de tournage soient décryptées et analysées pour ensuite aller plus loin dans les capacités techniques et les modalités de prises de vues. Par exemple, ses techniciens découvrent qu'en réalisant la prise de vues à différentes distances, la représentation sur la même image de Pygmées et de géants créent des effets d'optiques saisissants pour le spectateur. C'est le cas dans les films *Le Voyage de Gulliver à Lilliput*[34].

Ils utilisent les arrêts d'image, qui permettent de déplacer un objet qui, lors de la projection, semble doté d'une vie surnaturelle, ce qui remplit de stupeur l'archéologue qui découvre sa momie en train de jouer aux quatre coins de son laboratoire[35]. Ils développent les fondus, utilisés pour les visions et les rêves. Stimulée par cette recherche perpétuelle de créativité et d'innovation, Alice est également pionnière des premiers essais du cinéma parlant en utilisant le chronophone. Les chansons et les musiques sont enregistrées préalablement sur un manchon de cire. Elle développe aussi des techniques pour rendre stables des trépieds, originellement conçus pour la prise de photographie, qu'elle adapte pour garantir une stabilité lors de ses tournages. Alice prend son temps pour sélectionner ses futurs collaborateurs, qui, selon elle, doivent bénéficier de trois qualités indispensables : la patience, la bonne volonté et l'initiative. Anatole Thiberville, précis, minutieux et créatif, intègre son équipe de talents et devient son opérateur principal. Elle loue son sens de l'organisation et sa débrouillardise. Formé

33. Guy, Alice, *La Fée-Cinéma. Autobiographie d'une pionnière*, Paris, Gallimard, coll. « L'Imaginaire », 2022, p. 84.

34. Réalisé en 1906.

35. Guy, Alice, *La Fée-Cinéma. Autobiographie d'une pionnière*, Paris, Gallimard, coll. « L'Imaginaire », 2022, p. 86.

à l'école expérimentale d'Alice, combinant rigueur avec créativité, il deviendra plus tard un cinéaste de renom. D'autres « pépites » rejoignent son équipe, et tous connaitront une carrière dans l'univers du cinéma après cette expérience inédite, créative et méthodique auprès d'Alice Guy. Quelques noms méritent d'être cités pour leurs apports essentiels à ces débuts du cinéma : Ferdinand Zecca, réalisateur et futur concurrent chez Pathé ; Henri Ménessier, décorateur et futur réalisateur ; Dranem et Félix Mayol, chansonniers ; Louis Feuillade, scénariste ; ou encore Léonce Perret, scénariste et metteur en scène

Cette équipe produit des films de dix-sept mètres, puis de vingt-cinq mètres, qui deviennent de plus en plus populaires. Derrière ce succès se cache un travail multidisciplinaire et transversal dans une ambiance détendue, confiante et joyeuse, qui s'accomplit et qui est l'œuvre d'Alice. Outre ses talents créatifs pour imaginer, filmer et diffuser ses histoires, elle se révèle une manager performante pour entrainer et stimuler les collaborateurs qu'elle recrute. Elle impulse face à la contrainte, une attitude flexible, en évaluant les difficultés rencontrées (qui sont nombreuses et complexes), non pas comme des handicaps ou des paralysies mais comme des écarts entre ce qui existe aujourd'hui et le futur souhaité ; écarts qui génèrent une tension inconfortable. Cette tension, selon elle, donne des ailes et autorise à faire des propositions innovantes : face aux défis fous qu'elle impose à ses équipes, seules des idées farfelues et audacieuses portent en elles des germes d'efficacité. Elle met donc en place une démarche d'innovation participative qui se révèle rapidement opérationnelle. D'ailleurs, les entreprises concurrentes l'ont bien compris. Toutes les actions et les innovations techniques qu'Alice et son équipe font émerger sont repérées et les collaborateurs « chassés » pour transmettre leur précieux savoir-faire. « Le seul collaborateur qui resta environ deux semaines avec moi avant de rejoindre Pathé, tourna *Les Méfaits d'une tête de veau*[36] », écrit Alice dans ses mémoires.

Les résultats sont indéniables. Les perfectionnements sont quotidiens. Un collaborateur des frères Lumière vient prêter ses compétences techniques pour améliorer les bandes des films, plus longues et de meilleure qualité. L'un de ses ingénieurs, un dénommé « Santou », invente le premier système de développement automatique permettant le fixage et le séchage des films de longueur illimitée. C'est le temps des grands films et des documentaires qui ouvre d'infinies perspectives à Alice. Grâce à cette invention, des films comme *Le Delhi Durbar*, *Le Premier Vol de Santos-Dumont* et *La Première Course Paris-Marseille* sont filmés par les opérateurs d'Alice et projetés vingt-quatre ou quarante-huit heures après la prise de vues : une rapidité encore jamais vue. En 1900, lors de l'ouverture de l'Exposition universelle à Paris, ce sont les films conçus et réalisés par Alice et son équipe qui constituent la principale attraction.

Comment Alice, dans un contexte hyper concurrentiel, sans véritable soutien puisque Gaumont ne lui a donné son accord qu'avec réticence et sous condition, développe-t-elle un engagement de ses équipes dédié à une recherche collective d'innovations rapidement opérationnelles ? À l'heure des nombreux défis qui traversent notre société, quels sont les leviers pour innover ?

36. Guy, Alice, *La Fée-Cinéma. Autobiographie d'une pionnière*, Paris, Gallimard, coll. « L'Imaginaire », 2022, p. 89.

Les inspirations d'Alice pour lancer une démarche d'innovation participative dans un projet collectif

Alice fait du défi une politique de management, déclinée par tous les acteurs. Cette innovation participative repose sur deux principes et une série d'actions, issues de son expérience terrain.

Principe n° 1 : Impliquer chaque acteur du terrain

Elle crée des défis mobilisateurs, dont elle explique le sens et les objectifs : « Inventer les métiers et l'organisation du cinéma. » Si l'on reprend la symbolique, vieille comme le monde, des quatre éléments – l'air, la terre, l'eau et le feu –, l'idée forte qui soutient l'innovation est surtout dominée par la symbolique du feu. Il représente la création, l'innovation et l'esprit aventurier de l'entrepreneur fondateur. Alice comprend que l'engagement de ses équipes dépend de sa capacité à donner à chacun la possibilité « d'en être » et de valoriser ainsi sa part, parfois inconnue, de fondateur, d'entrepreneur ou de créateur. Revenons à vous : si votre objectif est d'impliquer les différentes parties prenantes d'un projet, qu'il soit familial ou professionnel, alors posez-vous deux questions :

COACHING

- *Comment, lors d'un projet ou d'un travail en équipe, pouvez-vous, avec des mots simples, évoquer votre « rêve » ou le sens profond de votre projet ?*
- *Que pouvez-vous faire partager pour rendre chacun fier d'« en être » ?*

Principe n° 2 : Manager un processus d'innovation autour des sept principes expérimentés par Alice

1. Connaitre les enjeux de son aventure et les faire partager à tous moments à ses équipes. Alice explique à

tous ses collaborateurs la finalité de sa démarche et la nécessité d'ouvrir des voies nouvelles dans cette période où le cinéma se construit et où Alice est seule à occuper le terrain.

2. Aider chacun à se situer, c'est-à-dire savoir où il se positionne par rapport aux autres, à qui est destinée sa contribution, qui est utile à ses missions.
3. Valoriser les apports des différents métiers, leur spécificité et l'apport de la rencontre des métiers dans ce projet commun d'innovations. Par exemple : la rencontre d'un ingénieur et d'un photographe est à l'origine des premiers gros plans du cinéma dans le film *Madame a des envies*.
4. Organiser le feed-back au sein de ses équipes, en recueillant toutes leurs initiatives d'amélioration (prises de vues, photos, décors, etc.), et vérifier l'impact de ces améliorations pour éviter que la créativité et l'innovation ne perdent de leur efficacité si elles laissent les énergies partir dans tous les sens. Alice organise, avec les ouvrières qui peignent des images où les personnages sont très petits, ce type de feed-back et elles ont l'idée de découper trois bandes qui servent de pochoirs et qui leur permettent de colorier les images plus rapidement. Cette initiative est créative et répond aux objectifs d'amélioration des processus.
5. Distiller une culture de l'innovation et sensibiliser aux croyances et aux attitudes qui facilitent ou freinent l'innovation. Alice sait combiner une incitation pour chaque collaborateur à s'ouvrir, à de nouvelles idées et de nouvelles expériences et en même temps donner des objectifs précis et des indicateurs de suivi et de résultats. Elle montre ainsi que l'innovation n'est pas un foisonnement d'idées pures, mais qu'elle se concrétise par des résultats durables.
6. Rendre l'erreur apprenante : un des freins majeurs à l'innovation concerne la gestion des erreurs. Si ce droit à l'erreur est probablement la revendication la plus entendue ces dix dernières années, dans la réalité,

est-il pratiqué ? Alice encourage et exploite les erreurs pour en faire une expérience apprenante et améliorer ainsi les fonctionnalités nouvelles que son équipe met en place dans la réalisation de ses films.

COACHING

- *Et vous, comment réagissez-vous aux erreurs de vos équipes ou de vos proches ?*
- *Comment pourriez-vous en faire une expérience apprenante pour celui ou celle qui commet l'erreur ?*

7. Encourager la transgression créative. Si Alice choisit soigneusement ses collaborateurs, tous n'expriment pas le même degré de motivation et d'initiative. Elle évoque notamment cette troupe d'acrobates anglais qu'elle engage et dont elle tire les plus grandes satisfactions. Quelles sont les raisons de ce plaisir dans la collaboration avec cette troupe ? Une liberté de création qu'elle leur laisse et qu'ils utilisent pour enrichir ses films *Une noce à Robinson*, avec des ânes et des acrobaties dans les arbres, *À la recherche d'un appartement*, où le plancher s'écroule et le lustre leur tombe sur la tête, et *Le Départ pour les vacances*, avec les valises impossibles, le fond du fiacre qui craque et le conducteur irascible[37]. Lors du tournage du film *La Mariée du lac Saint-Fargeau*, la troupe suggère à Alice une nouvelle acrobatie qui est censée apporter surprise et humour. Alice les encourage et la comédienne tombe dans un étang qui s'avère un véritable cloaque, grouillant de larves et d'animaux en putréfaction. La comédienne ressort sans une plainte, ni un soupçon de mécontentement devant une Alice qui se confond en excuses. Souriante,

37. GUY, Alice, *La Fée-Cinéma. Autobiographie d'une pionnière*, Paris, Gallimard, coll. « L'Imaginaire », 2022, p. 100.

cette comédienne a repris le travail avec enthousiasme et plaisir. Cet exemple peut résumer cette notion de transgression créative qui, selon Alice, consiste à aider le collaborateur à bien évaluer son niveau de compétence et de motivation et à l'amener à aller plus loin, vers une autonomie nécessaire pour exercer pleinement sa créativité.

Cela fait deux ans que Gaumont lui a accordé, de mauvaise grâce, la possibilité de tourner et de réaliser des films. Le succès est tel et les bénéfices si conséquents que le conseil d'administration souhaite construire un studio situé aux Buttes-Chaumont, comprenant des ateliers, des plateaux, un studio en plein air et un théâtre. Inscrit dans l'architecture de la ville, cet espace dédié au cinéma s'étend de la rue des Alouettes, de la rue de la Villette jusqu'à Belleville. Dorénavant, dans l'histoire du cinéma, le tournage de film « à Belleville, ou rue de la Villette » voulait dire « Gaumont », comme Montreuil veut dire « Méliès ». Ce studio ressemble à une cathédrale de verre de quarante-cinq mètres de long, vingt mètres de large et trente-quatre mètres de haut. Pour le visiteur, cet espace est le comble du luxe : des loges d'artistes vastes et confortables, des entrepôts pour les décors et les costumes, des ateliers pour les décorateurs et les menuisiers, et un plancher si résistant qu'il peut recevoir le poids de plusieurs éléphants. Alice, qui n'a pas été consultée pour cette réalisation, se sent piégée dans ce monstre de verre, enfermée, condamnée à reproduire de manière lancinante et routinière les mêmes scènes du catalogue des films Gaumont, selon les rubriques « comiques », « à trucages » et « dramatiques ». Elle comprend surtout que son travail de création n'est pas véritablement intégré par ce conseil d'administration qui, sous l'influence des ingénieurs, conçoit le cinéma comme un autre moyen de filmer du théâtre, de la danse ou du chant, et non comme un univers de création avec ses règles propres. Ainsi, face à ce succès aussi rapide qu'inattendu, Alice doit encore se battre. D'abord, elle veut convaincre les dirigeants de Gaumont de la nécessité de continuer à tourner en extérieur pour produire des choses plus originales, moins statiques et, ainsi, faire évoluer le matériel vers plus de légèreté et de stabilité. Alice travaille en termes d'innovation sur ces deux pôles : innovation dans le contenu des histoires et innovations techniques. Elle comprend que ces ingénieurs et ces financiers sont pris dans le tourbillon de l'industrialisation et du rendement, alors qu'elle veut maintenir une création de haut niveau, originale et avant-gardiste. Elle doit aussi développer des trésors d'énergie pour garder son poste. Malgré son succès financier qui n'est plus à prouver, les dirigeants de la société Gaumont remettent en cause sa direction du département de production de films. « On m'avait laissé me débrouiller toute seule dans les difficultés du début, défricher, mais l'affaire devenait intéressante, sans doute lucrative, on m'en disputa âprement la direction[38]. » L'impulsion créative d'Alice et son tempérament d'entrepreneuse et de défricheuse, doublés de sa capacité d'organisation qui se concrétise par un succès commercial, pèsent peu face à la concurrence interne, notamment celle du directeur des ateliers de fabrication des appareils à haute valeur ajoutée pour la société Gaumont (René Decaux). Pour rappel, entre 1896 à 1907, Alice passe de secrétaire à directrice du service des théâtres de prises de vues, c'est-à-dire qu'elle cumule le poste stratégique de superviseuse de la régie, de l'atelier des peintes décorateurs, de l'atelier de menuiserie pour la construction des meubles et du magasin de décors, d'accessoires et de costumes et met en scène et produit, en même temps, plus de 60 % du catalogue filmographique

38. Guy, Alice, *La Fée-Cinéma. Autobiographie d'une pionnière*, Paris, Gallimard, coll. « L'Imaginaire », 2022, p. 91.

de Gaumont[39]. En termes plus contemporains, elle est à la fois réalisatrice, directrice de production, directrice artistique et régisseuse. Dans cet univers d'ingénieurs, Alice est donc la seule femme à cumuler autant de casquettes et à mener toutes ces activités avec talent, alors que l'époque interdit aux femmes capacité juridique et autonomie financière. Ce passage d'une assistante invisible à un leader créatif et opérationnel attise jalousies, mesquineries et luttes larvées. Toutefois, Alice trouve en Gustave Eiffel, alors président du conseil d'administration de Gaumont, un allié de poids. Il a remarqué cette jeune femme, focalisée sur son objectif, sachant tirer le meilleur de ses équipes dans une approche collective et dédiée à l'innovation. Il a expérimenté la posture de l'innovateur et les nombreuses résistances que cela suscite quand il a dû affronter l'opposition de toute l'élite française lors de la construction de sa tour Eiffel, en 1889. Il salue sa persévérance et son sens de l'organisation. Il décide donc de contrer la décision de Gaumont de confier ce service au principal opposant d'Alice. Sa notoriété et son sens de la nuance et de la pondération emportent les dernières hésitations du conseil d'administration. Alice devient alors la première femme à diriger un service de production de films dans l'une des plus importantes entreprises cinématographiques du monde.

La Vie du Christ : premier péplum mondial

En 1906, grâce à la contribution innovante de ses collaborateurs, Alice souhaite produire des films de plus longue durée. Elle réfléchit depuis 1900 à un film sur la vie du Christ. Il s'agit d'une production avec un budget conséquent, plus de 300 figurants, vingt-cinq épisodes, six cents mètres

---

39. GUY, Alice, *La Fée-Cinéma. Autobiographie d'une pionnière*, Paris, Gallimard, coll. « L'Imaginaire », 2022, p. 92.

de film, d'une durée de trente minutes. C'est le premier péplum de l'histoire du cinéma mondial, et il restera durant de nombreuses années une source d'inspiration pour les cinéastes français et américains. Au cours de cette production inédite, Alice affirme son rôle de metteuse en scène, qu'elle juge complexe : choisir les artistes, créer une collaboration confiante avec les décorateurs, les costumiers et les meubliers, puis organiser les répétitions, la mise en scène et les éclairages ; et, quand le film est terminé, vérifier, couper certaines scènes et réaliser les titrages lui demandent une énergie considérable. Elle est tout simplement en train d'inventer les bases du septième art, utilisant les outils conçus par les ingénieurs de Gaumont et les Lumière (chronophone et cinématographe), ajoutant la création artistique aux définitions des rôles et des missions des métiers du cinéma. La concurrence est rude. Ces métiers émergents ne sont protégés par aucune loi. Certains figurants servent d'espions pour les studios concurrents, obligeant Alice à agir vite pour garder sa position de leader. Elle connait l'enjeu de ce film : Léon Gaumont lui interdit un échec commercial. En interne, le conflit larvé entre Alice et le responsable des ateliers de fabrication s'envenime à chaque production. Alice mobilise une équipe de décorateurs de haut niveau dont un certain Henri Ménessier, assisté par le fils de l'architecte Garnier, à l'origine de l'Opéra de Paris. Un soir, ses décorateurs l'attendent pour lui présenter les vingt-cinq décors du film.

Alice découvre un décor avec une extraordinaire perspective, créé par une série de quatre fausses arcades, préfigurant la sortie d'une porte de Bethléem. Plus loin, elle se retrouve dans la grotte où est installé le tombeau du Christ.

« C'est fantastique Ménessier ! », s'exclame-t-elle, prise par l'émotion. Son film, imaginé pour la première fois en 1900, est en train de se concrétiser. Ménessier a décodé depuis longtemps l'extrême sensibilité d'Alice derrière cette froideur calculée pour créer distance et respect. Il est touché par les larmes discrètes de cette entrepreneuse qu'il admire pour son professionnalisme et son sens du management.

La satisfaction est de courte durée. Quelques jours plus tard, une odeur de brulé dans les ateliers intrigue Alice. Elle se précipite dans les rues de la cité Elgé et découvre un homme avec une brouette remplie de bois pénétrer dans l'atelier de son ennemi interne, Decaux. Elle entre et observe avec stupeur le carnage : tous les châssis des décors de *La Vie du Christ* sont découpés en petits bois. Elle interpelle les ouvriers, les obligeant à stopper cette entreprise de destruction. Alice est sous le choc, comprenant que le directeur des ateliers de fabrication a donné l'ordre de détruire ses décors. Elle fond en larmes. Le lendemain, elle fait les cent pas dans le bureau de Gaumont, qui n'a qu'une envie : se soustraire à ce conflit interne qu'il répugne à gérer. Léon Gaumont déteste ce genre de situation.

Pourtant, si Alice a appris à rester discrète, modeste et effacée et à obéir à Gaumont, elle ne renonce en rien à ce qui constitue son identité de cinéaste. Gaumont lui reproche alors son attitude autoritaire avec les ouvriers. Elle lui parle de l'enfer qu'elle vit depuis dix ans, avec ce lot de mesquineries et de petitesses, qu'elle a géré avec dignité, sans jamais lui demander d'intervenir.

Alice a gardé le cap avec ce qui la caractérise : une énergie de combattante et un sens des priorités. Gaumont a cédé le premier. Les tournages extérieurs se déroulent en forêt de Fontainebleau, avec un régiment de jeunes gens et de techniciens qui courent dans tous les sens. Une voix féminine s'élève de temps en temps, transmettant aux comédiens et aux techniciens des instructions claires et précises. Le calme règne soudain. C'est une jeune femme, élégante, charismatique, professionnelle reconnue, qui dirige ces 300 personnes et capte immédiatement leur attention. Un court instant, Alice quitte son rôle de manager pour s'émerveiller de ce qu'elle a sous les yeux. Les environs de Jérusalem prennent forme, les comédiens vibrent d'intensité et d'émotion. Alice partage avec eux tous « cette part de son rêve fondateur », cette posture de pionniers sur ces terrains vierges, sables mouvants, où seuls comptent la machine et l'industrie, mais où Alice excelle pour apporter créativité et vision.

Deux mois plus tard, Gaumont reçoit l'un de ses meilleurs distributeurs et sait trouver les arguments pour justifier de l'innovation de ce film au regard de ses concurrents, Zeccha et Pathé. Un matin, en arrivant à la cité Elgé (le studio de Gaumont), un bouquet de pivoines multicolores trône sur le bureau d'Alice avec un mot chaleureux, signé de ses plus proches collaborateurs : Anatole, Ménessier, Garnier et d'autres techniciens. Elle a à peine le temps de les remercier du regard que Gaumont entre, un papier à la main, la félicitant pour le succès commercial qui est en train d'émerger. Même M. Decaux sait trouver les mots pour reconnaitre son talent de productrice.

Avec *La Vie du Christ*, la querelle prend fin. C'est une professionnelle accomplie et respectée que Decaux vient saluer ce soir-là. Ce film positionne également sa marque personnelle.

Depuis de longues années, Alice observe le jeu de la caméra et considère que « l'objectif est sans pitié, décèle le moindre maniérisme et souligne le manque de naturel[40] ». Elle encourage donc, avec une exigence spécifique, la recherche d'une authenticité et d'un naturel à l'écran. Elle communique, à l'aide d'affiches et de dépliants, ce qu'elle entend par : « *Be Natural*[41] » [« Soyez naturels »], en demandant à ses acteurs, à ses comédiens professionnels ou à ses figurants de ne pas regarder la caméra.

40. Guy, Alice, *La Fée-Cinéma. Autobiographie d'une pionnière*, Paris, Gallimard, coll. « L'Imaginaire », 2022, p. 119.

41. Cf. film de Green, Pamela B., *Be natural. L'histoire cachée d'Alice Guy-Blaché*, témoignage de Jodie Foster, 2018.

Un jour, un sociétaire de la Comédie française lui rend visite et découvre une affiche « Soyez naturels » dans les studios de tournage. Il l'interroge, perplexe : « Et cela marche avec vos artistes ? Parce que moi, cela fait onze ans que j'y travaille, sans succès. » « Nous agissons différemment, explique Alice. Les comédiens se voient sur l'écran, se jugent, bénéficient d'une analyse de leurs collègues auxquelles j'ajoute mes commentaires. S'ils cherchent à s'améliorer, ils profitent de la leçon[42]. »

En quoi la capacité d'Alice à piloter ses équipes vers plus d'authenticité et de naturel, peut-elle nous inspirer pour influencer et innover dans notre management ?

Les inspirations d'Alice pour manager de façon créative et innovante : la méthode S/C/C

COACHING

1) Spécialisation de chacun

Il s'agit de faire en sorte que les experts puissent bénéficier d'une connaissance pointue du projet. Alice veille à ce que les décorateurs, les fabricants de meubles, les acteurs, les figurants et les responsables du son et du chronophone comprennent ce à quoi ils contribuent et en quoi leur compétence apporte une plus-value à la réalisation des films. Chaque membre a une expertise sur une partie du projet que les autres n'ont pas et chacun connait la compétence précise de ses collègues.

42. Guy, Alice, *La Fée-Cinéma. Autobiographie d'une pionnière*, Paris, Gallimard, coll. « L'Imaginaire », 2022, p. 119.

2) Crédibilité

Chaque membre de l'équipe n'a pas de difficulté pour accepter les idées et les suggestions des autres, ce qui permet la rapidité des innovations. Quand un collègue livre une information, celle-ci n'est pas contestée ou challengée, mais considérée comme fiable, d'où la réactivité des équipes lors des aléas des tournages.

3) Coordination

Alice veille à ce que les malentendus ou comportements dysfonctionnant soient recadrés par ses soins et ce, rapidement. Lors d'un tournage, elle surprend le chef de la figuration brutaliser l'un de ses ouvriers. Elle le menace de renvoi si ce comportement persiste. Cet ouvrier, encouragé par son écoute, lui rapporte des méthodes d'abus financier (ils devaient donner un pourcentage de leur salaire à ce régisseur qui payait lui-même ses employés). Alice réagit avec force en salariant directement ces ouvriers, ce qui mécontenta fortement ce régisseur. Elle veille à ce que les relations entre les différents corps de métier soient fluides et confiantes. Il est à noter que les tournages avec Alice se caractérisent par un entrain, une bonne humeur et une ambiance joyeuse. Cette méthode sera l'une de ses marques de fabrique, qu'elle amplifiera lors du développement de son entreprise américaine.

Plus récemment, des chercheurs[43] ont démontré l'importance de ces trois facteurs (Spécialisation/Crédibilité et Coordination) pour créer des groupes plus innovants et créatifs. Les équipes qui peuvent définir ce qu'elles sont capables de faire ensemble et qui bénéficient d'une connaissance partagée sur la compétence de chacun (une sorte de

43. Estelle Michinov est professeure de psychologie sociale au Centre de recherche en psychologie cognition et communication (CRPCC), à l'université de Rennes-2. Cf. « Validation de l'échelle de mémoire transactive en langue française et adaptation au contexte académique », *Revue européenne de psychologie appliquée*, vol. LVII, 2007, p. 59-68.

métacognition collective) ont une performance de 46 % supérieure aux autres.

Après le succès de son film *La Vie du Christ*, Alice enchaine des journées de dix-huit heures faites de tournages, d'écriture et de pilotage de ses équipes. Sa vie personnelle se réduit à quelques diners en famille avec sa mère et sa sœur Henriette. Celles-ci ont depuis longtemps cesser d'argumenter sur ce rythme infernal qui risque fort de mener Alice vers le statut socialement inacceptable de « vieille fille ». Alice s'accorde quelques sorties pour repérer des chanteurs ou des acteurs à l'Opéra ou au théâtre. Un jour de 1906, Gaumont lui demande de le rejoindre dans son bureau. Un certain Herbert Blaché, correspondant de la société Gaumont à Londres, souhaite diffuser les films d'Alice et se former à l'utilisation du chronophone. En ce mois d'août 1906, Alice prévoit d'aller filmer dans le secteur de Saintes-Maries-de-la-Mer avec Louis Feuillade, son scénariste. Anatole étant souffrant, Gaumont lui propose d'emmener Blaché, qui pourrait se familiariser avec l'appareil. Ce dernier lui avouera plus tard « n'avoir jamais rencontré de femme d'un abord aussi froid ni aussi distant[44] ». Alice se considère ainsi : « Jeune, dans un emploi de direction où je devais faire preuve d'autorité, j'évitais toute familiarité, sauf avec Louis, en qui j'avais toute confiance. Avec lui, je retrouvais ma jeunesse et ma gaieté[45]. »

Blaché est différent. La puissance de sa conviction et l'énergie qu'elle dégage ne semblent pas effrayer ce jeune homme. Alice a souvent constaté que sa position de femme puissante pouvait susciter peur et jalousie chez des hommes en quête de gloire. Quant à ses admirateurs éperdus, en la mettant sur un piédestal, le désir se délite. Blaché n'a l'air ni

44. Guy, Alice, *La Fée-Cinéma. Autobiographie d'une pionnière*, Paris, Gallimard, coll. « L'Imaginaire », 2022, p. 127.

45. Guy, Alice, *La Fée-Cinéma. Autobiographie d'une pionnière*, Paris, Gallimard, coll. « L'Imaginaire », 2022, p. 127.

trop admiratif, ni effrayé. Il la regarde comme une femme désirable, forte et fragile à la fois.

De retour à Paris, les clients allemands se plaignent des difficultés de mises en œuvre du chronophone pour obtenir un synchronisme parfait. Gaumont demande à Alice d'aller gérer ces problèmes techniques avec l'appui de Herbert Blaché. Ce voyage à Berlin fait naitre chez Herbert un amour pour cette rebelle, si pointilleuse sur son besoin de liberté. En retour, Alice se surprend à aimer l'assurance de ce dernier et cette recherche permanente du plaisir comme but de l'existence ; une bizarrerie séduisante pour une femme en quête de contrôle dans ses actions et de son existence. Cet homme concentre ce qui lui manquait jusqu'alors : une légèreté, une insouciance, une présence sensuelle à l'instant, un choix de céder aux désirs de l'existence. Alice est séduite par cette complémentarité inattendue. Lors de leur retour, Blaché demande sa main auprès de son père, qui accepte avec joie. Alice innove jusque dans son mariage, puisqu'elle épouse un homme de dix ans son cadet. Elle a 33 ans et lui 24. Juste après l'annonce de leur mariage, Gaumont leur réserve une autre surprise. Il a cédé l'exploitation des brevets du chronophone à deux exploitants américains de Cleveland (État de l'Ohio), et confie à Alice et Herbert le lancement de la succursale aux États-Unis. Gaumont a flairé de longue date les capacités de ce duo et Alice a démontré sa capacité de vision, ses talents créatifs, d'organisation, sa compétence humaine à stimuler et fédérer des équipes importantes avec des fonctions complexes. Elle dispose en outre d'une maitrise incontestable des outils techniques. Herbert, lui, est un expert linguistique, qui pratique couramment trois langues, et possède un charme ravageur qui sera un atout pour vendre le matériel et augmenter la part de marché de Gaumont sur le marché américain.

Entrepreneuse aux USA

Ce départ est une déchirure. Tout ce qui avait structuré son identité, ce qu'elle avait créé à grand renfort de ténacité, d'énergie et de créativité semblent se dissoudre. Depuis plus de dix ans, elle a construit un univers à sa mesure, activant ses deux polarités essentielles : production et création. Elle a résisté à la pression sociale et familiale pour ne pas livrer sa liberté à un mariage arrangé. Néanmoins, elle se sent incapable de refuser l'appel de l'amour et de la maternité. Au fond d'elle-même, elle sent aussi que leurs complémentarités peuvent créer une équipe puissante et créative. Deux mois après son mariage, Alice arrive aux États-Unis pour ouvrir un autre chapitre de son métier de productrice/réalisatrice. Au soir de sa vie, elle confessera : « Peut-être n'aurais-je pas eu la possibilité de faire tant de choses dans tout autre pays que l'Amérique, et particulièrement en France. Je suis une femme, comprenez-vous. En France, nous sommes des femmes et seulement des femmes. L'attitude envers les femmes en Amérique est tout à fait différente[46]. » Ce fut une réalité, même si les débuts furent difficiles.

Les acquéreurs du brevet fournissent peu d'efforts pour lancer ce chronophone. Gaumont, neuf mois après leur introduction sur le marché américain, ne leur donne toujours aucun salaire. Alice laisse quelques temps le cinéma de côté, et met au monde son premier enfant. En 1910, après trois années à soutenir la démarche d'expansion de Gaumont, elle décide avec son mari de fonder une société de production, La Solax, avec son propre studio à Fort Lee, dans le New Jersey, alors cité du cinéma. Ils investissent conséquemment : 100 000 dollars dans de nouvelles installations de production technologiquement avancées. Blaché

46. FLOT, Yonnick et BEAUCHEMIN-FLOT, Christine, *La Vie des productrices*, Paris, Séguier, 2016.

est tenu par son contrat avec Gaumont. C'est donc Alice qui sera présidente, directrice artistique et réalisatrice d'une grande partie des films Solax. Comme chez Gaumont, sa force de travail et sa capacité créative impulsent un rythme effréné de deux films produits par semaine. Bien qu'elle ne soit plus la seule femme au monde réalisatrice – Lois Weber commence à tourner vers 1917[47] –, les Américains ne manquent pas de la remarquer. Des magazines comme *Photoplay* (1912) ou *The Moving Picture World* (1915) consacrent des articles admiratifs à Alice. Comme toujours, elle sait s'entourer de talents, de véritables « couteaux suisse », capables d'un haut niveau de technicité, de débrouillardise et d'innovation. Un certain Max Mayer lui organise même un studio unique pour l'époque, avec un plafonnier entièrement amovible, véritable puits de lumière pour les prises de vues. Alice voit l'avancée de ses équipes françaises confirmée. Elles ont des procédés beaucoup plus innovants que les Américains, notamment sur les effets spéciaux, modélisés depuis quinze ans déjà : un homme marchant sur l'eau, un système de caches sur la même image, permettant des effets de dédoublement, etc. Elle transmet son savoir-faire aux équipes américaines. Lucide, elle analyse l'énorme potentiel de ce pays en termes cinématographiques qui, d'après elle, repose sur leur mépris de la routine, leur amour du risque et sa masse de capitaux mobilisés. Elle voit juste, puisque, au lendemain de la Première Guerre mondiale, les États-Unis mobilisent toutes ces qualités, paralysant durablement l'industrie cinématographique européenne. En 1910, Alice démarre une série de films à forte connotation sociale, où la morale est sauve et traitée sous l'angle émotionnel. Parmi les œuvres

47. Lois Weber a brièvement travaillé en tant qu'actrice pour le chronophone Gaumont. Elle est connue comme réalisatrice de films à contenu social. Cf. Thill, Viviane, « Madame a des envies », *forum*, n° 346, déc. 2014, p. 52-55.

à fort succès, citons *The Doll*[48] [*La Poupée*], en 1911, qui met en scène le sacrifice d'une enfant d'ouvrier pour sauver sa mère malade avec la complicité d'un patron d'usine, sensible aux conditions de vie de ses ouvriers. *House of Cards* est probablement le film où la complicité professionnelle des époux Blaché atteint son apogée. Imaginez, dans les années 1910-1912, ces deux grands professionnels passer leur soirée à coproduire des scénarios et des mises en scène. Leur processus est innovant et inspirant. Lors de leurs séances communes, ils commencent par une phase de générations d'idées où, le plus souvent, Alice décrit la vision idéale ou rêvée de son projet. Toutes les idées, même les plus fantasques, sont notées précieusement. Une seconde phase débute avec une analyse lucide des avantages et des inconvénients de chaque idée. Dans cette phase, l'intelligence pratique et les qualités opérationnelles de Herbert font merveille. C'est enfin ensemble qu'ils sélectionnent les meilleures idées, qu'ils identifient les sources d'erreur possibles et qu'ils finalisent leur scénario.

En observant le fonctionnement de ce binôme
et des capacités d'adaptation et de motivation d'Alice,
comment peut-on, face à des nouveaux défis,
garder un état d'esprit agile et créatif ?

48. Citons aussi *Her Father's Sin* [*Le Péché de son père*] et *What is to Be, Will Be* [*Ce qui doit être sera*], en 1910.

Les inspirations d'Alice pour garder un état d'esprit créatif et agile face aux défis

COACHING

Alice est une championne de ce que Carol S. Dweck[49], professeure à l'université de Stanford, a élaboré sur la bases de ses recherches : « un état d'esprit de développement ». Avoir un état d'esprit de développement, c'est croire que l'on peut faire grandir son cerveau et que son intelligence se développe avec l'effort. L'état d'esprit de développement permet aux individus de valoriser ce qu'ils font, quel que soit le résultat. Avoir un état d'esprit fixe, c'est croire que nos qualités, nos aptitudes et notre personnalité sont déterminées à la naissance et que nous ne pouvons pas les changer. Dans un état d'esprit fixe, ce qui importe est le résultat. Si nous échouons ou si nous ne sommes pas le meilleur, le travail ne sert à rien ; et à quoi bon continuer à se donner du mal ?

Alice adopte dès ses débuts de réalisatrice (et probablement sans le savoir), ce précieux « état d'esprit de développement » sur la base des principes suivants :

- **le pouvoir du « pas encore »**. Lorsque l'on n'arrive pas à ce que l'on veut, il est facile de se dire : « Je ne peux pas faire cela ». Une façon de mobiliser son état d'esprit de développement est de reformuler la phrase avec « Je ne peux pas ENCORE faire telle chose » ;
- **le pouvoir de rendre l'échec apprenant**. Quand vous n'avez pas atteint votre objectif, le risque est de rejeter la responsabilité sur l'organisation/les autres, etc. Pour stimuler votre état d'esprit de développement, vous pourriez vous poser les questions suivantes :
  - *« Comment puis-je garder mon objectif en vue ? »*

49. Cf. Dweck, Carol S., *Changer d'état d'esprit. Une nouvelle psychologie de la réussite*, Paris, Mardaga, 2021.

- *« Quelles mesures puis-je prendre pour m'aider à réussir ? »*
- *« Quels renseignements dois-je détenir pour y parvenir ? »*
- *« Quelles évaluations dois-je réaliser avant de me relancer ? »*
- *« Comment réaliserai-je ces étapes intermédiaires pour m'aider à atteindre mon objectif ? »*

Il faut également réfléchir à la signification de cet échec avec quelques questions :

- *« Qu'est-ce que cet échec signifie pour moi ? »*
- *« Comment vais-je m'en occuper ? »* ;

- **le pouvoir d'apprendre et de savoir apprendre**. Pour chaque défi, Alice s'est posé ces questions, valorisant son état d'esprit de développement :
  - *« Quelles sont les occasions d'apprentissage et de développement dans ce que je traverse dans ma vie professionnelle ou privée ? »*
  - *« Pour mes collaborateurs et mon manager ? »*
  - *« Quand vous pensez à ces occasions, comment puis-je en faire un plan d'action ? »*
  - *« Quand et où mettrai-je ce plan de développement à exécution ? »*
  - *« Que dois-je faire pour maintenir et continuer ce développement et celui de mes collaborateurs ? »*

Gardez ces questions en mémoire pour passer rapidement, face à vos défis, d'un état d'esprit fixe à un état d'esprit agile.

Le film *House of Cards* traite d'un sujet qu'Alice et Herbert maitrisent à la perfection : les possibilités d'entente et de bonheur d'un couple ayant une même carrière professionnelle. Herbert juge le thème excellent, mais suggère de le traiter avec plus de légèreté afin de parler à tous publics, aussi bien aux intellectuels qu'aux paysans.

Alice produit plus de trois cents films. Les États-Unis lui permettent d'affirmer ses choix. Dans un univers d'hommes, elle met en scène des femmes courageuses, indépendantes.

Des pionnières du Far West, en passant par les bourgeoises de la Côte, les femmes mises en scène par Alice déploient des actions stratégiques pour obtenir ce qu'elles veulent. Dans *The Girl in the Armchair* (1912) et *Matrimony's Speed* (1913), des jeunes femmes utilisent un subterfuge et leur fortune pour amener les hommes sur lesquels elles ont jeté leur dévolu à les épouser. Les personnages féminins d'Alice sont les pièces maitresses des familles, apportant ressources financières et sens stratégique et tactique. Elles sont toujours – et sans exception – traitées comme les égales des hommes.

Elle ose l'humour et l'ironie. Dans *Making an American Citizen* (1913), elle caricature la vision américaine du couple en mettant en scène un ménage slave qui arrive aux États-Unis et où la femme est réduite au rôle de mulet par son mari. Arrivés à New York, ce dernier se fait insulter parce qu'il laisse sa femme porter les bagages. L'homme comprend la leçon et, bientôt, c'est lui qui est aux petits soins avec sa femme. Ils sont devenus un couple américain modèle.

Alice s'attache également à porter à l'écran les « invisibles », c'est-à-dire les minorités noires, les Indiens navajos et les prisonniers. Elle visite les hospices des incurables, traverse l'Amérique de long en large, rencontre des infirmières qui s'occupent de malades mentaux, assiste à une session du tribunal où une jeune fille sans ressource est prise en flagrant délit de racolage sur la voie publique et envoyée dans une maison de redressement. Elle va dans les prisons et utilise tous les moyens de transport pour affronter la réalité sociale de ce pays. Elle produit même le premier film où une personne noire a un autre rôle que celui de serviteur *A Fool and his Money* (1912). Le succès est total. Seule ombre au tableau : en 1920, Charlie Chaplin décline poliment la demande de rencontre d'Alice, trop pris par le tournage de *The Kid*.

Sa vie privée, en revanche, tourne au désastre. Herbert, mu par sa recherche de plaisir et de liberté, multiplie les conquêtes amoureuses. Alors qu'Alice est sur tous les fronts, déployant une énergie considérable pour atteindre la perfection dans tout ce qu'elle produit, Herbert, lui, aspire à plus de légèreté, même s'il admire la persévérance et l'opiniâtreté de sa femme. Leur couple s'est construit sur l'idée que la fidélité est un leurre et la liberté, l'unique et ultime espace possible pour une vie à deux. Elle choisit le divorce, ruinée par la gestion hasardeuse de l'immense fortune qu'elle a bâtie et qu'Herbert n'a pas su faire fructifier.

« L'Amérique reprend souvent ce qu'elle a donné[50] » ; et Alice, en proie à des difficultés conjugales et à des producteurs véreux, revient en France avec ses deux enfants. Elle tente un come-back à Nice après la Première Guerre mondiale. Ce sera un fiasco. Elle abandonne définitivement la caméra, vit de petits travaux littéraires jusqu'à la fin de sa vie et n'aura de cesse de tenter de récupérer ses œuvres, pillées par les producteurs français durant son séjour aux États-Unis. Elle met son énergie légendaire à sauver son titre de première femme metteuse en scène et productrice de films en France et aux États-Unis. Elle écrit des centaines de lettres de protestation aux journaux et aux revues qui attribuent ses films à quelqu'un d'autre. Admirable de résilience, elle termine son autobiographie avec ces mots empruntés à Roosevelt : « Il dur d'échouer, il est pire de ne jamais avoir essayé[51]. »

Fascinante Alice, à l'énergie indomptable, à l'intelligence aiguisée, elle défriche et structure tout ce qui fera le succès de l'industrie du cinéma : rôles, missions, innovations, financements etc. Elle nous invite à miser sur notre créativité et notre capacité d'innovation pour aller au bout de nos rêves. Le sien s'appelait cinéma.

---

50. Mongabure, Henry, *Le Figaro*, 11 mai 1976.
51. Mongabure, Henry, *Le Figaro*, 11 mai 1976.

CHAPITRE 4

Germaine Tillion (1907-2008), ou comprendre le monde pour agir avec courage et détermination

Germaine Tillion est une figure à part. Ethnologue, résistante et engagée contre les actes de torture lors de la guerre d'Algérie, elle traverse le XXe siècle en orchestrant, dans un même mouvement, une passion pour comprendre le monde et une volonté d'action au service, explique-t-elle, d'une certaine idée de l'humanité[1]. Sa soif de connaissances de l'espèce humaine et ses diverses composantes la motive depuis toujours. Son inlassable désir d'interroger, de comprendre et d'expliquer les comportements humains, du singulier au collectif, du minuscule au planétaire, fait d'elle un personnage digne d'admiration et d'attention. Si sa vie commence comme celle d'une scientifique, l'effondrement de la France en 1940 la projette au cœur de l'action publique. Germaine est une résistante mue par une exigence vitale et le refus de l'asservissement. Déportée au camp de concentration de Ravensbrück, elle aidera ses compagnes à traverser le mal[2], en leur donnant les moyens de comprendre ce système totalitaire.

---

1. TODOROV, Tzvetan, *Germaine Tillion. Fragments de vie*, Paris, Point, coll. « Essais », 2015, p. 7.

2. TILLION, Germaine, *La Traversée du mal*, Paris, Arléa, 2015, p. 8.

Qui est cette ethnologue qui incarne le concept
« Comprendre c'est déjà résister », s'affranchit du mal
en l'analysant et garde, quelles que soient les circonstances,
une intelligence créatrice et un humour piquant ?
Comment, à partir de ses expériences extrêmes
durant la Seconde Guerre mondiale,
cette ethnologue transforme-t-elle
son rapport au monde et à la discipline ?
Comment développe-t-elle un courage pluridimensionnel
– politique et sociologique – pour dire « le vrai et le juste[3] *»,*
sans prétention ?
Quand les événements traumatisent la plupart d'entre nous,
quels sont les leviers personnels de Germaine pour choisir
et décider avec lucidité et justesse ?
Comment cette ethnologue arrive-t-elle à faire de son expérience
du pire un laboratoire d'études et de connaissance de soi ?
D'où vient cette femme qui passera sa vie à analyser
ce qui constitue les groupes humains,
les disloquent ou les fait perdurer ?
Quel est son ancrage ?

Un terreau républicain et chrétien

Germaine est née le 30 mai 1907 à Allègre, en Haute-Loire, au cœur d'un plateau boisé que dominent les monts du Forey et du Velay. Son père, Lucien Tillion, est un magistrat originaire des terres grasses du Charolais. Sa mère, Émilie Cussac, vient d'Auvergne, d'une famille de propriétaires terriens. Chez les Cussac, le droit d'aînesse est encore pratiqué. Si les ainés s'occupent des terres agricoles et des troupeaux, les cadets, dont le grand-père de Germaine,

3. TILLION, Germaine, *À la recherche du vrai et du juste. À propos rompus avec le siècle*, Paris, Seuil, 2001, p. 6.

savent tirer leur épingle du jeu avec le métier de notaire, contribuant ainsi à une certaine aisance financière. Ces propriétaires terriens sont catholiques, sans exagération ni intolérance, et se déclarent ardemment patriotes. Notables, ils ont des responsabilités locales en tant que maire sur quatre générations. Du côté des Tillion, Lucien opte pour une carrière dans la magistrature. L'homme est féru d'histoire et d'anthropologie et passionné de photographie et de musique. Dans cette famille, il n'est pas rare que les soirées se composent d'improvisations musicales. Lucien est un père moderne pour ce début du XXe siècle, attentif à ne pas imposer ses choix éducatifs à ses deux filles, et leur imagine des études universitaires de haut niveau. Il incarne au quotidien cet appétit universel de culture qui influencera Germaine et sa sœur Françoise, de deux ans sa cadette. Les valeurs chrétiennes, doublées d'un patriotisme républicain, composent l'identité du couple parental. Au lendemain de la guerre de 1914-1918, les Tillion déménagent à Paris et s'adonnent à leurs passions, en travaillant pour la collection « Guide bleu[4] », chez Hachette. Un duo créatif s'improvise : le père fournit les photographies et la mère écrit les textes. Cet équilibre se rompt brutalement par la mort prématurée du père, emporté par une pneumonie à 58 ans, alors que Germaine n'a pas 18 ans. Émilie Tillion s'inspire de la posture respectueuse et bienveillante de son mari pour permettre à ses filles de traverser cette perte. Désormais seule à subvenir aux besoins de la famille, elle travaille davantage pour la maison Hachette, qui lui confie alors la responsabilité éditoriale de deux séries d'ouvrages : « Les provinces de France » et « Les pays d'Europe[5] ». Émilie Tillion tient

4. La collection « Guide bleu » est alors la référence française en matière de guides culturels et touristiques. Dans les années 1920, elle se met au goût du jour avec l'automobile : ces guides indiquent désormais les meilleurs circuits routiers, les adresses des principaux garages et les services d'autocars.

5. « Les pays d'Europe » s'intéresse aux aspects de la nature, aux richesses monumentales, aux chefs-d'œuvre de l'art, à l'activité agricole,

une place majeure dans la vie de Germaine. Mère inspirante, d'une rectitude morale et d'une compassion infinie, Germaine l'évoque comme un modèle chéri, inoubliable de noblesse d'âme, de compréhension et de courage calme[6]. Grâce à son ouverture d'esprit et à son intelligence émotionnelle, Germaine et Françoise peuvent décider sereinement de leur voie professionnelle, sans se sentir talonnées par l'urgence. Il semblerait que les deux sœurs Tillion aient vécu une jeunesse insouciante, marquée par une grande liberté d'action. Françoise choisit rapidement sa voie en s'inscrivant à Sciences-Po, tandis que Germaine s'interroge. Son esprit curieux et sa volonté de comprendre le comportement humain la poussent vers la psychologie, l'archéologie, l'histoire de l'art, puis la préhistoire et l'École des langues orientales. Finalement, une science nouvelle apparait et emporte son adhésion : l'ethnologie. Pour cette jeune femme avide de connaissances, apte à ressentir compassion et d'empathie, attentive à la compréhension des organisations humaines et particulièrement des sociétés peu connues, de leurs pratiques, de leurs rêves, la démarche ethnographique semble une évidence. Elle sent au fond d'elle-même que cette discipline lui permettra de trouver l'alliance désirée entre une exigence intellectuelle et un regard bienveillant sur les sociétés humaines. Par l'art du questionnement, la rigueur d'une observation et le don de soi, elle sera de celles qui cherchent à comprendre et à faire ressurgir des sociétés mal déchiffrées et mal appréhendées.

La chance voudra qu'elle croise deux maitres, Marcel Mauss et Louis Massignon, qui lui apporteront méthode, pédagogie et art du dialogue et du questionnement.

---

et aux particularités ethnographiques et sociales, durant les années 1935, 1936 et 1937.

6. Tillion, Germaine, *La Traversée du mal*, Paris, Arléa, 2015, p 16.

En observant la relation profonde entre Émilie et Germaine,
qu'apprend-on des leviers à activer
qui facilitent le chemin vers l'autoréalisation ?
Comment devient-on un être humain pleinement fonctionnel,
malgré les épreuves d'une perte ?

L'inspiration d'Émilie, mère de Germaine, pour soutenir la croissance d'un individu

Germaine connait très jeune la perte d'un père respectueux et ouvert d'esprit, sachant lui transmettre sa curiosité sur le monde et une nécessaire compassion pour l'humanité. À son décès, son entourage – particulièrement sa mère – sait répondre à ses besoins de liberté et de curiosité en lui donnant la possibilité de prendre son temps pour choisir la voie qui lui convient. Abraham Maslow, psychologue américain, a établi dans les années 1950 une hiérarchie des besoins humains. En les reconsidérant aujourd'hui, on s'aperçoit qu'ils se répartissent en deux catégories. Les besoins de la première sont liés au manque de sécurité, de nourriture et de protection. Les besoins de la seconde sont liés à une force de développement et de réalisation de soi. En situation de crise[7], le réflexe est de satisfaire en priorité les premiers besoins. Sur le plan de l'évolution biologique de notre espèce, il est logique que nos préoccupations en matière de sécurité concentrent notre attention plutôt que notre désir de grandir en tant que personne à part entière : rester en vie reste l'objectif prioritaire que défend notre cerveau. Maslow a également démontré que la personne qui s'oriente, dans les moments de crise, vers la logique de croissance lui permet de voir la réalité plus clairement et de se demander : « Quels choix me conduisent à une plus grande intégration de mes caractéristiques propres

7. Kaufman, Scott Barry, « Le besoin d'autoréalisation, plus fort que l'adversité », *Cerveau & Psycho*, n° 126, nov. 2020.

et à une plus grande motivation ? », plutôt que : « Comment puis-je me défendre afin de me sentir en sécurité ? ».

Sans connaitre les apports de la recherche en psychologie et neurosciences, la mère de Germaine a laissé de l'autonomie et de la liberté à Germaine pour lui permettre de réfléchir et de déterminer ses objectifs de croissance et d'autoréalisation. Le psychologue Kennon Sheldon[8] a démontré que lorsque l'on donne de l'autonomie à un individu, à mesure que le temps passe, il va favoriser le choix de la croissance, en redéfinissant ses objectifs dans des directions plus susceptibles de favoriser l'accroissement de son potentiel.

COACHING

Ainsi, en s'inspirant de la mère de Germaine,
- *si vous deviez vous orienter vers des objectifs de croissance qui vous concernent, à quoi pourraient-ils ressembler ?*

Imaginez avoir mis en œuvre l'un de ces objectifs,
- *quelle anecdote pourriez-vous raconter sur ce qui se passe pour vous après cette mise en œuvre ?*

Deux maitres pour une passionnée

« C'est lui qui m'a faite ethnologue[9] » écrit Germaine, à propos de son maitre Marcel Mauss, fondateur de l'ethnologie française. Pour comprendre sa façon ethnologique

8. Kennon Sheldon est professeur de sciences psychologiques à l'université du Missouri, à Columbia. Ses recherches portent sur le bien-être, la motivation, la théorie de l'autodétermination, la personnalité et la psychologie positive. En 2002, il a reçu le prix Positive Psychology de la fondation Templeton et, en 2014, le prix Ed et Carol Diener pour une réalisation à mi-carrière dans le domaine de la psychologie de la personnalité.

9. TILLION, Germaine, *À la recherche du vrai et du juste. À propos rompus avec le siècle*, Paris, Seuil, 2001, p. 57.

d'être au monde[10], revenons aux sources et notamment aux enseignements si singuliers et structurants de Marcel Mauss. En 1900, il débute son enseignement à l'École pratique des hautes études, avec un enseignement sur l'histoire religieuse des peuples dits non civilisés. Il a installé à Paris, au 191 rue Saint-Jacques, son institut d'ethnologie. Il se marie à presque 60 ans, s'habille de costumes en tweed agrémenté d'un nœud papillon jaune citron et réunit ses étudiants autour d'une longue table en bois, d'où il déploie un discours riche, truffé de multiples références sociologiques, culturelles et économiques. Il traite ses jeunes auditeurs en collègues. Ses cours sont improvisés, il les poursuit dans la rue, une grappe de jeunes passionnés, dont Germaine, suspendue à ses récits. Celle-ci ne tarit pas d'éloges sur son enseignement : « J'aimais sa curiosité inépuisable, son imagination-radar, la façon qu'il avait de labourer les hypothèses, audacieux, mais sans se départir de l'esprit scientifique[11]. » Mauss lui apprend à porter son attention sur des objets humbles, oubliés, voire méprisés, qui, selon lui, permettent d'éclairer l'ethnologue sur les coutumes quotidiennes d'une société. Il invite ses jeunes ethnologues à se rendre dans des décharges, à analyser les reliefs d'un repas, à être des observateurs de l'intime autant que de l'organisation macro-économique d'une société. Cet homme ne s'est jamais déplacé ou immergé dans les sociétés qu'il étudiait, il a pourtant su professionnaliser l'ethnologie en apportant à ses étudiants une méthode de travail et d'enquête. *Son Manuel d'ethnographie*, publié en 1947, inspirera des générations d'ethnologues. Que préconise-t-il exactement ? Celui qui part en mission doit, à partir de sa connaissance, faire remonter à la surface ce qui est caché et invisible. Il doit également comparer des faits (et non des cultures). Mauss édicte

10. LACOUTURE, Jean, *Germaine Tillion, l'héroïne*, sur *France Culture*, podcast, 5 ép., 13-17 janvier 1997.

11. LACOUTURE, Jean, *Le témoignage est un combat. Une biographie de Germaine Tillion*, Paris, Seuil, 2000, p. 25.

des règles simples qui influenceront durablement la posture de Germaine : « Ne pas croire que l'on sait parce que l'on a déjà vu, ne porter aucun jugement moral, ne pas s'étonner, ne pas s'emporter, vivre de et dans la société indigène[12]. » Pour lui, la mission idéale se fonde sur un croisement de disciplines, géologie, botanique et linguistique. Il recommande d'étudier tous les aspects de l'existence humaine et de voir comment l'ensemble forme un tout cohérent. Il précise que l'étude d'un groupe doit commencer par celle de l'habitat et du territoire commun, et se poursuivre par celle de la langue. Il préconise d'éviter les explications individuelles et d'admettre que « l'observateur étranger ne saura jamais quelle est la cause d'un phénomène[13] ». Ce que Germaine retiendra et mettra en application lors de sa première mission ethnographique dans les Aurès (Algérie), c'est le lien établi entre les phénomènes de droit et les phénomènes religieux et économiques, nécessaires, selon Mauss, pour étudier une société[14]. Mauss transmet à Germaine cette sensibilité particulière qui consiste à comparer la culture de l'ethnologue à celle de la société qu'il étudie, ce qui sous-entend de s'interroger sur sa propre identité. Germaine en fait l'un de ses principes fondateurs. Elle écrit : « L'ethnologue est appelé à regarder en essayant de comprendre. Il ne s'agit pas d'une activité secondaire ou facultative mais de l'identité même de l'espèce : c'est peut-être cela que l'on appelle exister[15]. » L'héritage le plus précieux que la jeune femme garde de cet enseignement est cette recherche de vérité qui doit toujours l'emporter sur le respect des autorités. Soumettre toujours

12. LACOUTURE, Jean, *Le témoignage est un combat. Une biographie de Germaine Tillion*, Paris, Seuil, 2000, p. 27.

13. LACOUTURE, Jean, *Le témoignage est un combat. Une biographie de Germaine Tillion*, Paris, Seuil, 2000, p. 27.

14. LACOUTURE, Jean, *Le témoignage est un combat. Une biographie de Germaine Tillion*, Paris, Seuil, 2000, p. 28.

15. BROMBERGER, Christian et TODOROV, Tzvetan, *Germaine Tillion, une ethnologue dans le siècle*, Arles, Actes Sud, 2002, p. 13.

les opinions – même les mieux établies – à un examen attentif, à une confrontation avec les informations disponibles, pour démêler le vrai du faux, est la base du travail d'ethnologue. Elle ne l'oubliera jamais ! Dès ses premières missions, Germaine entretient avec son maitre une correspondance riche, déférente puis, au fil des années et à l'épreuve de la guerre, de plus en plus chaleureuse. En 1940, cet immense savant est interdit d'exercer du fait de ses origines juives, ce qui contribue d'emblée à éclairer et affermir l'opposition de la jeune femme au régime nazi.

En 1932, un second maitre lui ouvre les voies de la connaissance. Louis Massignon, professeur au Collège de France, pétri de plusieurs dimensions (scientifique, politique, spirituelle) imbriquées les unes avec les autres, est un islamologue dont les travaux de recherche prônent un dialogue interreligieux. Germaine évoque un homme imprégné d'une sensibilité catholique, patriote, austère, qui deviendra le chef de file du grand mouvement que l'on appellera « la décolonisation[16] ». Il fait preuve d'un charisme magnétique, « d'une présence si intense que les contradictions s'effaçaient[17] », constate Germaine. Cet homme, ascète et complexe, inspire fortement la jeune ethnologue. Il conjugue un mépris pour toutes les choses matérielles et les contingences mondaines, mais n'ignore rien de la réalité en activant une intuition aiguisée et sensible. Des années plus tard, lorsque Germaine sera devenue une référence dans son domaine, ce qui lui vaudra d'être courtisée par le pouvoir politique, elle saura garder son franc-parler et ne cherchera jamais à plaire aux puissants ou à avoir du succès. La posture de ces deux savants supérieurement intelligents, humbles et détachés de l'envie de

16. LACOUTURE, Jean, *Le témoignage est un combat. Une biographie de Germaine Tillion*, Paris, Seuil, 2000, p. 31.

17. LACOUTURE, Jean, *Le témoignage est un combat. Une biographie de Germaine Tillion*, Paris, Seuil, 2000, p. 33.

reconnaissance publique, influencera la dynamique comportementale de la jeune femme tout au long de sa vie.

En décodant l'importance de ces deux maitres dans les choix de Germaine, comment reconnaitre ses mentors et en quoi peuvent-ils soutenir le développement de son identité personnelle et professionnelle ?

L'inspiration de Germaine pour se trouver des guides inspirants

La relation mentorale est vieille comme le monde. Comment la reconnaitre ?

- Le mentor est une figure autre que parentale, c'est un maitre mélangeant sagesse et ingéniosité ;
- le mentor participe à la formation de l'identité de la personne. Dans le cas de Germaine, Marcel Mauss influence, par son savoir, son savoir-faire et son savoir-être, la jeune femme dans le choix de sa carrière d'ethnologue ;
- le mentor s'inscrit dans une relation d'accompagnement autour d'une expertise : un adulte sénior qui possède une expertise dans un domaine et un adulte junior en formation qui aspire à développer des compétences et des habiletés. Le mentor, pour reprendre l'expression de Socrate, est un « accoucheur d'esprits ». Le mentorat est un processus de consolidation de l'identité professionnelle ou personnelle qui s'inscrit dans le temps ;
- le mentor apporte dans la relation avec son mentoré trois axes : un défi/un soutien/un projet. Le défi permet au mentoré d'expérimenter de nouveaux comportements et de modifier son regard sur lui. Le soutien lui permet d'être accueilli et entendu. Si au début du mentorat, le mentor intervient délibérément dans le dessein d'amener le mentoré à s'approcher de son projet ; avec le temps, il fera des interventions en vue de lui permettre d'ajuster son projet en fonction de ce qu'il

découvre. Au fil du projet, le mentoré prend contact avec son énergie motrice pour poursuivre l'implantation de celui-ci.

COACHING

- *Pouvez-vous identifier vos mentors sur la base de cette grille ?*
- *En quoi, vous apportent-ils un défi ? un soutien ? un projet ?*
- *Quelles qualités leur reconnaissez-vous et que vous aimeriez développer chez vous ?*

Ethnologue dans les Aurès

En ce début d'année 1933, à Londres, l'International Institute of African Languages and Cultures attribue, comme chaque année, une bourse à des ressortissants de différents pays pour des missions ethnographiques. L'objectif est de bénéficier de connaissances nouvelles sur certaines sociétés. Cette année-là, au regard du prestige de Marcel Mauss, les étudiants français ne sont pas oubliés. Les dirigeants de cet institut décident de mettre à l'honneur les femmes et sollicitent Marcel Mauss et Paul Rivet, directeur du Musée ethnographique du Trocadéro, pour obtenir des recommandations de femmes ethnologues. Marcel Mauss choisit son étudiante favorite : Germaine Tillion. Elle sera accompagnée d'une camarade, Thérèse Rivière, experte des techniques muséographiques. La première mission financée par la bourse de cet institut concerne le massif de l'Aurès, en Algérie, où quelque 1 200 dialectes ont cours, regroupés sous le terme « le chaouia ». À l'issue de ses trois années d'études, Germaine voit donc le rêve de tout ethnologue se réaliser : décrocher une mission sur le terrain. Quand elle reçoit la nouvelle, elle ne saute pourtant pas de joie : nourrie par les récits de Mauss sur les Esquimaux et les Thibétains, elle trouve l'Aurès trop près de chez elle ! Elle connait suffisamment son mentor pour savoir qu'il lui confie une véritable responsabilité, pour laquelle elle doit se préparer. Ses ressources intellectuelles et la nombreuse documentation qu'elle possède lui suffisent. Elle débute à Paris l'apprentissage de la langue, se procure une liste de matériel inédit : une trousse de naturaliste pour empailler les animaux, un attirail d'arpenteur, un appareil de prise de vues, etc.

En mars 1934, Germaine et Thérèse arrivent donc dans l'Aurès. Germaine se retrouve très vite seule. Thérèse tombe malade et doit rapidement rentrer en France. Au cours de sa première année de mission, la jeune femme commence par embaucher un cuisinier-traducteur, Lakhdar, d'une bonne humeur quasi inaltérable, avec une intelligence situationnelle et une débrouillardise à toute épreuve, mais aussi des revers de vertus : un menteur invétéré qu'elle repère rapidement et dont elle se méfie.

Les aléas sont nombreux lors de ces expéditions ethnographiques. La jeune femme les traverse avec une sérénité placide. La lourdeur et la quantité de matériel posent des problèmes d'acheminement vers le sud de l'Aurès. Le mulet chaouia est le seul et unique moyen de transport. Il faut d'abord négocier la location de ces animaux avec les propriétaires qui les utilisent pour l'ensemble de leurs travaux (labour, moisson, transport de grain) et qui sont parfois dans les montagnes et, comme elle l'écrit, au-delà de l'horizon[18]. La mobilisation de ces mulets et leur approvisionnement en nourriture représentent des défis immenses pour une population que l'endettement chronique pousse à vendre d'emblée sa récolte d'orge. Germaine vit ses contraintes comme un test ethnologique : « Si vous êtes capables, écrit-elle, d'acheter de l'orge au mois de mars, de louer un mulet au mois de mai,

18. LACOUTURE, Jean, *Le témoignage est un combat. Une biographie de Germaine Tillion*, Paris, Seuil, 2000, p. 41.

de renvoyer un domestique sans vous brouiller, de ne jamais vous mettre en colère, d'obtenir cependant tout ce que vous demandez, alors vous pouvez commencer à faire de l'ethnographie[19]. » Pour gagner la confiance de ces travailleurs du nord de l'Aurès, la jeune femme les laisse raconter leurs récits et leurs légendes, ce qui lui donne des indices sur la nature des relations tissées, le type d'expériences vécues et l'identité de ces groupes sociaux. En retour, elle leur parle des légendes d'Auvergne. Le dialogue se répond et le débat se lance : l'ethnographie démarre avec les contes ! Plus tard, viendra l'enquête scientifique, quantitative : la famille, son niveau de vie, son régime alimentaire, le partage des terres et des récoltes, etc. Cette phase d'initiation à ce monde chaouia se conclue par une évidence pour elle : la nécessité de se déplacer vers le sud authentique, la province de l'Ahmar Khaddou (« joue rose »). Elle choisit donc la face méridionale du massif aurésien, brulant l'été et bénéficiant de quelques mois de fraicheur par an du fait de l'altitude, pour débuter l'exploration de la société des Aurès. Riche de cette première expérience, elle souhaite s'immerger de façon plus simple et plus discrète dans la vie de ce massif. Son enjeu est de passer d'une observatrice distanciée à une observatrice intégrée, réduisant au strict minimum son matériel et son confort. Avec sa compassion habituelle, elle remarque que la recherche, trois fois par jour, de nourriture pour elle et ses bêtes nécessite de longues heures de marche imposées à ses mulets. Elle achète alors un cheval qu'elle va monter elle-même pour ne plus louer de bêtes aux villageois. Le village de Menâa lui propose de recruter un jeune homme âgé de 15 ans, Bachir, franc, sincère, intelligent et travailleur, qui l'aide dans ses déplacements. Germaine décide de planter sa tente dans un abri troglodyte, dans la falaise de Kebach. Sa tente est souvent arrachée par le vent, la jeune femme se blottit à l'intérieur, dans un confort

19. TODOROV, Tzvetan, *Germaine Tillion. Fragments de vie*, Paris, Point, coll. « Essais », 2015, p. 67.

rustique, avec un réchaud instable, balayé par les vents et dont le pétrole coule sur ses provisions de riz et d'orge, maculant ses notes et ses livres. Elle part le plus souvent à l'aube, sur son cheval, suivie du jeune Bachir, pour observer, interroger ces « Grands Vieux[20] », les chefs de famille de l'Ahmar Khaddou. Pendant ses excursions, elle n'a aucun livre à cause du poids – l'Européen le plus proche se trouve à quatorze heures de cheval –, ni radio ni phono, et comme elle l'écrit : « Je n'ai jamais su jouer aux cartes seule[21] ». Le jeune Bachir est la seule personne avec qui elle peut parler français. Elle observe donc, réfléchit et enregistre, doublant ainsi son rendement et ne se donnant que quinze minutes pour manger. Germaine cherche avant tout à comprendre en profondeur la société chaouia et à faire admettre sa présence, autrement que comme un accident incompréhensible et inquiétant[22]. Comment s'intégrer sans étonner ? Comment être acceptée sans trace d'inquiétude ?

Germaine mobilise sa souplesse d'esprit et renforce son ouverture intellectuelle et sa sensibilité à ce monde qu'elle découvre ; ce qui signifie être capable d'accepter sans broncher que les valeurs que vous côtoyez depuis l'enfance ne soient pas universelles et qu'elles puissent être méprisées par d'autres. Cela signifie également accepter, une fois la méfiance écartée, de subir des épreuves de la confiance[23]. Dans ce pays, des rancunes tenaces font l'objet de conflits récurrents entre membres de la communauté. La confiance venant, certains livrent leurs histoires, incroyablement complexes, et veulent parfois entrainer la jeune ethnologue à

20. TODOROV, Tzvetan, *Germaine Tillion. Fragments de vie*, Paris, Point, coll. « Essais », 2015, p. 69.
21. TODOROV, Tzvetan, *Germaine Tillion. Fragments de vie*, Paris, Point, coll. « Essais », 2015, p. 74.
22. TODOROV, Tzvetan, *Germaine Tillion. Fragments de vie*, Paris, Point, coll. « Essais », 2015, p. 74.
23. TODOROV, Tzvetan, *Germaine Tillion. Fragments de vie*, Paris, Point, coll. « Essais », 2015, p. 75.

les soutenir, ce qui se révèle un véritable piège. À 27 ans, la jeune femme doit s'intégrer dans une société dans laquelle elle n'a rien à offrir : ni soin, ni conseils agricoles, ni connaissance (comme l'instituteur...), seulement des questions. Du côté des habitants, ils n'attendent rien de cette étrangère et se soumettent pourtant à ses questions et à ses demandes de détails sur leurs coutumes, leur organisation sociale, leur foi et leurs croyances. Germaine est leur hôte et acceptée comme telle. La jeune femme prend d'emblée le parti de poser peu de question, afin d'éviter de mettre son interlocuteur dans l'embarras. Elle découvre assez vite qu'elle doit se méfier d'elle-même, pour ne pas toujours entendre ce à quoi elle est habituée[24]. Elle renonce à faire part de ses opinions et opte pour une posture d'observatrice sensible. Pour préserver l'étrangeté de leur monde, l'ethnologue doit écouter, sans induire – par ses remarques ou questions – des réponses qui seraient orientées et peu authentiques.

L'aventure incroyable qu'elle vit si jeune nous interpelle
sur les sages principes qu'elle a su mettre en œuvre
et qui ont créé cette confiance avec le peuple chaouia.
En quoi peuvent-ils nous être utiles
lorsque nous avons à nous intégrer
dans des univers foncièrement différents du nôtre ?
Comment, à partir de la première expérience de Germaine,
réussir à s'intégrer dans un groupe ?

Germaine a su observer et décoder les petits secrets, indispensables à la vie paysanne, des sages, des confesseurs et des pacificateurs qu'elle a vus à l'œuvre dans l'Ahmar Khaddou. Elle en a gardé des principes pour intégrer un groupe. Attention cependant, vous préviendrait-elle : plus nous avons confiance en nous, plus il nous faudra être

24. TODOROV, Tzvetan, *Germaine Tillion. La pensée en action*, Paris, Textuel INA, coll. « La voix au chapitre », 2011, p. 30-31.

prudent ; pas un de nos gestes ni de nos paroles ne passeront inaperçus !

L'inspiration de Germaine
pour réussir son intégration dans un groupe

COACHING

- savoir écouter et se taire ;
- ne jamais répéter une confidence ;
- ne jamais dire du mal d'un absent, même à son pire ennemi ;
- ne jamais blesser l'amour-propre de quelqu'un ;
- ne jamais tourner en ridicule une coutume ou une croyance ;
- garder une bonhomie dans les échanges ;
- garder, en toutes circonstances, de la dignité et de la réserve ;
- rester cordial en toutes circonstances ;
- exprimer sa pensée selon les normes locales, en gardant un bon sens (qui, lui, reste universel) ;
- plus la confiance s'installe et plus il faut faire attention car désormais, aucun de nos gestes ni aucune de nos paroles ne passeront inaperçus.

Pour ceux qui seraient tentés par une aventure dans des contrées encore peu connues, voici ce que Germaine recommande dans un petit livret, *Les Commandements du parfait petit explorateur*[25], qui a la prétention de couvrir tous les risques :

- les objets utiles empêchent de trouver les objets nécessaires, et tout ce qui n'est pas indispensable, nuit ;

25. TODOROV, Tzvetan, *Germaine Tillion. Fragments de vie*, Paris, Point, coll. « Essais », 2015, p. 77.

> - ne jamais dire aujourd'hui ce que l'on peut dire demain : cette prescription sera à suivre pour l'étranger dans tout pays, mais, précise Germaine, particulièrement dans ces régions archaïques ;
> - choisissez les gens nobles et traitez-les noblement ; et, comme le dit avec humour Germaine, il est souhaitable d'appartenir à la première catégorie !
>
> Si vous suivez avec constance et discipline l'ensemble de ces principes, vous aurez alors la chance de ramener vos os dans le cimetière de famille et vous apprendrez que les morsures de vipère ou la crue inopinée d'un oued ne sont que des risques limités comparés à la traversée d'un passage piéton du centre de Paris[26].

Germaine réalise quatre missions dans cette région. Elle amasse des notes sur les entretiens qu'elle mène pour construire sa thèse, centrée sur l'organisation sociale de la « république » de l'Ahmar Khaddou. Agrippée à sa falaise battue par les vents, brulée par le soleil saharien, écrivant dans son refuge troglodyte, chevauchant la montagne durant un minimum de dix heures par jour, Germaine passe au crible tout ce qui constitue la vie d'une communauté : de quoi est faite la subsistance de ce peuple ? Quelle est leur monnaie d'échange ? Comment le savoir est-il transmis ? Elle récolte cinquante cahiers annotés, 2 000 clichés photographiques, un herbier accompagné des noms arabes et berbères de chaque plante, une enquête généalogique sur deux siècles racontant ce dont on se souvenait sur chaque tête, un descriptif des chaines d'héritage sur l'ensemble du massif aurésien. Immergée au cœur de cette société chaouia durant plus de six années, la jeune femme, munie de ces connaissances amples et précises, tente de capter ce qu'elle appelle « cette sorte de logique interne qui existe

26. TODOROV, Tzvetan, *Germaine Tillion. Fragments de vie,* Paris, Point, coll. « Essais », 2015, p. 78.

dans chaque civilisation, lumière auprès de laquelle tout s'éclaire[27] ».

Pour ses amis chaouia, c'est l'honneur ! Comprenant intimement sa nécessité sociale et sa valeur humaine, Germaine se retrouve au cœur d'un épisode exemplaire. Un jour d'été 1936, elle voit débarquer dans son hameau six gendarmes d'Arris. Elle apprend que l'une des familles dont elle est proche est impliquée dans une guérilla de vengeance avec une autre famille. Cette famille a choisi comme levier de vengeance de dénoncer la tentative d'avortement de la femme de leur ennemi. Le déshonneur s'abat sur tout le groupe et l'irruption des gendarmes tétanisent les membres de la famille, qui avouent tout ce qui est écrit sur les papiers de justice. La pauvre femme se fait emmener par les étrangers, honte absolue pour tous. Germaine intervient et convainc les gendarmes de la laisser reprendre l'interrogatoire. Celle-ci lui avoue avoir, selon la coutume locale, fait griller des poivrons et un rat vivant pour procéder à des inhalations et mettre ainsi un terme aux accouchements trop fréquents. Germaine signale aux gendarmes amusés qu'il s'agit d'une coutume locale et non d'un avortement puni par la loi. Soulagés par l'art de cette médiatrice qui connait leurs coutumes, les gendarmes laisse la jeune femme repartir. À la suite de cet épisode Germaine sera dorénavant appelée « Tamghart » (« Vieille ») ce qui est le plus haut degré de considération au cœur de ces villages du sud de l'Aurès.

À la fin de ces six années, quand un paysan vient la voir pour lui demander de la quinine, elle peut lui dire d'où il vient, quelle est sa filiation et parfois quand il s'embrouille dans le décompte de ses femmes, brus ou gendres, elle lui démontre qu'il n'a pu épouser une certaine Zobra, puisque celle-ci est la femme de son cousin !

27. TODOROV, Tzvetan, *Germaine Tillion. Fragments de vie*, Paris, Point, coll. « Essais », 2015, p. 76.

Incroyable Germaine qui, en ce début d'année 1940, goûte les bénéfices de son travail acharné, comprenant les entrelacements des familles et des généalogies de cette société aurésienne, les labyrinthes de leur organisation sociale, patrimoniale et foncière, leurs ressources économiques et leur code d'honneur. Elle veut décrire le fait social, comme le lui a enseigné Marcel Mauss. Celui-ci citera le travail de Germaine comme la meilleure application exhaustive des méthodes d'enquêtes sur une société organisée[28]. L'enquête minutieuse de ces quatre missions est la base d'une future parution *Le Harem et les cousins*[29], qui fera date dans la recherche ethnographique. Elle y décrit précisément ce qu'elle a constaté, à la lumière des faits, de 1934 à 1940, lors de ses séjours dans les Aurès. Croisant des sources factuelles (de la masse impressionnante de notes prises) avec sa connaissance des textes bibliques et des œuvres de l'Antiquité gréco-latine, Germaine met en évidence la spécificité des structures matrimoniales dans le bassin méditerranéen. Les mères n'obtiennent une garantie pour leur sécurité qu'à travers leurs fils. Les pères préservent leurs biens grâce à leurs héritiers mâles, ce qui confirme la nécessité de s'assurer de la naissance de plusieurs enfants mâles. La population augmente rapidement, alors que les ressources stagnent. La terre ne peut nourrir tout le monde, d'où l'exode vers les villes et une augmentation de la pauvreté.

Au regard de cette dégradation économique qu'elle a abondamment documentée, Germaine comprend dès 1934 le risque probable d'un embrasement du pays. Ses contacts avec les intellectuels algériens l'alerte lorsqu'elle constate leur amertume face à l'absence de cohérence entre les droits

---

28. TODOROV, Tzvetan, *Germaine Tillion. La pensée en action*, Paris, Textuel INA, coll. « La voix au chapitre », 2011, p. 35.

29. TILLION, Germaine, *Le Harem et les cousins*, Paris, Points, coll. « Essais », 1966 ; réimpr. 2015.

en France et ceux appliqués en Algérie, notamment le droit à l'éducation et à la liberté d'expression. Sa clairvoyance et sa lucidité lui donneront raison, vingt ans plus tard, lors du début de la guerre d'Algérie.

Ce long séjour dans les montagnes aurésiennes favorise également une réflexion profonde sur sa posture d'ethnologue et conditionne sa vie entière. L'observation factuelle et distanciée d'une communauté humaine représente « une étude de l'homme par l'homme[30] », c'est-à-dire une étude dont l'objet-homme est de même nature que le sujet-homme qui analyse le premier. Germaine avertit du danger qui guette tout ethnologue d'observer les autres avec son prisme culturel et social et, pour neutraliser ce risque, suggère de commencer par observer sa société/son groupe avant celui des autres. Chacun trouvant « naturelle » sa propre société et « bizarre » celle de l'autre[31]. Elle plaide pour ce qu'elle appelle une « socianalyse ». Cette socianalyse peut être reliée par analogie à la psychanalyse que tout thérapeute doit réaliser avant de prendre en charge des patients. L'ethnologue doit avoir conscience de sa culture, de ses façons de penser pour ne pas les mettre à la place de celles des autres. La rencontre avec l'autre est ce miroir indispensable à celui qui veut se voir.

En s'inspirant de la posture d'ethnologue de Germaine, comment tirer parti de son expérience pour développer une qualité d'attention et d'observation à l'autre ? Comment s'y est-elle prise et quelles postures peut-elle nous inviter à expérimenter ?

30. TODOROV, Tzvetan, *Germaine Tillion. La pensée en action*, Paris, Textuel INA, coll. « La voix au chapitre », 2011, p. 33.

31. TODOROV, Tzvetan, *Germaine Tillion. La pensée en action*, Paris, Textuel INA, coll. « La voix au chapitre », 2011, p. 33.

L'inspiration ethnologique de Germaine pour savoir observer avec attention

COACHING

Germaine a su, lors de cette première expérience d'ethnologie, développer une qualité d'attention à l'origine de sa capacité d'intégration et de compréhension des mécanismes subtils pour décoder une civilisation peu connue. Voici comment y parvenir :

- pratiquer une observation silencieuse plutôt que préférer entendre ce à quoi on est habitué ;
- juger la personne à partir de ses spécificités et de son individualité plutôt que vouloir la faire rentrer dans une catégorie ou lui coller une étiquette ;
- cultiver une distance entre soi et son expérience, en la regardant comme du dehors. Lévi-Strauss parle de « regard éloigné »[32], c'est-à-dire savoir s'éloigner, se distancier pour que des aspects inconnus puissent se révéler. Germaine évoque, comme analogie, l'exemple de la terre vue du ciel qui révèle des configurations imperceptibles pour ceux qui restent sur la terre ferme ;
- pratiquer l'art de se socianalyser, c'est-à-dire repérer ses valeurs, ses manières de penser, les décortiquer et les connaitre avant de vouloir comprendre les autres ;
- comprendre que l'autre est le miroir. « On ne se voit pas sans miroir, et ce miroir c'est essentiellement la connaissance d'une société étrangère, d'une société différente[33] » ;
- engager un dialogue pour qu'au fur et à mesure quelque chose change chez l'un et chez l'autre car, ce que

32. LÉVI-STRAUSS, Claude, *Le regard éloigné*, Paris, Plon, 1983.

33. TODOROV, Tzvetan, *Germaine Tillion. La pensée en action*, Paris, Textuel INA, coll. « La voix au chapitre », 2011, p. 34.

l'interlocuteur perçoit de lui-même, c'est ce que le locuteur ne voit pas et réciproquement[34] ;
- accepter, à l'issue de ce travail d'enquête sur soi et sur les autres, une remise en cause de soi et de l'autre et enfin une confrontation qui dépasse soi et l'autre[35].

En respectant ces étapes, vous pourrez mieux comprendre l'humanité, mener un dialogue interculturel et amplifier les échanges entre cultures différentes, ce qui, dans le monde globalisé dans lequel nous sommes, peut apporter tolérance et paix.

Le dégoût et la honte du 17 juin 1940

En mai 1940, Germaine s'apprête à mettre un terme à sa quatrième mission dans les Aurès. Après avoir emballé ses précieuses données et son matériel, avoir salué les femmes qu'elle côtoie depuis plusieurs années, elle s'apprête, à l'ombre de sa tente, à recevoir tous les chefs de famille qu'elle a observés et écoutés pour un dernier adieu. Germaine est frappée par leurs mines graves et leur silence consterné, inhabituel dans ces échanges. L'un d'eux lui pose une question qui la sidère : « Que savez-vous de la fin du monde[36] ? », et évoque la légende de Gog et Magog, géants furieux et craints dans ces montagnes. Comme à son habitude, Germaine, s'efforce de répondre le plus respectueusement et le plus sincèrement possible. Elle le fait même avec humour, ce qui détend immédiatement l'atmosphère. C'est quand elle sera déportée à Ravensbrück

---

34. TILLION, Germaine, *Il était une fois l'ethnographie*, Paris, Points, coll. « Essais », 2015, p. 21.

35. TODOROV, Tzvetan, *Germaine Tillion. La pensée en action*, Paris, Textuel INA, coll. « La voix au chapitre », 2011, p. 36.

36. TODOROV, Tzvetan, *Germaine Tillion. Fragments de vie*, Paris, Point, coll. « Essais », 2015, p. 112-114.

qu'elle revisitera cet échange et qu'elle en comprendra le sens. Malgré l'absence de radio, ces chefs de village avaient été informés du désastre de l'armée française et avaient voulu, avec la puissance métaphorique d'une légende de l'Aurès, lui transmettre cette information.

En attendant, il lui faut plus de quatorze heures à cheval pour rejoindre Arris, la ville la plus proche. Germaine arrive en fin de journée et apprend par la radio de l'administrateur principal que son pays est au bord du gouffre. Le lendemain, à Constantine, elle s'arrête chez un garde-forestier. Sa femme possède un transistor et Germaine, les larmes aux yeux, écoute le discours de Paul Reynaud[37] expliquant qu'il faudrait un miracle pour sauver la France[38]. La jeune femme arrive le 9 juin à Paris et retrouve sa mère et sa grand-mère. Le 17 juin, Germaine et sa famille quittent Paris pour le Sud-Ouest. À 12 h 30, Germaine et sa mère traversent un village encombré. Une fenêtre ouverte capte leur attention quand elles entendent le speaker annoncer l'allocution du nouveau chef du gouvernement, Philippe Pétain, qui annonce d'une voix chevrotante qu'il faut cesser le combat et qu'il a demandé à l'ennemi de lui faire connaitre ses conditions en vue de l'armistice. « Le saisissement que j'en éprouvais, le dégoût furent tels que je dus sortir en hâte, jusque dans la rue pour vomir[39]. » Germaine et sa mère sont anéanties face à l'attitude du gouvernement et de ce cabinet qui acceptent par avance les conditions du vainqueur (et quel vainqueur !) et qui lâchent ses alliés ! La jeune femme ne variera jamais sur ce point : « Demander l'armistice, c'était ouvrir soi-même sa porte à l'ennemi, c'était se soumettre à un ennemi

37. Paul Reynaud est président du Conseil des ministres du 22 mars au 16 juin 1940, fonction qu'il cumule avec celle de ministre des Affaires étrangères, puis ministre de la Guerre.

38. TODOROV, Tzvetan, *Germaine Tillion. Fragments de vie*, Paris, Point, coll. « Essais », 2015, p. 118.

39. TILLION, Germaine, *La Traversée du mal*, Paris, Arléa, 2015, p. 35.

totalement inacceptable[40]. » Elles décident de rentrer à Paris. L'armistice est signé le 22 juin. La jeune ethnologue du pays des Chaouia rejette avec fougue et ardeur ce texte et ce qu'il implique. Elle le dit ouvertement à ses proches : le Maréchal est « un vieux dégonflé » et ceux qui le servent à Vichy, « des traitres[41] ».

Dans ce Paris où des patrouilles d'hommes aux bottes lourdes accrochent des croix gammées sur les bâtiments publics, Germaine entame sa grande transformation. D'une ethnologue au regard avisé et à la qualité de questionnement et d'observation, cherchant à comprendre en se donnant le temps d'une immersion sensible au sein des sociétés qu'elle étudie, elle s'oriente vers une action de résistance, périlleuse et incertaine, au nom de la défense des droits et des libertés. Du recul à l'action, de l'observation à l'implication physique et émotionnelle dans une action de combattante : Germaine choisit dès la première heure le camp de la résistance.

Au moment où la grande majorité des Français est stupéfaite par les évènements de la reddition, Germaine refuse une seule seconde d'abattement : elle est seulement hantée par une question : « Que faire ? [...] Il faut faire quelque chose[42] ! » Où déceler une piste, un organisme pour agir ?

Germaine imagine qu'il y a peut-être des personnes à la Croix-Rouge qui se posent les mêmes questions. Après avoir longtemps sonné et frappé à la porte de l'immeuble, une jeune femme lui ouvre. Elles se regardent et se disent : « Alors, que fait-on[43] ? » Elle lui parle d'un colonel qui a osé se porter otage pour la ville de Paris. Germaine prend son numéro et l'appelle le soir même. Le mouvement est enclenché. Le lendemain, ils se retrouvent. Il s'agit du colonel

40. TILLION, Germaine, *La Traversée du mal*, Paris, Arléa, 2015, p. 33.

41. LACOUTURE, Jean, *Le témoignage est un combat. Une biographie de Germaine Tillion*, Paris, Seuil, 2000, p. 64.

42. TILLION, Germaine, *La Traversée du mal*, Paris, Arléa, 2015, p. 35.

43. TODOROV, Tzvetan, *Germaine Tillion. Fragments de vie*, Paris, Point, coll. « Essais », 2015, p. 129.

Hauet, 74 ans. Ils ont un point commun : l'Afrique, où il a passé une partie de sa carrière. Il lui parle d'une association moribonde qui pourrait couvrir leurs actions : l'UNCC[44]. La jeune femme se précipite au musée de l'Homme, lieu familier, en espérant trouver des gens qui, comme elle, refusent l'asservissement au régime nazi. Son amie bibliothécaire, Yvonne Odon, militante de gauche et ardente investie, ainsi qu'une de ses collaboratrices, Lucie Bouthillier du Rétail, sont prêtes à s'investir pour résister : tout n'est pas que ruines et désastre ! D'un côté, l'équipe du musée de l'Homme avec les collègues de Germaine, de jeunes chercheurs qui voit dans le nazisme « un virus mortel[45] », et, de l'autre, un mouvement patriote de militaires indignés par la capitulation : ces « noyaux » de résistance représentent une partie infime des Français, engagée à refuser de vivre sous le régime nazi. Germaine jouera le rôle de trait d'union, fédérant ces deux courants vers un but commun : dire non à la capitulation.

Quand Germaine s'est-elle décidée à agir,
elle que rien ne préparait à intervenir au cœur de la guerre ?
Où a-t-elle puisé la force de prendre cette décision irrévocable ?
En quoi l'orientation immédiate de Germaine vers l'action nous
aide-t-elle à comprendre les leviers d'un changement de posture ?
Comment passe-t-on, dans des cas de forte tension, à l'action ?
Qu'est-ce qui préside à nos choix dans ces moments-là ?

---

44. L'Union nationale des combattants coloniaux.

45. Lacouture, Jean, *Le témoignage est un combat. Une biographie de Germaine Tillion*, Paris, Seuil, 2000, p. 72.

L'inspiration de Germaine pour passer à l'action dans un contexte de forte incertitude

COACHING

Lorsque, des années plus tard, on lui demande pourquoi elle s'est engagée si rapidement dans la résistance, la question la déconcerte car, dit-elle, elle ne se l'est jamais posée. Le pourquoi de l'acte reste mystérieux, mais ce qui est sûr, c'est « le coup de volant » que ce choix inflige à nos vies[46].

Germaine évoque la nature de sa décision : un choix moral face à un effondrement politique et le vide qu'il laisse.

En observant le « coup de volant » dans la vie de Germaine, que peut-on apprendre ?

Le stress et l'anxiété ont-ils un impact sur notre capacité à prendre des décisions ?

À la fin des années 2000, Elizabeth A. Phelps, psychologue sociale à l'université de New York, s'est penchée sur les structures cérébrales qui interviennent dans l'estimation de l'incertitude et l'évaluation des pertes qui président à un choix[47]. Elle a constaté qu'une personne anxieuse ne tire pas les leçons de ses erreurs, ni même de ses succès : elle aborde chaque décision comme si c'était la première fois qu'elle était confrontée au problème, avec une prédominance des réflexes conservateurs et une tendance à éviter les risques pour ne pas renforcer son anxiété. Lors d'une prise de décision, il y a une véritable lutte neuronale entre nos neurones qui soutiennent différents choix possibles. Un des leviers pour décider le plus sereinement possible consiste à se poser quelques questions au préalable :

– *« Qu'est-ce qui me pousse dans cette décision ? »*

46. Todorov, Tzvetan, *Germaine Tillion. Fragments de vie*, Paris, Point, coll. « Essais », 2015, p. 127.

47. Cf. « Quand on ne sait plus choisir », *Cerveau & Psycho*, n° 101, *Comment prendre des bonnes décisions ?*, juil.-août 2018, p. 49.

- *« Quelle est la nature de ma motivation ? »*
- *« Ai-je une véritable volonté d'agir ? »*
- *« Suis-je d'accord pour prendre cette décision, sachant qu'il est toujours possible de ne pas décider ? »*.

Germaine nous donne également une autre inspiration autour d'une question : *Que dit cette action de nous ?*

Germaine nous apprend, par son acte, que, plus que jamais, nous confirmons notre liberté sous la contrainte, lorsque nous sommes invités à agir, à nous engager et à résister. Finalement, en étant courageux, le sujet se sauve lui-même avant de sauver les autres : il préserve une certaine idée de ce qui fait son intégrité. Le courage (et Germaine le confirmera) est le contraire d'un héroïsme sacrificiel. Il est moins une vertu morale solitaire qu'une disposition en situation d'incertitude forte, celle qui nous maintient cohérents face à l'ébranlement que peuvent susciter la violence et la peur.

Ainsi, dans des moments critiques, ajoutez une question :

- *« Quelle est la décision qui me permet de garder une cohérence personnelle ? »*

Le réseau et le piège

Nous avons laissé notre ethnologue rebelle et indignée en juin 1940, au cœur d'un Paris désert, face à un vieux militaire, horrifié comme elle de cette capitulation. Tous les deux décident d'agir en prenant pour référence fondamentale la dignité humaine. Ils organisent l'un des premiers noyaux de résistance. Germaine et ses complices se livrent à des actions multiples : collecter des informations pour les transmettre à Londres, accueillir les soldats évadés ou organiser leur évasion, fabriquer des faux-papiers, diffuser des appels au combat… Les techniciens de l'action clandestine proches de général de Gaulle évoquent la nécessité de cloisonner rigoureusement le renseignement, l'évasion et l'action. « En 1940 et 1941, comme nous ne savions rien faire, nous avons tout fait en même temps. Somme toute, il y avait urgence. »[48] Face à la complexité de ces nombreuses activités, Germaine utilise son aptitude d'observatrice rigoureuse pour recenser par écrit toutes les activités du réseau et tenter de rationaliser leurs actions.

Aussi patriote et dévouée à son pays soit-elle, Germaine ne déroge pas à l'un de ses principes fondateurs : la recherche de la vérité et de la justice ; d'autant que le gouvernement de Vichy se réclame, lui aussi, de cet amour de la patrie. Elle rédige ainsi des tracts destinés à la presse clandestine, en invitant ses camarades résistants à ne jamais biaiser la vérité, à ne rien cacher, à s'efforcer de comprendre et à juger impartialement. En décembre 1940, Germaine, Yvonne Oddon et Boris Vildé décident de créer un journal qu'ils baptisent *Résistances*. Boris Vildé est un talentueux linguiste, dont le dynamisme, l'audace et le courage en font un leader naturel du « réseau du musée de l'Homme », nom donné par Germaine, lors de son retour de captivité, en hommage à cet homme. Leur publication diffère de toutes les autres : elle ne donne pas les raisons du refus de coopérer avec le gouvernement du maréchal Pétain, mais invite à la réflexion et à l'action. Germaine écrit : « Résister, c'est garder son cœur et son cerveau. Mais c'est surtout agir, faire quelque chose qui se traduise en faits positifs, en actes raisonnés et utiles[49]. » Elle fait preuve de pédagogie et expose une méthode : se regrouper dans ses foyers, dans ses villages avec ceux qui veulent agir et nommer des chefs qui représenteront et orienteront les activités.

La mue de la jeune ethnologue en actrice publique, au cœur d'une action complexe et risquée, est définitivement actée.

---

48. LACOUTURE, Jean, *Le témoignage est un combat. Une biographie de Germaine Tillion*, Paris, Seuil, 2000, p. 92

49. LACOUTURE, Jean, *Le témoignage est un combat. Une biographie de Germaine Tillion*, Paris, Seuil, 2000, p. 93.

Germaine, dans ce même tract, suggère une autre injonction – caractéristique de cette jeune femme et de son amour de la vie : « Nous pensons que la gaieté et l'humour constituent un climat intellectuel plus tonique que l'emphase larmoyante. Nous avons l'intention de rire et de plaisanter et nous estimons que nous en avons le droit[50]. » C'est l'une de ses forces : face au pire, la capacité à garder un sens de l'humour et de la farce. Nous verrons comment elle saura en faire une arme de résistance collective.

Le réseau de résistance se développe, renforçant leur action autant qu'il les fragilise : une simple parole imprudente peut provoquer l'effondrement du groupe. La police allemande ne tarde pas à repérer l'équipe autour de Tillion, Hauet et Vildé. Pendant toute cette période, celle de ces « noyaux précurseurs de 40[51] », l'action se fonde sur la capacité d'invention, faite de tâtonnements, de quête de têtes chercheuses, pour créer un champ magnétique résistant et suffisamment efficace. Tout est affaire de contacts et de relations. Cette recherche les projette dans l'inconnu, avec un risque élevé de recruter des informateurs de la Gestapo. « Je ne connais pas d'équipe qui aurait pu fonctionner sans cela[52] », explique Germaine. Plusieurs dénonciations entrainent l'arrestation, en avril 1941, de membres éminents du « réseau du musée de l'Homme », notamment celles de Boris Vildé et de son amie Yvonne Oddon. Leur procès se tiendra un an plus tard, en février 1942. Dix personnes, dont ses amis proches, sont condamnés à mort. Germaine échappe de peu à cette vague d'arrestations. Avec son sens de l'anticipation, la jeune femme nourrit, depuis la création de ce réseau, des contacts avec des avocats. L'un d'entre eux, maitre Wilhem, est le seul à oser prendre le risque de

---

50. TILLION, Germaine, *Combats de guerre et de paix*, Paris, Seuil, 2007, p. 81.

51. LACOUTURE, Jean, *Le témoignage est un combat. Une biographie de Germaine Tillion*, Paris, Seuil, 2000, p. 89.

52. TILLION, Germaine, *La Traversée du mal*, Paris, Arléa, 2015, p. 51.

défendre ces résistants. Il mène toutes une série d'actions juridiques (recours en grâce, commutation de peines, etc.) pour tenter de ralentir la procédure. Toutefois, comme ils sont incarcérés à la prison de la santé, il s'avère impossible d'organiser l'évasion de leurs amis. En ce mois de février 1942, à quelques jours du verdict, Germaine cherche des relais. Pourquoi pas les hommes d'église ? Elle décide de contacter monseigneur Baudrillard, recteur de l'Institut catholique et membre de l'Académie française, et découvre un vieillard plaintif et soumis au pouvoir allemand. Il lui conseille d'aller voir le chanoine Tricot, dont la réputation est pire que celle de Baudrillard. Cet entretien sera décisif dans sa détermination à lutter de toutes ses forces contre le régime nazi. Cet homme d'église n'écoute pas ses propos et clôt l'entretien en prétextant qu'il n'a pas de temps à perdre avec les condamnés à mort. Le sourire euphorique de cet homme évoquant la mort prochaine de ses amis et l'évidente joie sadique à cette perspective resteront gravés dans le cœur et l'esprit de Germaine. Lorsqu'elle sera transférée au camp de Ravensbrück, elle retrouvera ce même sourire radieux sur le visage de l'adjoint du camp lorsqu'il sélectionnera les personnes pour la chambre à gaz. À l'issue de cet entretien, Germaine ploie sous la douleur : celle de la colère impuissante. Cinq jours plus tard, les sept membres du réseau sont exécutés. De ce désastre, Germaine tire des leçons pour l'avenir : des leçons de vie et des armes pour la poursuite du combat. Son éducation ethnologique lui a appris que les hommes « sauvages » et « civilisés » sont égaux. Ses premiers pas dans la résistance lui imposent une vérité : sur le plan moral, tous les hommes ne se valent pas. Il y a l'homme qui aime mieux mourir que trahir et celui qui aime mieux trahir que mourir. Deux « races[53] ». Elle comprend également qu'il existe des hommes qui, face à la souffrance

53. TODOROV, Tzvetan, *Germaine Tillion. La pensée en action*, Paris, Textuel INA, coll. « La voix au chapitre », 2011, p. 44.

d'autres hommes, ne peuvent se retenir d'en jouir. Enfin, elle fait des découvertes sur elle-même et ses sources de souffrance : celle que l'on subit soi-même est inférieure à celle que l'on éprouve face à la souffrance de ses proches. D'autant que, en ces débuts de la résistance où une majorité des Français pensent que cette lutte frontale avec l'occupant parait inefficace et chimérique, on se sent responsable de ce qui arrive aux autres. Se dire que des êtres vivants, heureux, entourés de leur famille et de leurs amis subiront la mort, après la torture[54], est aussi source de souffrance.

Enfin, Germaine, face à cette violence, s'interroge sur la sienne : de quoi est-elle capable face à l'injustice et la souffrance de ses proches ?

Lors des premières exécutions de ses amis, elle éprouve avec force la brulure de cette violence, qu'elle sent poindre au plus profond d'elle. « À cet instant, toute entreprise contre l'ennemi me parut valable et justifiée[55]. » Lorsque, des années plus tard, au moment de la guerre d'Algérie, elle rencontrera des terroristes elle saura faire preuve d'un jugement beaucoup plus nuancé que celui de ses contemporains, et bénéficiera, grâce à cette expérience, d'une compréhension plus profonde des motivations qui mènent à des actes violents.

Germaine va intégrer, comme élément central de l'organisation résistante, la puissante menace de la délation. Elle redouble de vigilance dans les recrutements et met en place des liaisons neuves. Malgré ses efforts, elle n'est pas à l'abri de ce poison, aux visages imprévisibles. Germaine vit au rythme de deux pulsions contradictoires : d'un côté, une obsession de faire libérer les condamnés à mort en organisant des évasions et, de l'autre, l'obsession de la trahison. Ce 13 août 1942, la jeune femme se hâte vers la gare de Lyon

54. TODOROV, Tzvetan, *Germaine Tillion. La pensée en action*, Paris, Textuel INA, coll. « La voix au chapitre », 2011, p. 45.

55. TODOROV, Tzvetan, *Germaine Tillion. La pensée en action*, Paris, Textuel INA, coll. « La voix au chapitre », 2011, p. 45.

pour rencontrer un agent de l'Intelligence Service[56], l'abbé Alesch, pour lui remettre de précieux documents à faire passer en zone libre. Une fois les documents transmis, l'abbé poinçonne son billet et rejoint son train quand elle est interpellée par la police allemande. La première pensée qui lui vient à l'esprit est : comment se fait-il qu'Alesch ne soit pas arrêté ? Ce dernier est le traitre qui a remis Germaine aux les mains de la police allemande.

La jeune femme est emmenée rue des Saussaies et s'apprête à subir un rude interrogatoire. Elle se prépare mentalement en mobilisant son sens de l'humour et sa capacité de concentration pour tenir sa peur à distance. Avec leur air triomphant, les deux policiers allemands ressemblent à deux crocodiles. En les regardant, Germaine se rappelle un conte peul, celui des deux pêcheurs : « Nous devons traverser la rivière à la nage pour aller chercher notre bateau, dit le premier pêcheur. » « Si nous traversons à la nage, répond le second, le crocodile va nous manger. » « Dieu est bon, rétorque le premier, pour se rassurer. » « Oui, mais si Dieu se montre bon pour le crocodile ? réplique le second ». Germaine, en voyant leur agitation, se dit que Dieu est pour l'instant bon pour le crocodile. Contre toute attente, la puissance de cette métaphore lui rend son calme et son sang-froid[57].

Germaine est interrogée sept fois avant son départ pour Ravensbrück. Au cours d'un des interrogatoires, l'officier allemand la menace : « On va vous fusiller demain[58] ! » En quelques secondes, Germaine opère comme un black-out

---

56. Les services de renseignements ont joué un rôle essentiel dans le soutien aux réseaux de résistance en France durant la Seconde Guerre mondiale. L'Intelligence Service était une organisation britannique de renseignement qui opérait en collaboration avec la résistance française pour collecter des informations, fournir des armes et de l'argent et coordonner des opérations de sabotage contre les forces d'occupation nazie.

57. LACOUTURE, Jean, *Le témoignage est un combat. Une biographie de Germaine Tillion*, Paris, Seuil, 2000, p. 119.

58. LACOUTURE, Jean, *Le témoignage est un combat. Une biographie de Germaine Tillion*, Paris, Seuil, 2000, p. 121.

mental et se concentre sur tous les projets qui lui tiennent à cœur : elle visualise le planning des tâches à faire, les personnes à contacter, les rendez-vous à prendre. Elle sourit à l'idée de toutes ces tâches et oublie totalement l'endroit où elle se trouve. Pendant ce temps, le commissaire la regarde pour mesurer l'effet de son annonce et, quand il la voit hausser les épaules, tremble de fureur. « Quant à moi, revenue brutalement à la réalité et confuse de ma distraction, je lui ai dit : “Oh Monsieur, excusez-moi, je vous avais oublié.” Il a pu voir à mon visage que c'était la pure vérité. Cela l'a tellement sidéré qu'il s'est remis à bégayer et est sorti de la pièce dare-dare[59]. »

À la fin du long interrogatoire du 23 octobre 1942, le capitaine allemand ordonne de transmettre au tribunal son dossier, lourd de cinq chefs d'accusation qui peuvent faire basculer le destin de Germaine vers la mort. Dans sa cellule, la jeune femme prend le temps de réfléchir, demande papier et crayons pour écrire au tribunal. Elle est d'abord envahie d'une forte émotion face au bonheur de retrouver plume et papier après des mois à tracer des mots sur les murs. Elle veille à ce que le texte de sa lettre soit inséré dans une doublure de manteau pour le transmettre à son amie Marcelle Monmarché, son seul lien vers le monde extérieur.

Cette lettre est révélatrice de son tempérament malicieux, de sa fascinante adaptation mentale et psychologique face à des situations de tension extrême, et de son inlassable combativité. Elle manifeste également l'audace de cette jeune résistante. Avec beaucoup de finesse, elle se moque de ce « grand » Reich allemand et n'hésite pas à s'opposer à ce pouvoir répressif, exercé par des hommes, dont les résistants face au peloton d'exécution disent : « Ils osent tout ! »

Germaine rappelle qu'elle ignore les raisons de son incarcération et conclut son argumentaire par une série de

59. LACOUTURE, Jean, *Le témoignage est un combat. Une biographie de Germaine Tillion*, Paris, Seuil, 2000, p. 121.

questions dans un registre faussement naïf : « Quelle sorte d'espionnage ai-je fait ? Pour le compte de qui ? Est-ce qu'un verre de bière pris à la terrasse d'un café constitue à lui seul une preuve suffisante[60] ? » Elle poursuit en insistant sur son absence de peur et de mauvaise humeur face à ce qui peut lui arriver. « Tout au plus, je suis curieuse de tout ce qui n'atteint que moi[61]. » Elle ne connaitra jamais la réaction des officiers allemands à la lecture de cette lettre. Elle apprendra plus tard la réputation qu'elle a acquise : à la seule évocation de son nom, les officiers allemands donnent des coups de poing sur la table. Une de ses avocates allemandes dira de Germaine : « À elle seule, elle pouvait faire mourir un régiment[62]. »

En décodant le comportement de Germaine
face à une situation de stress intense,
comment garder un comportement stable
et savoir s'extraire du contexte ?

Les inspirations de Germaine pour garder son calme face à des situations de stress intense

COACHING

Comment fonctionnons-nous sous l'emprise du stress ? En quoi les actions de Germaine peuvent-elles nous inspirer pour mobiliser notre intelligence adaptative et bénéficier de ressources précieuses dans un climat de tensions ?

60. Lacouture, Jean, *Le témoignage est un combat. Une biographie de Germaine Tillion*, Paris, Seuil, 2000, p. 122.

61. Lacouture, Jean, *Le témoignage est un combat. Une biographie de Germaine Tillion*, Paris, Seuil, 2000, p. 125.

62. Lacouture, Jean, *Le témoignage est un combat. Une biographie de Germaine Tillion*, Paris, Seuil, 2000, p. 125.

Sur la base des connaissances neuroscientifiques, la perception du stress se fait d'abord par le système nerveux central (un danger est perçu), les mécanismes sont surtout hormonaux. Les principales glandes impliquées dans le stress sont les glandes surrénales qui sécrètent l'adrénaline (hormone de mise en alerte du corps). Cette adrénaline engendre des réactions physiologiques de mise en alerte de l'organisme : augmentation du rythme cardiaque, élévation de la tension artérielle, sudation. Lors de la deuxième phase, le cortisol agit sur le cerveau pour déclencher les réactions appropriées : la fuite, l'immobilisation ou le combat. Il prépare aussi l'organisme à un retour à la « normale » si le stress s'arrête. Selon les travaux des scientifiques[63], la partie la plus intelligente de notre cerveau (le néocortex préfrontal qui est situé sur le haut de votre front) est une structure cérébrale inconsciente, centre d'un réseau haut débit qui le relie à toutes les autres parties du cerveau. Ce néocortex préfrontal constitue une ressource précieuse pour bénéficier de nuance, de curiosité et d'adaptabilité dans des situations inconnues et instables. Comment le mobiliser pour garder notre intelligence au contrôle ? Comment entrer dans ce monde « préfrontal » pour gagner en sérénité et en aisance face à l'inconnu ?

Germaine nous donne quelques clés.

- Clé n° 1 d'une Germaine Tillion curieuse de son environnement

Au moment du ressenti de votre stress, utilisez la loupe de l'ethnologue : soyez curieux de votre environnement (maison, bureau, ville), comme si vous ne le connaissiez pas. Notez au moins trois détails que vous n'aviez pas repérés jusqu'alors (dans votre environnement ou chez vos proches) : « Tiens je n'avais jamais remarqué le bruit spécial de la touche J de mon clavier » ou « Tiens, combien d'arbres composent le parc devant moi ? ».

Avez-vous trouvé plus ou moins de trois détails ? Plus de trois ?

63. FRADIN, Jacques, *L'Intelligence du stress. Mieux vivre avec les neurosciences*, Paris, Eyrolles, 2010, p. 42-43.

Imaginez à présent que vous êtes un martien. Vous découvrez avec des yeux ou des antennes d'extraterrestre l'environnement actuel dans lequel vous travaillez.

- *qu'est-ce qui vous frapperait ?*
- *quelles pensées vous viennent ?*

Et après cette expérience :

- *sentez-vous une différence dans vos ressentis ?*
- *plus de quoi ?*
- *moins de quoi ?*

- Clé n° 2 d'une Germaine Tillion conteuse

Utilisez un conte, une histoire comme métaphore de votre peur.

Lorsque vous étiez enfant, quel conte vous aidait à mettre votre peur à distance ?

- Clé n° 3 d'une Germaine Tillion concentrée

Concentrez-vous sur vos projets et faites-les vivre mentalement encore plus intensément. Planifiez les étapes de votre projet, visualisez-les et écrivez les différents scénarios de planification ou de programmation des projets, les délais et les conditions matérielles.

La traversée du mal[64]

Le 21 octobre 1943, après 430 jours d'incarcération, Germaine Tillion voit la porte de sa cellule s'ouvrir. On lui ordonne de préparer ses « bagages ». Elle peut également emporter le manuscrit de sa thèse sur l'Aurès, sur lequel elle travaille depuis son arrivée à la prison de Fresnes. Il faut écouter le témoignage d'une de ses compagnes de route vers le camp de la mort de Ravensbrück, pour comprendre comment Germaine sait stimuler collectivement, un esprit alerte, jovial et rieur, même dans les pires

64. Cf. Tillion, Germaine, *La Traversée du mal*, Paris, Arléa, 2015.

situations. Âgée de 20 ans, Anise Girard raconte comment Kouri (le nom de code de Germaine dans ses activités de résistante) s'ingénie, lors de ce long trajet, à raconter ses aventures d'ethnologue dans les Aurès, ses déboires avec sa mule (qu'elle sait rendre hilarants) et les anecdotes les plus cocasses de sa vie avec les Chaouia. Les rires fusent dans le wagon : a-t-il existé un convoi vers la mort plus « gai » que celui de Kouri ? Même confrontée aux puissances de destruction les plus terribles, il y a toujours chez cette femme cette force de vie et ce rire permanent qui agissent comme un défi et une protection. Sa capacité à garder son esprit alerte et enjoué facilite parfois la vie de ses compagnes. Lors d'un moment d'arrêt du convoi, Kouri leur lance : « Vous allez voir comment on apprivoise un sauvage[65]. » Elle sort de son sac de toile de jute une photo du fennec qu'elle portait constamment sur son épaule lors de ses séjours dans les Aurès. Elle la met sous les yeux d'un jeune gardien SS qui ne peut résister à un soudain attendrissement. Elle en profite pour lui demander la destination du convoi et comprend que c'est Ravensbrück. Toute la nuit, Germaine raconte à ses compagnes – particulièrement à Anise, la plus jeune de toutes – les progrès de la résistance, les idées qui lui sont chères sur la réforme de l'enseignement... Ainsi est Germaine : infatigable, l'esprit toujours en éveil, merveilleusement attentive aux autres. Arrivée à Ravensbrück, elle écrit : « Tous ceux, hommes ou femmes, qui eurent le malheur de connaitre un camp de concentration exprimèrent plus tard la perception immédiate et brutale qui précéda la connaissance détaillée de ce qui les attendait : quelque chose que l'on recevait en pleine gueule, aussi évident que la “devinance” de la mort qui fait hurler les bêtes[66]. »

---

65. LACOUTURE, Jean, *Le témoignage est un combat. Une biographie de Germaine Tillion*, Paris, Seuil, 2000, p. 131.

66. TILLION, Germaine, *Ravensbrück*, Paris, Point, coll. « Histoire », 1997, p. 147.

Trois signaux prouvent l'horreur de ce qui se prépare pour elles. Elles sont dépouillées de tout ce qu'elles portent et doivent revêtir une blouse informe avec de sinistres hardes rayées. Ensuite, elles sont marquées des mots : « *Nacht und Nebel* » (« Nuit et brouillard »), qui désigne les prisonniers que les SS ont décidé de ne pas exécuter immédiatement, mais de faire disparaitre des registres officiels. Enfin, elles subissent un enfermement immédiat en quarantaine. Ce 31 octobre 1943, Germaine et ses compagnes sont envahies par « l'haleine du camp[67] », cette asphyxiante odeur de mort, omniprésente. Germaine maintient comme elle peut un esprit fraternel et solidaire entre elles. Une autre épreuve l'attend : elle apprend, trois mois après son arrivée, la présence de sa mère, Émilie, que ses cheveux blancs condamnent. Elle représente une bouche à nourrir inutile au regard de ce système. Elle est jetée dans une chambre à gaz au mois de mars 1945. Germaine est alitée avec une forte fièvre, et l'annonce de la mort de sa mère lui fait perdre « le désir viscéral de vivre[68] ». Ce désespoir lui offre cependant une prise de conscience : le but des nazis est l'anéantissement de leurs adversaires. Survivre est déjà, en soi, un acte de résistance. Son devoir sera donc de témoigner de cette expérience, de cette énormité, pour empêcher que cela ne se reproduise. Elle décide de faire de son expérience d'ethnologue un bouclier pour vivre. Elle cherche à comprendre ce système concentrationnaire pour le dominer mentalement, et relier ainsi réflexion et action. Son expérience dans un milieu inconnu comme les Aurès se révèle précieuse. Elle transforme le vécu en objet d'étude, permettant ainsi une distance mentale et émotionnelle, propice à mobiliser son intelligence situationnelle et stratégique. Elle introduit donc une distance entre le moi

---

67. TODOROV, Tzvetan, *Germaine Tillion. La pensée en action*, Paris, Textuel INA, coll. « La voix au chapitre », 2011, p. 49.

68. TODOROV, Tzvetan, *Germaine Tillion. La pensée en action*, Paris, Textuel INA, coll. « La voix au chapitre », 2011, p. 50.

qui souffre et le moi qui cherche à comprendre à partir des faits. Elle incite également ses compagnes à adopter, envers le camp, une attitude de sociologue : étudier la mécanique concentrationnaire, prendre des notes sur des papiers de fortune, aller chercher les informations là où elles sont. Ce travail esquisse une véritable étude de la structure du camp. Elle pose des questions sur les revenus financiers rapportés par le camp et sur les destinataires de ces revenus à certaines prisonnières favorisées. Cinq mois après son arrivée, Germaine élabore de futures conférences scientifiques sur le camp, qu'elle nomme « L'enrichissement des maitres du IIIe Reich[69] ». Elle analyse, chiffres à l'appui, la posture d'entrepreneur de Himmler[70], au travers de sa société Texled (société de fabrication de textile et de cuir), dont l'effectif, exclusivement féminin, passe de 141 à 2 994 prisonnières de Ravensbrück. Le chiffre d'affaires en 1940 est de 0,6 million de marks pour aboutir, en 1944, à 8,6 millions de marks. Un entrepreneur dynamique ce M. Himmler !

Démonter mentalement, comprendre la mécanique à l'œuvre, même celle qui vous écrase, envisager lucidement et dans tous les détails une situation même désespérée est une puissante source de sang-froid, de sérénité et de force d'âme[71]. Le visage ferme et serein, Germaine communique avec son ton mesuré sur le cycle du génocide, l'extermination par le travail, la raison d'être des « transports noirs », le coût de revient des prisonniers et les bénéfices personnels de Himmler.

---

69. TILLION, Germaine, *Ravensbrück*, Paris, Point, coll. « Histoire », 1997, p. 137.

70. Heinrich Himmler est ministre de l'Intérieur de Hitler sous le IIIe Reich, chef de toutes les polices allemandes et principal protagoniste de la solution finale, c'est-à-dire la création des camps de concentration et des camps d'extermination. Il se suicidera le 23 mai 1945.

71. TILLION, Germaine, *Ravensbrück*, Paris, Point, coll. « Histoire », 1997, p. 76.

Geneviève de Gaulle-Anthonioz, compagne de déportation de Germaine, dira : « En t'écoutant, nous n'étions plus des *Stück*[72], mais des personnes ; nous pouvions lutter puisque nous pouvions comprendre. [...] Quelle chance d'avoir traversé le mal à tes côtés, puisque qu'en te voyant nous pouvions espérer croire au bien, puisque nous pouvions encore espérer[73]. »

En octobre 1944, Germaine a une obsession : ne pas entrer, de près ou de loin, dans le système de production de Himmler qu'elle a si bien analysé. Stratégie consciente de non-coopération, elle mène une résistance passive mais intraitable. Ses problèmes de santé, son allemand médiocre et son statut de NN (*Nacht und Nebel*) lui assignent une position de réfractaire et un réel isolement. Germaine n'échappe cependant plus pour longtemps à une nouvelle tâche : trier le butin des nazis venant de l'Europe entière. Ses compagnes, la jugeant impropre à cette besogne, lui proposent de se cacher dans un carton pour poursuivre son travail de soutien créatif et vital pour elles. Germaine mobilise la plasticité neuronale de son cerveau pour créer l'une des œuvres les plus singulières concernant les camps : une opérette-revue qu'elle intitule « Le *Verfügbar* aux enfers ». Un « *Verfügbar* » est un détenu tire-au-flanc, qui a réussi à échapper à tous les commandos de travail, mais qui est exposé aux rafles mortelles. Les textes produits dans les camps sont rares. Pour la majorité d'entre eux, ils ont été écrits postérieurement, lors du retour à la vie normale. Germaine, dans cette opérette, décrit fidèlement les conditions de vie des détenues, sous une forme insolite : il s'agit d'une pièce comique. Des chansons de cabaret, des marches militaires se mêlent au texte. Le point de départ est la parodie : rire de soi, même dans les pires conditions.

---

72. *Stück* : terme allemand comptable, utilisé dans les camps de concentration pour désigner des numéros et non des personnes.

73. TILLION, Germaine, *La Traversée du mal*, Paris, Arléa, 2015, p. 8.

« Notre sex-appeal était réputé. Aujourd'hui, sa pile est déchargée[74]. »

Les pleurs, le malheur et l'horreur sont bien présents, mais Germaine ouvre une voie pour les combattre et les surmonter : la satire.

Cet opéra parle de ses codétenues. En écoutant leur vie, ces femmes deviennent actrices et échappent au statut de victimes. Cette distance salutaire entre leur vécu et leur vie, doublée de la légèreté de l'opéra- revue, crée un décalage (des femmes habillées de loques qui se comportent comme des mannequins). L'hyperbole comique, voisine de l'autodérision, aboutit au rire libérateur. Germaine ne se contente pas d'insuffler un esprit de résistance, elle sauve également la vie d'une délégation de polonaises, celles que tout le monde appelle « les petits lapins », torturées par les nazis dans le camp de Ravensbrück. Avec l'aide de résistantes audacieuses, elle observe que les responsables du camp ne connaissent plus le nombre exact de détenues. L'appel du matin doit désigner les personnes qui mourront dans la journée. Germaine réussit à utiliser les numéros de personnes mortes pour les assigner aux polonaises. Avec cette nouvelle identité, elles échappent à la mort. Le sauvetage des « petits lapins » en janvier et février 1945 est un tour de force « à la Tillion ».

En observant le comportement et les actions de Germaine dans cet univers concentrationnaire, que nous transmet-elle comme moyen de rester créatifs, imaginatifs, sereins autant que possible quand tout s'écroule autour de vous ?

74. TODOROV, Tzvetan, *Germaine Tillion. La pensée en action*, Paris, Textuel INA, coll. « La voix au chapitre », 2011, p. 55.

Les inspirations de Germaine pour maintenir un esprit créatif et agile dans les moments de chaos

COACHING

Germaine nous apprend qu'une valeur, un principe, un concept, une émotion n'existent pas sans son contraire. Que serait la liberté sans la privation ? Que serait l'altruisme sans l'égoïsme ? L'intégrité sans la corruption ? La bienveillance sans la méchanceté ? Dans ce cadre, il est intéressant de comprendre que l'on ne saurait apprécier ou connaitre pleinement une chose si l'on n'en rencontre jamais le contraire. Comprendre et intégrer émotionnellement cette notion permet de mieux tolérer l'antivaleur.

Germaine cherche à transformer l'intolérable en une action qui lui permet, à elle et à ses compagnes, d'éprouver un sentiment de joie, d'humour et de tendresse, malgré un environnement inhumain. Elle exacerbe les souffrances qu'elles vivent en partant du principe que le manque de quelque chose contient ce quelque chose de plaisant. Pour réussir cela, Germaine et ses compagnes acceptent le caractère romantique de leur expérience, en vivant toute la palette des émotions.

Elle nous apprend à modifier notre état d'esprit pour faire de la privation un élément constructif de plaisir. Ce plaisir n'est pas différé comme l'est le réconfort après la privation, mais bien simultané : c'est dans l'effort que l'on apprécie et perçoit le mieux le réconfort.

Lorsque vous traversez une période de difficultés, cherchez des valeurs ou des zones de vie romantiques dans lesquelles l'échec ne dérange pas, voire peut vous donner davantage de plaisir à la tâche. Pour certains, plus une situation est difficile et risque de les mettre en échec, plus l'exercice peut être attrayant et leur sembler un véritable enrichissement, au-delà du résultat.

Ces zones définies, comment transférer cet état d'esprit curieux et audacieux qui vous habite dans ce type de situation à d'autres situations difficiles, qui manquent de romantisme ?

Germaine, face à l'indicible, nous apprend également à insérer du rationnel dans l'irrationnel. Elle cherche, sur la base de faits, à quitter la dynamique émotionnelle infiniment douloureuse dans laquelle elle se trouve pour s'agripper à des faits/chiffres/dossiers. Elle veut comprendre la logique du système autour de questions comme :

- *qu'est-ce qui produit quoi ? Quelles conséquences ? Quels avantages, quels inconvénients ?*
- *comment ce système fonctionne-t-il ?*
- *quelle en est la logique ?*

Ces questions stimulent la partie la plus intelligente de notre cerveau, incitent à l'action en comprenant et en appliquant la relation de cause à effet, ce qui a pour conséquence de calmer l'émotion et de rester en capacité mentale et cognitive.

Revenir à la vie et témoigner

En cette soirée du 23 avril 1945, dix-sept autocars de la Croix-Rouge suédoise viennent chercher les survivants de Ravensbrück, direction la Suède. L'accueil, dans une maison de santé, est chaleureux. Tout est fait pour ramener ses femmes-fantômes à la vie. Germaine traverse cependant une période de profonde dépression : « J'ai pensé intensément et désespérément au gouffre[75]. » Elle retrouve sa maison dévastée. Tous ses proches sont morts. Elle perd la foi, et s'accroche à l'amour et à l'espérance. Son patriotisme a aussi pris un sérieux coup. Si la vie en liberté est infiniment préférable aux privations du camp, observer les querelles, les

75. TODOROV, Tzvetan, *Germaine Tillion. Fragments de vie*, Paris, Point, coll. « Essais », 2015, p. 245.

rivalités et la petitesse humaines dans la vie quotidienne la heurte et la démobilise. Elle retrouve son poste au CNRS[76], mais le cœur n'y est plus. On lui demande des comptes sur les retours de ses missions d'ethnologue dans les Aurès. Sa thèse, quasiment terminée, s'est évanouie dans les fumées du camp. Malgré son envie de tout arrêter, elle se remet au travail. Cet effort soutenu produit un phénomène singulier. Le regard qu'elle porte sur les populations de l'Aurès a changé, malgré l'absence de toute nouvelle information. Elle découvre que l'identité du chercheur, son expérience et son vécu constituent un levier décisif dans la connaissance des autres êtres humains. L'érudition seule ne peut suffire, il faut une expérience profonde, vécue et diverse, qui constitue l'indispensable substrat de la connaissance authentique de notre espèce[77]. Germaine arrive à la conclusion que l'expérience de Ravensbrück est aussi pertinente que les cours suivis à l'université : « On n'apprend à identifier le crime et les criminels, la souffrance, la lâcheté et les lâches, la peur, la faim que lorsque l'on a longuement regardé la bête adulte, épanouie dans sa peau[78]. » Forte également de ses découvertes sur elle-même, Germaine rédige un rapport destiné à l'International Institute of African Languages and Cultures de Londres, où elle essaie d'équilibrer l'observation scientifique et l'expérience vécue dans ses aspects objectifs et subjectifs. Cette innovation méthodologique n'est pas du goût de cette institution et ne sera jamais publiée. Germaine ne s'en offusque pas et se rend à l'évidence : elle sait que si elle a survécu, ce n'est pas seulement le fait du hasard, de la solidarité ou de la chance, c'est aussi grâce à sa volonté de dévoiler les crimes et de démasquer les assassins avec les preuves accumulées durant sa détention. Elle décide de s'occuper

76. Centre national de la recherche scientifique.

77. TODOROV, Tzvetan, *Germaine Tillion. La pensée en action*, Paris, Textuel INA, coll. « La voix au chapitre », 2011, p. 61.

78. TODOROV, Tzvetan, *Germaine Tillion. La pensée en action*, Paris, Textuel INA, coll. « La voix au chapitre », 2011, p. 61.

de l'histoire immédiate et de procéder à un important travail de documentation sur les réseaux de résistants et sur les déportés. Elle réunit une masse d'informations conséquente sur les participants aux réseaux de résistance et sur la composition des convois qui ont conduit les déportés vers les camps. Elle est chargée de la partie consacrée aux femmes et aux enfants déportés dans la rédaction d'un livre blanc qui ne sera jamais publié non plus. Elle édite un premier texte en 1946, « Ravensbrück » ; puis une seconde version. Son vieux compagnon de combat, Louis Martin-Chauffier, lui aussi déporté, saluera « ce "Ravensbrück" sans haine, cette lucidité sans préjugé, éclairée par un don total de soi[79] ». Germaine s'engage également dans le débat public. En 1948, David Rousset, ancien déporté, lance un appel à ses anciens coprisonniers pour se mobiliser contre les camps toujours en activité, notamment en Union soviétique. Par le nombre conséquent d'anciens résistants communistes censés devoir fidélité à Staline, cet appel fait l'effet d'une bombe. Germaine y adhère immédiatement et sera déléguée par son association de déportées pour participer aux commissions d'enquêtes. De cette période, elle gardera le souvenir d'une fatigue écrasante et d'un morne désespoir[80]. Elle observe avec sa méticulosité d'ethnologue que, dans le petit groupe de ceux qui sont revenus de l'enfer après avoir lutté et souffert, il existe une proportion anormale de suicides. Elle s'interroge : « Usure totale de toute trame psychique et physique[81] ? » L'experte en observation du comportement humain émet des hypothèses. La vie est rude et l'être humain passe son existence à réparer ses dégâts incessants : lésions de l'âme, lésions physiques. « Grande originalité zoologique, écrit-elle, cet être détient des

79. Lacouture, Jean, *Le témoignage est un combat. Une biographie de Germaine Tillion*, Paris, Seuil, 2000, p. 227.

80. Todorov, Tzvetan, *Germaine Tillion. Fragments de vie*, Paris, Point, coll. « Essais », 2015, p. 252.

81. Todorov, Tzvetan, *Germaine Tillion. Fragments de vie*, Paris, Point, coll. « Essais », 2015, p. 252.

aptitudes et des ressources bien supérieures à celles qu'il possède, à une condition : se concentrer sur un but situé au-delà de lui-même. S'il atteint ce but, il devra affronter la transposition dans le réel d'un idéal pour lequel il a tout sacrifié. Il est assez normal que l'animal humain succombe. » « Résistants de tous pays, méfiez-vous de votre victoire[82] ! »

En observant Germaine et le difficile chemin vers la résilience, qu'apprend-on sur les leviers pour renaitre après l'épreuve ?

Les inspirations de Germaine pour créer les conditions d'une résilience.

COACHING

Du latin *resilire* (« rebondir », « rejaillir »), la résilience désigne la capacité à recouvrer sa santé mentale et morale antérieure, voire à l'améliorer, après des événements de vie difficiles et/ou traumatisants. Il ne s'agit pas d'une caractéristique stable, mais d'un processus dynamique : la résilience se modifie au cours de la vie. Enfin, elle se manifeste avant tout lorsque l'individu traverse des crises et l'adversité, lui permettant ainsi de les surmonter avec succès[83].

Depuis quelques années, les chercheurs ont commencé à comprendre les bases biologiques de la résilience. Un élément clé intervient à ce niveau dans notre corps : le système du stress. Chez les personnes particulièrement résilientes,

82. TODOROV, Tzvetan, *Germaine Tillion. Fragments de vie*, Paris, Point, coll. « Essais », 2015, p. 253.

83. Cf. *Cerveau & Psycho*, n° 104, *Se reconstruire après l'épreuve*, nov. 2018, p. 54. Article de Jana Strahler est psychologue et chercheuse associée en psychologie clinique et neurosciences des systèmes à l'université Justus-Liebig, à Giessen, en Allemagne. Référence : R. Mistry et al., Resilience and patterns of health risk behaviors in California adolescents, Preventive Medicine, vol. 48, pp. 291-297, 2009.

la concentration d'hormone du stress redescend rapidement après une épreuve. C'est dans leur cerveau que se produit le changement le plus marquant : celui-ci produit des facteurs neurotrophiques en quantité, comme le BDNF[84]. Ces composés affermissent les connexions entre neurones (les synapses) et permettent d'en créer de nouvelles. La plasticité neuronale qui en résulte améliore non seulement les capacités d'attention et de mémoire, mais accélère aussi les processus de récupération après un événement stressant ou pénible.

Germaine, du fait de son vécu, nous donne d'autres clés pour enclencher une résilience après l'épreuve :

- renforcer et stimuler ses compétences sociales et aborder les problèmes de manière active ;
- renforcer ses capacités d'empathie et montrer un intérêt soutenu pour le bien-être de ses semblables ;
- cultiver des relations soutenantes, authentiques et joyeuses, dont les effets positifs sur le système immunitaire et cardiovasculaire ont été prouvés par les psychologues Julianne Lunstad et Timothy Smith[85], de l'université Brigham Young ;
- être flexible cognitivement, ce qui consiste à réinterpréter ses expériences douloureuses de façon nouvelle et créative. Martin Seligman, de l'université de Pennsylvanie, considéré comme le père de la psychologie positive, a mis au point une méthode d'entraînement dont le but est de modifier certaines pensées comme : « Ça n'a aucun sens » ou « Je n'y arriverai jamais ». Le chercheur parle d'« optimisme appris » comme d'un instrument essentiel pour identifier et désamorcer de telles idées destructrices. Rechercher une signification plus profonde et des aspects plus positifs derrière ce que nous vivons ne signifie pas pour autant rester aveugles aux conséquences

84. « *Brain derived neurotrophic factor* », soit, en français : le facteur neurotrophique dérivé du cerveau.

85. HOLT-LUNSTAD, Julianne, LAYTON, J. Bradley et SMITH, Timothy, « Social Relationships and Mortality Risk: A Meta-Analytic Review, *Plos Medicine*, vol. VII, n° 7, 27 juil. 2010.

douloureuses qui peuvent en résulter. Néanmoins, quand on est résilient, il est plus facile d'accepter ce qui arrive et de saisir la chance d'un nouveau départ si elle se présente.

Au chevet de l'Algérie : entre action et compassion

En novembre 1954, la vie de Germaine bascule à nouveau. La guerre d'Algérie vient d'éclater et va l'arracher à son œuvre de recherche et de documentation des crimes nazis et des réseaux de résistants. Une fois encore, emportée par le tourbillon des affaires publiques, elle va passer de la posture de chercheuse à actrice de premier plan dans ce conflit, se singularisant par sa compassion et son soutien au peuple algérien. Son ancien maitre, Louis Massignon, inquiet du sort des Algériens, estime que Tillion est la mieux qualifiée pour enquêter sur la situation de la population civile et proposer des mesures pour les protéger. Reçue le 25 novembre 1954 par François Mitterrand, alors ministre de l'Intérieur dans le gouvernement de Pierre Mendès-France, il la charge de deux missions afin de connaitre précisément les conditions de vie du peuple algérien. La voici qui refait ses valises et commence sa mission qui se déroulera jusqu'au début de 1957. Que fait-t-elle de son étrange statut d'observatrice, témoin sans arme et sans moyen ? C'est « le nez ras-du-sol[86] » qu'elle observe une société familière entrée en éruption et qu'elle découvre une Algérie aux prises avec la montée d'une violente revendication nationale. Les fragiles équilibres économiques qu'elle avait documentés dans les années 1930 se sont mus en une alternance de désespoir, de peurs, de migrations et de famines. Les vaccinations ont fait chuter la mortalité infantile, la population a augmenté

86. Lacouture, Jean, *Le témoignage est un combat. Une biographie de Germaine Tillion*, Paris, Seuil, 2000, p. 237.

brusquement et la terre desséchée ne peut plus nourrir le peuple. Les paysans désespérés affluent vers les villes où ils subissent un sort que Germaine nomme la « clochardisation ». Ne disposant d'aucune compétence pour les métiers de la ville, les familles se disloquent. Sur la base de ces faits, Germaine, qui a intégré l'équipe du gouverneur français en Algérie, Jacques Soustelle, se lance dans l'action et crée des centres sociaux dont l'objectif est d'accroitre les ressources des familles algériennes, c'est-à-dire de mettre à leur disposition les informations nécessaires pour gagner leur vie : des formations techniques, des adresses et des soins médicaux. Elle commence à recruter – notamment le remarquable enseignant, Charles Aguesse, chef du service de l'éducation populaire, dont elle entend faire le directeur de ces centres sociaux. En deux ans, Germaine et Charles créent trente centres, malgré d'infinies tracasseries administratives et des oppositions de la presse locale qui veulent voir dans ces centres un nid de sympathisants de la rébellion. L'analyse à l'origine de ce projet aboutit à une publication *L'Algérie en 1957*[87]. Le livre suscite l'enthousiasme de nombreux lecteurs, mais il fait scandale dans les milieux intellectuels et politiques favorables au FLN (Front de libération nationale), car il n'évoque pas la possibilité d'une Algérie indépendante. Malgré sa connaissance fine du pays, Germaine Tillion ne l'imagine pas affranchie du cadre colonial. Elle adopte la position des libéraux. De sensibilité souvent catholique ou humaniste, ils sont partisans d'une simple négociation avec les combattants algériens. Comme Albert Camus, Germaine Tillion conçoit le futur de la relation entre la France et l'Algérie dans une forme d'interdépendance respectueuse. Pierre Nora[88] s'opposera à elle, en lui reprochant de ne pas faire le lien entre la situation économique désespérée et le fait

87. TILLION, Germaine, *L'Algérie en 1957*, Paris, Les Éditions de Minuit, 1957.
88. Cf. NORA, Pierre, *Les Français d'Algérie*, Paris, Julliard, 1961.

colonial. La seconde phase de son implication correspond à la bataille d'Alger, qui consiste en une série d'interventions militaires de la part de l'armée française et de lutte contre le terrorisme. Ainsi, le gouvernement français confie à l'armée le maintien de l'ordre, mais celle-ci est confrontée à un ennemi nouveau qui ne crée pas d'affrontement directs mais commet des attentats contre la population civile. Pour le combattre, certains dirigeants de l'armée décident de pratiquer la torture systématique. Cette méthode inhumaine et brutale exacerbe le conflit où, à chaque violence d'un côté, répond la violence de l'autre. Germaine, forte de son expérience traumatisante des camps, ne peut s'empêcher d'opérer un parallèle avec la précédente guerre, celle de l'Allemagne nazie. Si certains de ses amis résistants retrouvent leurs réflexes de protection de la patrie menacée et deviennent des inconditionnels de l'Algérie française, pour Germaine, la situation est plus complexe. Elle choisit de rester du côté de son pays, mais de faire tout son possible, quitte à risquer sa vie, pour lutter à la fois contre les tortures et les attentats du FLN. Sa première action consiste à utiliser le réseau de résistants, dont bon nombre occupent des postes publics à responsabilités. Elle n'hésite pas à les appeler, à les harceler, à les supplier, en leur parlant des victimes de la torture, et à leur demander d'agir et de faire cesser ces actes brutaux. Elle est souvent secondée par Albert Camus : ce duo improbable lutte de toutes ses forces contre la banalisation de la torture. Elle a aussi le courage d'aller rencontrer le dirigeant militaire de l'insurrection à Alger, Yacef Saadi, et entame un dialogue qui durera cinq heures. Germaine partage avec lui son expérience de combattante et de détenue, et évoque la torture. La compassion et la qualité d'écoute de Germaine ont-elles touchées Yacef pour que celui-ci lui dise : « Nous ne sommes ni des criminels, ni des assassins[89] » ?

---

89. Cité dans LACOUTURE, Jean, *Le témoignage est un combat. Une biographie de Germaine Tillion*, Paris, Seuil, 2000, p. 279.

Germaine, soutenant son regard, lui répond alors calmement : « Vous êtes des assassins. » Yacef est interloqué, ses yeux se remplissent de larmes et il confirme : « Oui Madame Tillion, nous sommes des assassins[90]. » Face à l'authenticité de Germaine, sa façon précise de documenter tous les faits et la compréhension profonde des motivations de Yacef, le dialogue entre eux prend une tournure imprévue. L'homme finit par lui faire la promesse que, désormais, ils ne toucheront plus à la population civile. Germaine lui signale qu'elle ne représente rien et qu'elle n'a aucune qualité pour recevoir un tel engagement. « Ça ne fait rien, c'est à vous que je la fais[91]. » La trêve dure plusieurs mois. L'expérience de cette guerre d'Algérie continue de transformer cette femme et son éthique. Si durant la Seconde Guerre mondiale, elle a pu céder à la tentation de considérer le peuple allemand comme intrinsèquement mauvais, à l'issue de cette traversée algérienne, elle est convaincue qu'il n'existe aucun peuple à l'abri d'un désastre moral collectif. « Je me garde désormais d'imputer à une nationalité ce qu'il faut attribuer aux pentes de l'espèce[92]. » Germaine Tillion considère que les situations extrêmes ne révèlent pas la nature dépravée de l'espèce humaine mais qu'elles la produisent. Ce qu'il faut condamner, ce sont le totalitarisme et le colonialisme : ce sont leurs métastases qui se retrouvent jusque dans les pays démocratiques et qui se révèlent à l'occasion d'une guerre ou d'un désastre.

Les conclusions de cette analyse éthique sont donc politiques.

Germaine Tillion sera élue en 1958 directrice d'études à l'École des hautes études de sciences sociales et enseignera jusqu'en 1977. Au cours de sa longue vie, elle ne s'est jamais

---

90. LACOUTURE, Jean, *Le témoignage est un combat. Une biographie de Germaine Tillion*, Paris, Seuil, 2000, p. 278.

91. LACOUTURE, Jean, *Le témoignage est un combat. Une biographie de Germaine Tillion*, Paris, Seuil, 2000, p. 279.

92. TILLION, Germaine, *Ravensbrück*, Paris, Point, coll. « Histoire », 1947, p. 205.

cachée que l'espèce humaine n'est pas toujours digne d'admiration. La cruelle guerre d'Algérie a éteint ses dernières illusions. Elle n'a pourtant pas choisi de se mettre à part, de diviser le monde en bons et en méchants, se réservant une place parmi les premiers. Elle a toujours voulu se sentir responsable de ce qui se produit dans le monde, y compris dans les pires moments. Plutôt que s'enorgueillir d'appartenir au clan des héros ou à celui des victimes, elle accepte de se compter parmi les coupables. « Nous sommes solidaires et co-responsables de tous les crimes commis par toute l'humanité dans la mesure même où nous nous en sommes désintéressés[93]. »

Avoir expérimenté le pire de l'humanité ne l'empêche nullement de garder tendresse et compassion pour celle-ci car, écrit-elle, « ce qui est éternel, c'est la pauvre chair souffrante de l'Humanité[94] ».

Germaine, c'est cette intelligence scintillante en éveil, jamais repliée, jamais abattue, jamais conforme, toujours une question murissant dans son cerveau et nous invitant à une compassion infinie pour notre humanité.

---

93. TODOROV, Tzvetan, *Germaine Tillion. La pensée en action*, Paris, Textuel INA, coll. « La voix au chapitre », 2011, p. 83.

94. TODOROV, Tzvetan, *Germaine Tillion. La pensée en action*, Paris, Textuel INA, coll. « La voix au chapitre », 2011, p. 84.

CHAPITRE 5

Louise Weiss (1893-1983), ou combattre pour créer une Europe démocratique et féministe

Louise Weiss est une bourgeoise iconoclaste, grand-mère de l'Europe, femme de culture et de conviction. Féministe turbulente, elle sera, pour plusieurs générations du XXe siècle, un symbole d'émancipation. Femme libre et indépendante, elle choisit de combattre pour exister. Dès le début de la Première Guerre mondiale, elle s'engage et cherche à comprendre les racines du conflit pour pouvoir l'éviter. Louise choisit le journalisme et devient rédactrice en chef de la revue *L'Europe nouvelle*[1]. En ce début du XXe siècle, où les femmes sont considérées comme des citoyens inférieurs, Louise milite pour leur droit de vote, rivalisant d'audace et de créativité dans ses actions, toujours pacifistes, intelligentes et remplies d'élégance. Ambitieuse, passionnée et visionnaire, elle perçoit avant tout le monde la nécessité d'une confédération des États européens, fondée sur le principe du droit des peuples à disposer d'eux-mêmes. Elle pense nécessaire de former de nouveaux dirigeants politiques, capables de relever

1. Louise Weiss crée en 1918, à l'âge de 25 ans, la revue de politique internationale *L'Europe nouvelle*, dont elle sera la rédactrice en chef de de 1920 à 1934.

les défis du XXe siècle et fonde l'École de la paix[2]. Le 17 juillet 1979, Louise Weiss préside le premier parlement européen élu au suffrage universel direct. C'est l'honneur d'une existence et l'aboutissement d'une vie qui sont récompensés. Pourtant, derrière le personnage public charismatique et lumineux se cache une femme complexe, combattante effrénée, amoureuse délaissée, fille blessée par l'absence de reconnaissance d'un père admiré, et prisonnière de ses contradictions. La vie de cette rebelle secrète reflète le malheur d'être née trop tôt, dans une société qui ne voulait pas laisser aux femmes – particulièrement aux femmes d'envergure politique internationale – une place prépondérante.

Comment s'est-elle construite une vision du monde
qui la conduira vers des combats démocratiques et féministes ?
Qui est cette militante des droits humains, infatigable et lucide
sur le monde, sachant rebondir à chaque combat perdu ?
Comment cette femme visionnaire déploie-t-elle force
et esprit combatif pour être reconnue et affirmer sa singularité ?
En quoi sa pensée et son parcours de vie peuvent-ils
nous donner des pistes pour agir dans ce monde chaotique ?

Le corset d'une famille aristocratique, républicaine et multiculturelle

Le 29 décembre 1945, Louise Weiss, 52 ans, s'apprête à s'entretenir une dernière fois avec son père mourant. Femme publique assumant avec panache ses responsabilités, elle n'a qu'une idée en tête : faire la paix avec cet homme qui lui a toujours refusé une reconnaissance méritée. Dans cette famille protestante, la rigueur et l'intégrité règnent en maitresses. Tout ce qui est lié à l'intime est une zone

2. Louise Weiss fonde en 1930 l'École de la paix dans les locaux de la Sorbonne à Paris.

interdite. La proximité de la mort n'y change rien. Louise le sait, mais veut remercier son père pour « le goût de l'effort, de l'ordre et les talents d'analyste dont il l'a dotée[3] ». Elle souhaite simplement lui adresser une ultime marque de tendresse. En se penchant vers la face émaciée du vieillard, une voix rocailleuse lui murmure : « J'ai toujours haï ta liberté pour n'avoir pas réussi à préserver la mienne[4]. » Louise, sidérée par la violence du propos et par cet ultime rejet, s'effondre. Le traumatisme de cet amour impossible entre le père et sa fille conditionnera une partie de sa vie, notamment dans cette quête inlassable de reconnaissance au travers de ses combats. Alors qu'elle est celle, de ses six enfants, qui lui ressemble le plus par son courage et ses qualités intellectuelles, Louise est la seule à comprendre ce qui se cache derrière cet homme austère, renfermé et finalement malheureux. Quelles sont les origines de la famille Weiss ? En quoi peuvent-elles expliquer sa passion pour une certaine idée de l'Europe et son envie d'occuper le devant de la scène ?

Louise Weiss nait à Arras en 1893. La famille de son père est originaire d'Alsace, plus précisément de La Petite-Pierre, bourgade de « l'Alsace bossue », pays des haies et de la Lorraine. Si l'on appartient à cette région, il est naturel de se poser la question : « D'où venons-nous ? » Ce territoire évoque en effet d'autres nationalités et des départs forcés. Quand la guerre de 1870, entre la Prusse et la France, survient, le grand-père paternel de Louise, président de la chambre des notaires de Strasbourg, bénéficie d'une forte notoriété et d'une certaine influence. Il refuse de prêter serment aux Hohenzollern[5], vend très mal son étude et part avec sa famille s'installer à Nancy, où il mourra de chagrin.

---

3. BERTIN, Célia, *Louise Weiss*, Paris, Albin Michel, 1999, p. 10.
4. WEISS, Louise, *Mémoires d'une Européenne*, t. VI, *Tempête sur l'Occident (1945-1975)*, Paris, Albin Michel, 1976, p. 23.
5. Famille qui règne sur la Prusse (1701-1918), sur l'empire d'Allemagne (1871-1918) et sur la Roumanie (1866-1947).

Sa mère, Jeanne Weiss, née Javal, est de confession juive et vient également d'Alsace. L'arrière-grand-père de Louise, Léopold Javal, sera un modèle pour la jeune fille. Jeune homme brillant, il fait ses études à Nancy, gère les affaires de son père – une compagnie de messagerie, Caillard et Lafitte – et part s'installer à Londres. Il prend une part active à la révolution de 1830 et se bat en Algérie, où ses faits d'armes lui valent la Légion d'honneur. Entrepreneur audacieux, il fonde une société d'omnibus, crée de grands magasins et réussit des opérations financières. Passionné de politique, Léopold Javal fait carrière, débutant en tant que conseiller général de Gironde, puis devenant député de l'Yonne en 1857. Son énergie entrepreneuriale combinée avec son intérêt pour la chose publique et sa volonté d'agir pour le sort du pays marquent durablement l'imaginaire de Louise. La richesse acquise par cet aïeul – qui a transformé de petites gens en bourgeois, puis en grands bourgeois – ne lui a jamais fait oublier son devoir social. Dans ses mémoires, Louise se délecte à raconter ce parcours. C'est tout ce qu'elle aime : de l'intelligence en action, un certain pragmatisme, un humanisme empreint de réflexion sur le cours des événements, une indépendance d'esprit et, ce qui ne gâte rien, une solide fortune.

Dans cette famille, l'esprit européen imprègne depuis toujours les différentes générations. Les relations perdurent via les mariages entre les membres restés à Vienne, à Bade ou à Francfort. Les réussites y sont éclatantes : ses ancêtres fondent la première banque d'Autriche puis la Compagnie des chemins de fer de l'Est, et se font anoblir par l'empereur Guillaume II de Hohenzollern. Vision multiculturelle et goût pour une certaine notoriété figurent parmi les héritages culturels de Louise.

Toujours du côté maternel, son grand-père jouera également un rôle important dans l'éveil intellectuel de la jeune fille. Émile Javal (1839-1907) est ophtalmologiste, mais a commencé en tant qu'ingénieur de l'École des mines.

C'est en s'interrogeant sur le strabisme convergent d'une de ses filles qu'il décide de devenir médecin et de la soigner. Son sens de l'observation et son esprit rigoureux lui permettent d'inventer des instruments médicaux, utilisés encore aujourd'hui dans le monde entier et sous son nom. La petite Louise est fascinée par ses discours et par son sens pédagogique. Il n'hésite pas à la laisser expérimenter les instruments et les objets qu'il conçoit, à lui faire mémoriser leurs noms complexes (ophtalmoscope, ophtalmomètre, etc.) et à lui demander de lui lire le journal. C'est une vraie stimulation intellectuelle pour cette enfant précoce. Il réfléchit également aux moyens d'éviter la guerre et se tourne donc spontanément vers les enjeux de communication entre les hommes, réfléchissant aux lois de prévoyance sociale pour réduire les inégalités. Il deviendra un promoteur de la langue universelle qu'est l'espéranto[6]. Louise se familiarise d'ailleurs avec cette langue. C'est un moyen de garder un lien chaleureux avec cet homme inspirant. Sa grand-mère n'apprécie guère la complicité entre son mari et Louise. Elle utilise tous les moyens à sa disposition pour créer de la distance entre eux. Louise capte le dysfonctionnement relationnel dans le couple de ses grands-parents et est amenée à s'interroger sur le comportement humain au sein de sa propre famille. Son grand-père, par son exemplarité, est une figure de courage au quotidien. Atteint de cécité, il choisit de se taire pour ne pas alarmer les siens. Sensible, il perçoit la solitude et le besoin d'attention de Louise. Malgré ses propres difficultés, il s'applique à la faire rire et à l'encourager dans sa volonté d'apprentissage tous azimuts.

---

6. L'espéranto est une langue créée par l'ophtalmologiste polonais Ludwik Lezjer Zamenhof, à la fin de XIXe siècle. Son objectif est de créer une langue auxiliaire internationale simple à apprendre et à utiliser, pour faciliter la communication entre les personnes de différentes langues maternelles et cultures. Émile Javal soutiendra financièrement ce projet.

De son enfance, Louise retient que les hommes de sa famille sont pour la plupart remarquables, tous diplômés de grandes écoles, investis dans la chose publique, créatifs, ingénieux et dotés d'un goût du risque. Si les femmes, elles, incarnent toutes de fortes personnalités d'une grande intelligence, elles ne peuvent accéder à la connaissance, empêchées qu'elles sont par les hommes. Si sa mère – architecte dévouée aux trois K : *Kinder, Kirche* et *Küche* (enfants, Église et cuisine) – n'a pas songé à se rebeller, elle prendra sa revanche en agissant clandestinement pour que ses filles accèdent aux études supérieures. Louise note un manque de solidarité entre les femmes de sa famille, une absence de liens chaleureux et un isolement qui la fera souffrir. Dès l'enfance, elle cherche « des cœurs à envahir et des cerveaux à vaincre[7] ». Sa relation avec ses parents se colore d'une frustration et d'une incompréhension qui la privent de douceur et de joie. La petite fille est imaginative et curieuse, et s'adonne volontiers à la poésie. Ses parents la réprimande, jugeant ce passe-temps blâmable. Louise apprend ainsi à se dominer émotionnellement : c'est une question de survie dans ce monde de distance relationnelle. Elle concentre ses efforts au développement de sa pensée et de son esprit d'analyse, soutenue par sa professeure Marie Dugard, qui remarque l'intelligence vive et aiguisée de son élève. Louise a d'emblée une relation privilégiée avec sa mentore, fascinée par son exigence intellectuelle et sa large palette de connaissances pluridisciplinaires. Cette dernière encourage Louise à sortir d'une pensée conventionnelle, en stimulant sa liberté intellectuelle. Louise applique scrupuleusement la consigne. Après avoir analysé elle-même les œuvres d'un philosophe qu'elle étudie, elle s'oppose aux arguments de son enseignante, éclairant avec justesse certaines incohérences. « Je m'aperçus que je résistais à Melle Dugard. Nouvelle sensation et combien pure ! J'étais animée d'une vie propre. Aucun être au monde ne me dominerait. Aucune union d'aucun ordre ne me paraitrait jamais

7. BERTIN, Célia, *Louise Weiss*, Paris, Albin Michel, 1999, p. 33.

possible. Je me sentais trop forte. Puis le tragique de la situation m'apparut. Elle me condamnait à l'isolement[8]. »

Quelle phrase prophétique de la part de cette toute jeune fille qui comprend déjà que ses facultés intellectuelles, son goût de la réussite et la notoriété auront un prix : celui d'une grande solitude !

En observant l'enfance de Louise, qu'apprend-on sur le développement de nos fonctions et de nos aptitudes cognitives ? En quoi Louise nous donne-t-elle des clés pour lutter contre la radicalisation de la pensée, grâce à notre esprit critique ? Comment peut-on s'en inspirer pour garder un sens critique, sans tomber dans le complotisme ?

Les inspirations de Louise pour mobiliser notre esprit critique, développer ses aptitudes cognitives

COACHING

Dans le creuset de son enfance, Louise apprend à résister à la fois aux demandes de normalisation sociales de ses parents et à celles de ses professeurs, en développant une aptitude à se concentrer et à développer ses fonctions cognitives d'analyse.

Olivier Houdé[9] a élaboré une théorie du cerveau fondée sur la résistance cognitive à travers un processus positif d'inhibition. Ce scientifique nous apprend que le cerveau comporte

8. *Dictionnaire de biographie française*, fascicule CV, Paris, 1999, p. 548-550.

9. Olivier Houdé est instituteur de formation. Il est aujourd'hui professeur et chercheur en neurosciences et en psychologie sociale à l'université Paris-Descartes où il dirige, à la Sorbonne, le Laboratoire de la psychologie du développement et de l'éducation de l'enfant du CNRS. Cf. *Apprendre à résister, Pour l'école et contre la terreur*, Paris, Le Pommier, coll. « manifeste », 2020.

trois systèmes cognitifs interdépendants. Dans le cerveau de chaque humain, des heuristiques (opérations simplificatrices), rapides et intuitives, peuvent entrer en compétition avec un autre réseau de neurones, fondé sur des règles logiques ou des algorithmes exacts. C'est ce que l'on appelle des « conflits cognitifs », qui peuvent empêcher les apprentissages fondamentaux comme lire, écrire, penser, raisonner ou respecter autrui. Heureusement, nous sommes dotés d'un troisième système situé derrière notre front : le cortex préfrontal, un puissant inhibiteur qui bloque les biais cognitifs. C'est cette inhibition qui est la clé de l'intelligence et qu'il faut éduquer. Sur le plan neurologique, l'esprit critique suppose d'inhiber (de résister) à l'heuristique trop rapide de crédibilité, source d'adhésion aux *fake news* et aux pensées radicales, pour activer un algorithme plus lent, plus nuancé, plus logique, situé dans le cortex préfrontal. L'inhibition cognitive est un facteur de robustesse, aujourd'hui bien identifié dans le cerveau et dans la dynamique du comportement. Les chercheurs ont démontré que cette capacité à inhiber des schémas intuitifs et parfois biaisés vient d'une émotion : le regret. Le regret va, par définition, agir contre un fait négatif que l'on aurait voulu ou dû éviter (aspect inhibiteur). L'anticipation du regret peut réorienter le raisonnement et la prise de décision.

Notre cerveau est capable d'imaginer des scénarios virtuels, hypothétiques et d'anticiper les regrets par rapport à eux : éviter (inhiber) les mauvais choix. Le regret est le sentiment distinctif de ce processus.

Louise portera toujours en elle un regret, celui de ne pas être comprise par son milieu familial. Ce regret lui permet d'observer autrement son environnement, de nuancer cette émotion par le déploiement d'une stratégie de compréhension, en mobilisant ses facultés analytiques.

- *Et vous, quels sont vos plus grands regrets ?*
- *En quoi peuvent-ils vous renseigner sur vos décisions et sur vos raisonnements ?*
- *Que vous invitent-ils à anticiper pour le futur ?*

Agrégée à 21 ans et engagée durant la guerre de 1914-1918

Jeanne Weiss, dans son désir de donner une éducation poussée à son ainée, choisit d'envoyer Louise en Allemagne pour y apprendre la langue. Hébergée chez la veuve d'un fonctionnaire prussien, le séjour vire au drame parce qu'elle réussit mieux que les jeunes natives du pays. Louise est devenue une jeune fille vive, bouillonnante d'énergie, avec un féroce appétit de vivre. Elle sait capter rapidement l'attention et plait à des gens très différents grâce à une qualité d'écoute qu'elle saura, plus tard, mettre à profit. Elle a besoin d'agir et de se rendre utile, quitte à dépasser les normes de la convenance sociale. Un jour, voyant des charretiers allemands décharger du bois, elle leur propose son aide. Pour la remercier, ils lui proposent une promenade à califourchon sur les chevaux attelés. Cheveux au vent et riant aux éclats, Louise passe devant la maison de son oncle qui n'apprécie guère cette plaisanterie. Il la réprimande, mais la jeune fille ne se laisse aucunement impressionner par le charisme de son ainé. De retour à Paris, sa mère lui offre l'opportunité d'intégrer le lycée Molière qu'elle quitte trois ans plus tard « chargée de prix et de lauriers[10]. » À l'issue de son baccalauréat, qui à l'époque ne sanctionne pas la fin des études secondaires, Louise s'interroge sur la suite. Que faire ? Sa professeure Marie Dugard l'exhorte à choisir un époux. Louise, malgré tout ce qu'elle doit à cette pédagogue passionnée, finit par lui dire : « Je vous aime de tout mon cœur mais je ne transigerai plus sur ma liberté de discuter, de penser, de vivre. Comprenez-moi. Je veux vivre. Je veux réussir. Et vous m'en empêchez[11] ! » Louise, à tout juste 17 ans, choisit de tracer le plan de sa vie autour d'une valeur forte de liberté d'agir à sa guise, en assumant les conséquences

10. BERTIN, Célia, *Louise Weiss*, Paris, Albin Michel, 1999, p. 41.
11. BERTIN, Célia, *Louise Weiss*, Paris, Albin Michel, 1999, p. 42.

qui pourront en résulter. « Choisir de ne pas être choisie. C'est bien cela que je voulais. Si tel était l'enjeu, j'étais prête à des années de labeur[12]. » Louise décide finalement de tenter l'agrégation de lettres. Sa mère approuve. La discipline ne lui fait pas peur et elle travaille dix-huit heures par jour. Jeanne Weiss, qui compte beaucoup sur la réussite de sa fille, lui offre un séjour à Oxford pour améliorer son anglais. Un soir, alors que la chaleur de l'été l'engourdit un peu, Louise se laisse aller à une rêverie inopinée, regardant dans un parc un jeune faon malhabile et distrait. Elle sent une présence inhabituelle. Un homme l'a suivie et tente de l'embrasser. Elle le rejette durement mais s'interroge : « Donc, j'avais éveillé le désir, à ma connaissance pour la première fois[13] ! » Cette jeune femme solitaire est préoccupée par l'indifférence des hommes à son égard. Ce premier regard d'un homme rempli de désir pour elle lui révèle ce besoin d'être remarquée et aimée. En juillet 1914, dans une salle du lycée Montaigne, à bout de forces, Louise attend les résultats de son concours. Onze noms sur la liste des agrégés, dont le sien. Elle ne réagit pas. À la maison, sa mère la félicite et son père ne cherche pas à connaitre le résultat. Quelques jours plus tard, Louise ose enfin lui annoncer la nouvelle. Il se tourne vers sa femme et lui lance : « J'aurai préféré que ton fils sortit premier de Polytechnique[14]. » Son succès est exceptionnel : elle est, à 21 ans, la plus jeune agrégée de France ! Elle ne se formalise pas du peu d'échos et d'encouragements qu'elle reçoit de ses proches. Elle vient d'être nommée à Châtellerault, avec un traitement qu'elle juge dérisoire. Louise, prompte à la décision, souhaite montrer sa force de caractère et démissionne le jour même ; la joie au cœur. « Cette joie, je devais par la suite la retrouver chaque fois que le courage ne m'avait pas fait défaut de m'éloigner

---

12. BERTIN, Célia, *Louise Weiss*, Paris, Albin Michel, 1999, p. 42.
13. ROUDINESCO, Élisabeth, *Généalogies*, Paris, Fayard, 1994, p. 19.
14. BERTIN, Célia, *Louise Weiss*, Paris, Albin Michel, 1999, p. 57.

des êtres ou des situations incompatibles avec ma nature[15]. » Cette première décision dans sa jeune vie nous donne des indications sur ce qui la guide : une certaine franchise, une lucidité et une audace incontestables. Passée cette allégresse, Louise entre de plain-pied dans la réalité de la guerre, qu'elle haït malgré les sentiments patriotiques exaltés au sein de sa famille. « Toute ma jeune vie avait été dédiée au culte de la connaissance, à la religion de L 'Humanité, à l'adoration du clair jugement. Voici que devant la stupidité et l'imprévu de l'événement, ma raison sans expérience sombrait, submergée[16]. » L'action lui est nécessaire pour conjurer son sentiment d'impuissance. En Bretagne, elle décide de soutenir son oncle Eugène dans les soins apportés aux jeunes soldats blessés au front. Ses capacités d'organisatrice apparaissent. Elle n'a pas la tête dans les nuages : elle orchestre les ravitaillements en pansements, gère la logistique et prend le temps d'aller nager tous les jours. Les blessés affluent et Louise négocie avec une voisine la possibilité d'utiliser sa maison comme hôpital. La voici qui pilote la transformation de la maison, négocie avec les médecins chefs sur le type de blessés pouvant être accueillis, est hantée par le nombre de planches nécessaires pour ranger, accrocher, poser des casseroles, des assiettes, de la nourriture. La création *ex nihilo* de cet hôpital lui parait simple alors que la masse de détails à régler et l'impressionnante logistique pourraient en effrayer plus d'un. Les représentants de l'État souhaitent placer l'hôpital de Louise sous leur tutelle. Le caractère et le besoin d'indépendance de la jeune femme lui valent quelques frictions avec les autorités, qui veulent expulser « ses » blessés pour les remplacer par d'autres. L'œuvre de Louise se révèle totalement atypique, car menée indépendamment des pouvoirs publics. La jeune femme, qui peut parfois paraitre imbue de sa personne et de ses qualités intellectuelles,

15. BERTIN, Célia, *Louise Weiss*, Paris, Albin Michel, 1999, p. 58.
16. BERTIN, Célia, *Louise Weiss*, Paris, Albin Michel, 1999, p. 60.

banalise un acte exceptionnel au regard de son inexpérience et de son jeune âge. Louise est motivée par son besoin d'action et celui de servir son pays. Réactive et entreprenante quand les autorités se montrent désemparées et atones, elle sait mobiliser énergie et créativité au service d'un acte créateur et pragmatique. Cela l'aide, mais ne met pas la tristesse à distance : au fil des mois, le nombre de ses amis morts au combat ne cesse de croitre. Soigner les corps, comme compter le linge sale, lui fait horreur. Ce qu'elle veut, c'est comprendre la guerre et aider à la victoire « autrement qu'en garde-malade et en gestionnaire de clinique[17] ». Elle souhaite apporter sa contribution pour analyser les raisons de la guerre, en quoi elle affecte durablement les hommes, quels leviers mettre en place dans les consciences pour éviter de la considérer comme inévitable. Son pacifisme la conduit à vouloir exprimer idées et opinions pour influencer. Il lui faut une tribune pour transmettre et informer sur le monde. Elle sera donc journaliste.

En observant les questionnements et les décisions de la jeune Louise, comment choisir une voie en accord avec soi ?
Est-ce possible et à quelles conditions ?
Quel est le vœu créateur de Louise
et peut-on s'en inspirer pour trouver le sien ?

17. Bertin, Célia, *Louise Weiss*, Paris, Albin Michel, 1999, p. 66.

Les inspirations de Louise pour trouver son vœu créateur et choisir une voie en accord avec soi

COACHING

En observant la façon dont Louise cherche sa voie et sa place dans ce monde tourmenté, il est intéressant de noter que l'expérience physique et émotionnelle qu'elle a, jeune, de la guerre lui fait prendre conscience de son impuissance, des éléments qui la dépassent, de ses propres limites (l'immersion corporelle et émotionnelle dans le soin des soldats blessés ne lui convient pas). Cela aboutit à un choix : devenir un témoin des événements mondiaux et les rendre compréhensibles et accessibles pour transformer les consciences. Elle accepte de se laisser désorienter, de s'extraire d'un monde clos et limité (celui de son milieu bourgeois) pour expérimenter un monde ouvert, hors du fini. Elle choisit de larguer les amarres du confortable et de naviguer entre un désir de servir une cause (éradiquer la guerre) et un besoin de reconnaissance et de notoriété, une façon de cultiver sa différence.

- *En s'inspirant de Louise, quelles sont les expériences où vous avez pu appréhender vos limites, voire votre impuissance ?*
- *En quoi ont-elles été apprenantes ?*
- *En quoi vous ont-elles transformé(e) ?*
- *Et quels sont les choix (de vie) qui ont émergés postérieurement à ces expériences ?*

Louise est une personne créative. Même sans expérience, elle participe (au moins localement) à une amélioration des conditions de vie humaines et à un soutien empathique et concret par sa façon d'agir, d'être et de s'exposer. Placée par hasard face à une bureaucratie inerte et rigide, elle use d'ingéniosité et d'audace pour améliorer la situation des soldats blessés. La créatrice qui est en elle ne tient pas à gaspiller son temps et sa vie à quelque chose d'inutile et de dénué de sens. Elle formule son vœu créateur : informer pour éveiller les consciences.

- *Et vous, quel est votre vœu créateur ?*
- *Pouvez-vous l'écrire en quelques lignes ?*

Cofondatrice de *L'Europe nouvelle* : succès professionnels, désastre intime

En décembre 1914, Louise se rend avec son père à Bordeaux, où il est chargé par le gouvernement français de l'approvisionnement du pays en charbon. Un jour, il croise un de ses camarades de promotion, devenu sénateur des Basses-Alpes, et se plaint de l'incompétence du gouvernement. Celui-ci lui propose d'écrire dans le journal dont il est propriétaire, *Le Radical*[18]. Paul Weiss sursaute d'horreur, mais Louise saisit l'opportunité et lui souffle : « Je te rédige ces articles sous un nom d'emprunt, dans le plus grand secret[19]. »

Louise se lance dans ce nouveau défi avec énergie et enthousiasme. Très vite, les articles qu'elle signe sous un nom d'emprunt – « Louis Lefranc » – connaissent un véritable succès. Les sujets de récriminations de son père s'épuisant, Louise poursuit la collaboration sur ceux de son choix. Elle apprend à faire bon usage des mots et sait, avec subtilité, échapper à la censure et aux suppressions de journaux non conformes à l'attente du gouvernement. Louise suit avec passion la presse et les événements. « Le journalisme m'enivrait[20]. » Elle est de plus en plus déterminée à suivre le chemin qui s'ouvre devant elle. Faisant preuve de proactivité, elle souhaite aider sa tante

18. *Le Radical* est un quotidien politique et littéraire français, créé en 1881 par le journaliste et homme politique radical-socialiste Henry Maret. Il disparaît en 1931.

19. BERTIN, Célia, *Louise Weiss*, Paris, Albin Michel, 1999, p. 74.

20. BERTIN, Célia, *Louise Weiss*, Paris, Albin Michel, 1999, p. 74.

Marguerite Javal, créatrice d'une structure associative de soutien aux soldats prisonniers des Allemands en envoyant des colis sur le front. Louise propose à sa tante de lui concevoir un service de presse pour développer sa notoriété et attirer des investisseurs potentiels et lui permettre, ainsi, de renflouer sa trésorerie. Elle glisse des questionnaires dans ses colis, invitant les prisonniers à lui répondre. Au fil des envois, Louise se constitue un dossier de témoignages et d'informations sur les conditions de détention des prisonniers français. Son sens de l'écoute et sa vision stratégique lui imposent de transmettre ces informations à un médiéviste, membre du Collège de France, qui dirige une série de publications sur les atrocités allemandes durant cette Première Guerre mondiale. Face au sérieux de son dossier, il invite la jeune fille, alors seulement âgée de 21 ans, à écrire une série d'articles sous sa véritable identité. On voit déjà poindre la grande professionnelle dans sa méthode journalistique. Louise s'adresse aux personnes les plus compétentes, les plus éminentes dans leur spécialité, pour vérifier la crédibilité des sources et la véracité des informations. Elle agit déjà comme la future grande reporter qu'elle deviendra. Justin Perchot, propriétaire du journal *Le Radical*, sollicite Louise pour devenir sa secrétaire pour un salaire de 500 francs par mois. Les Weiss ont du mal à accepter cette nouvelle preuve de maturité et d'indépendance de leur fille. Ses parents s'évertuent, encore, à la considérer comme une adolescente écervelée et anticonformiste, alors qu'elle déploie une vision du monde et cherche à se construire une carrière de journaliste politique pour défendre ses idées de paix. Ce poste de secrétaire ne lui convient pas. Elle veut travailler sur le terrain, participer à l'élaboration de prises de décision et les influencer. Elle a conscience de ses capacités, de son talent et analyse lucidement la situation. *Le Radical* ne lui offrira jamais cette tribune. Elle sait qu'il lui faudra du temps pour trouver ce qu'elle cherche, mais son projet est clair : fonder son propre journal. Un jour d'août 1916, au cours d'un déjeuner professionnel, Louise se trouve assise en bout de table, à côté d'un jeune lieutenant tchèque, Milan Štefánik. Elle est frappée par la précision avec laquelle il manie ses couverts d'argent et la finesse de ses mains. Avec sa curiosité habituelle, son art du questionnement et sa connaissance de l'histoire européenne, elle l'invite à raconter sa vie et se trouve « transportée de passion[21] ». Milan Štefánik est fils de pasteur, avec, pour seul héritage, une solide formation pluridisciplinaire en philosophie, astronomie et mathématiques. C'est, en outre, un jeune militant de la cause tchécoslovaque, souffrant de l'oppression hongroise et souhaitant voir se créer un état autonome[22]. Il arrive à Paris sans argent, travaille comme astronome au laboratoire de Meudon et obtient en 1912 la nationalité française. Par son besoin vital d'intensité, Louise trouve, en ce jeune homme et son combat, un écho salvateur : elle découvre une cause qu'elle peut embrasser, déjà amoureuse de cet homme atypique, passionné et audacieux. Cette relation se fonde sur une communion intellectuelle, dans un ascétisme charnel. Louise l'écoute raconter l'empire sclérosé des Habsbourg, les espoirs des Slaves et, selon lui, l'effondrement prochain des tsars de Russie. Elle ne se lasse ni de sa connaissance politique, géographique et culturelle, ni de sa voix lui décrivant « comment les télécommunications allaient encombrer la terre[23] ». Hélas, Milan s'absente souvent. « Nos rapports amoureux restent toujours maladroitement définis[24]. » Pour cette jeune femme, cherchant depuis longtemps à vibrer émotionnellement et corporellement sous le feu d'une passion, cette étrange relation amoureuse désincarnée et à distance la contraint à « accentuer le caractère masculin de l'esprit dont la nature [l]'avait dotée[25] ». Cependant, soutenue par l'énergie incommensurable de

21. BERTIN, Célia, *Louise Weiss*, Paris, Albin Michel, 1999, p. 86.
22. Milan Štefánik est un ami proche et un soutien de Tomáš Masaryk, un intellectuel tchèque qui milite en faveur de l'indépendance de la Tchécoslovaquie.
23. BERTIN, Célia, *Louise Weiss*, Paris, Albin Michel, 1999, p. 87.
24. BERTIN, Célia, *Louise Weiss*, Paris, Albin Michel, 1999, p. 87.
25. BERTIN, Célia, *Louise Weiss*, Paris, Albin Michel, 1999, p. 89.

Milan et sa capacité à suivre son rêve, Louise franchit un cap et démissionne du *Radical* pour travailler avec Hyacinthe Philouze, personnage douteux et sulfureux, mais doté de fonds pour créer un journal. Louise n'est pas dupe de son partenaire. Elle négocie habilement un accord qui satisfait les deux parties : lui cherche à faire fructifier un investissement et elle, a besoin de développer ses compétences journalistiques. Il lui apprend à « s'introduire de force dans les cercles où naissaient les événements[26] », et lui enseigne l'art de rédiger un article de la longueur précise des machines à imprimer. Elle ne perd pas de vue le principal objectif de cette collaboration : créer un hebdomadaire d'information internationale qu'elle souhaite appeler *L'Europe nouvelle*. Le premier numéro parait le 12 janvier 1918, dans un format de cinquante-six pages imprimées sur deux colonnes, rappelant celui des journaux anglais. Le contenu fait sensation par sa liberté de ton, la profondeur de ses analyses et la place accordée à la politique étrangère. Le sommaire figure à la une, avec le nom des auteurs et des collaborateurs, ce qui est une garantie de la qualité des réflexions et des débats. *L'Europe nouvelle* se veut « la plus grande revue politique française et internationale » et « la plus vivante et la plus précise histoire de l'après-guerre ». Louise publie des documents diplomatiques, plaide pour la prise en compte des questions économiques, l'établissement de nouvelles relations avec l'Allemagne et la libération des peuples opprimés[27]. Sous sa plume, *L'Europe nouvelle* milite pour une organisation internationale puissante, capable d'imposer la paix en s'appuyant sur une solide alliance entre la France et l'Angleterre[28]. « Nous annoncions, écrit Louise, notre désir d'accueillir les penseurs et les artistes de la génération du feu[29]. » Ce souhait est

26. Bertin, Célia, *Louise Weiss*, Paris, Albin Michel, 1999, p. 89.
27. Tract publicitaire d'abonnement à *L'Europe nouvelle*, 1919.
28. Reytier, Marie-Emmanuelle, « La politique allemande de la France et de la Grande-Bretagne dans *L'Europe nouvelle*, 1918-1924 », *Synergies Royaume-Uni et Irlande*, n° 4, 2011, p. 35-49.
29. Bertin, Célia, *Louise Weiss*, Paris, Albin Michel, 1999, p. 90.

entendu car, très vite, les artistes et les écrivains comme Pablo Picasso, Jean Cocteau, Guillaume Apollinaire et Maurice Genevoix se précipitent dans les locaux de *L'Europe nouvelle*. Les choix journalistiques de Louise soulignent son audace. Elle donne également libre accès à ses colonnes à Louis Marin, député qui rédige des articles sur les erreurs de l'administration française pendant la période critique d'avant-guerre.

En observant le succès professionnel de Louise et sa capacité à créer un journal d'envergure international avec un partenaire complexe, que nous donne-t-elle comme principes pour savoir garder l'essentiel tout en développant des accords gagnants/gagnants ? Comment arrive-t-elle à obtenir une marge de manœuvre suffisante et à décider de ses choix éditoriaux ?

Les inspirations de Louise pour savoir négocier, trouver des accords gagnants/gagnants et bénéficier d'une réelle marge de manœuvre

COACHING

Louise, dans un premier temps, cherche à s'accorder avec son interlocuteur. À la manière d'un caméléon, elle se met au diapason de Philouze en imitant ses gestes et ses attitudes : simple, mais efficace ! Puis, elle reformule ses attentes, quasiment mot par mot, et exprime les siennes en veillant à utiliser son vocabulaire. Enfin, elle n'hésite pas, notamment sur le contenu de son journal, à exprimer d'un ton affirmé ce qu'elle veut afin de diminuer les exigences possibles de son interlocuteur. Une récente étude du psychologue Roderick Swaab[30] a mis en évidence, un moment critique d'une séance

30. Fischer-Lokou, Jacques et Larrieu, Peggy (sous la dir.), *La Médiation efficace*, Paris, L'Harmattan, 2013, p. 130.

de négociation de soixante minutes. Il s'agit, pour un candidat à l'embauche, de se faire recruter à un poste en tâchant d'obtenir les meilleures conditions, tout en faisant le minimum de concessions. Un des interlocuteurs avait pour instruction d'imiter les gestes et les mots de son vis-à-vis, au cours des dix premières minutes de l'entretien ou des dix dernières, pour identifier la période la plus propice pour cette « technique de caméléon ». Les résultats sont incontestables : l'imitation est plus efficace en début de négociation, alors qu'elle perd de son intérêt au bout de cinquante minutes, car si votre interlocuteur s'est forgé une opinion favorable ou défavorable, celle-ci ne changera plus !

En complément, Louise utilise un registre émotionnel différent, alternant des phases d'insatisfaction : par exemple, la première de couverture de *L'Europe nouvelle* qu'elle n'apprécie pas, et des phases de contentement : par exemple, la liberté dont elle bénéficie pour le contenu de ses articles ou le choix des personnalités littéraires et politiques dont elle réalise des portraits. En d'autres termes, savoir se rendre imprévisible et inconstant améliorerait le résultat de la négociation car, face à l'imprévisibilité, la partie prenante a tendance à accepter les concessions plus rapidement : ses capacités de prédiction et d'anticipation sont perturbées. La partie prenante se sent en position d'infériorité et peut s'estimer heureuse de s'en sortir à si bon compte. Elle réduit ainsi ses exigences.

En résumé, pour savoir négocier avec son employeur/partenaire, en vous inspirant de Louise et des études en sciences sociales, voici quelques principes utiles :

- se concentrer sur les intérêts en jeu et non sur les positions ;
- savoir adopter la technique du caméléon ;
- savoir se rendre imprévisible, alternant insatisfaction et contentement ;
- manier le contact physique et les comportements mimétiques pour améliorer le résultat de la négociation.

Ce 11 novembre 1918 à 11 heures, l'armistice entre en vigueur. Le cœur de Louise est confus : pris entre la joie de cette paix tant attendue et l'attente de Milan, resté en Sibérie. « J'étais seule, je ne pensais comme personne[31]. » Toujours cette solitude poisseuse, pour cette amoureuse délaissée ! Milan rentre enfin, après avoir appris, à Tokyo, sa nomination de ministre de la Guerre du premier gouvernement de la République tchécoslovaque.

Sur le plan personnel, ce retour est « infiniment douloureux[32] » : elle apprend qu'il s'est fiancé à une aristocrate italienne. Le dialogue qu'elle tente de maintenir lui brise son cœur. « Je te dois beaucoup, lui confie-t-il, mais je ne serai jamais ton maitre. Je n'ai jamais rien eu à t'apprendre. Tu te conduis comme un vieil homme d'État, si bien que l'innocence physique n'a chez toi, aucune valeur[33]. » Un lourd silence clôt leur échange. Milan part rejoindre sa fiancée restée à Rome. À l'atterrissage, son avion s'écrase et il meurt. C'est une tragédie personnelle pour Louise, ployée de culpabilité, s'imaginant lui avoir jeté un maléfice, car la dernière parole échangée fut : « Vous n'épouserez jamais cette femme[34] ! » Louise analyse pourtant lucidement les freins à cet amour : une jalousie naissante face à sa trempe intellectuelle, l'impossibilité de reconnaitre ses talents combinée avec un besoin de surpasser autrui et d'être inégalé en tout, et une volonté de la soumettre à ses règles. Louise décortique la nature de leur relation et s'aperçoit qu'il ne lui a rien épargné. Il lui aura décrit le cadeau qu'il compte faire à son Italienne, alors qu'elle n'en a jamais reçu de sa part, aura souhaité qu'elle reste « sa meilleure amie, tant elle lui est indispensable[35] », et lui aura demandé d'aider sa rivale. Louise a compris le caractère masochiste de leur relation,

31. Bertin, Célia, *Louise Weiss*, Paris, Albin Michel, 1999, p. 93.
32. Bertin, Célia, *Louise Weiss*, Paris, Albin Michel, 1999, p. 93.
33. Bertin, Célia, *Louise Weiss*, Paris, Albin Michel, 1999, p. 97.
34. Bertin, Célia, *Louise Weiss*, Paris, Albin Michel, 1999, p. 99.
35. Bertin, Célia, *Louise Weiss*, Paris, Albin Michel, 1999, p. 99.

dont elle parle dans ses mémoires[36]. Sa perte ne lui en laisse pas moins un immense chagrin. Cet homme, qu'elle a magnifié, lui a offert ce dont elle avait le plus besoin : une parenthèse dans ce désert solitaire !

De façon plus intime, que nous apprend Louise sur la façon de gérer nos ruptures sentimentales ?

Les inspirations de Louise pour tirer parti d'un désastre intime

COACHING

Louise étouffe de chagrin lors de sa rupture avec Milan et, pourtant, analyse avec justesse la mécanique relationnelle destructrice dans laquelle elle s'était enfermée. La rupture interroge Louise sur ce qu'elle est et la remet en cause. Est-ce, au fond, une vérité intérieure qui émerge lorsqu'elle prend conscience de ce qui la détache de Milan : la posture « d'un vieil homme d'État », « un esprit constamment en réflexion » ?

Comme le souligne la philosophe Claire Marin : « Cette expérience tragique a intimement ébranlé le sentiment du soi, a dévié les polarités de l'existence, remodelé les affects. La fêlure, le doute sur soi existaient déjà et cette altérité s'y est engouffrée appelée par la faille. C'est dans cette perspective que l'on évoque souvent l'idée que la rupture amoureuse nous révèle à nous-mêmes[37]. »

– *Si l'on part de ce postulat, vous concernant, quelles vérités ont émergées d'un désastre intime ?*

36. Cf. Weiss, Louise, *Mémoires d'une Européenne*, t. I, *Une petite fille du siècle (1893-1919)*, Paris, Payot, 1968.

37. Marin, Claire, Rupture(s), Paris, Éditions de l'Observatoire, coll. « La Relève », 2019, p. 31.

« La rupture, poursuit Claire Marin, peut apparaitre comme la possibilité d'une vie neuve[38]. »

Louise s'interroge sur ses leviers pour entamer une vie « neuve ». Son appétit de vivre prend le dessus. Avec cette blessure intime, elle reconnait ses limites qu'elle va chercher à repousser : elle souhaite aller en Europe centrale et à Moscou pour acquérir des connaissances nouvelles qui lui donneront autorité et, ainsi, imposer ses vues.

– *Si vous avez connu ce type d'expérience, en quoi votre vie d'après peut-elle contenir des axes de renouveau ?*

Grand reporter au cœur d'une Europe en lambeaux

Louise a besoin d'air. C'est le bon moment pour réaliser un long voyage en Europe. Elle cherche à être accréditée par un journal et rencontre le puissant rédacteur en chef du *Petit Parisien*[39], Élie-Joseph Bois, dont le quotidien tire à plus d'un million d'exemplaires. « Il incarnait le mâle tel que les miens le haïssaient : libre, sensuel, endetté et fastueux[40]. » Lorsqu'elle lui fait part de sa volonté de se rendre en qualité de grand reporter dans les pays d'Europe centrale et à Moscou, il s'étrangle de surprise : « Une correspondante en jupons dans un pays où l'on se bat[41] ?! » Elle lui rétorque qu'elle a du talent, mais il demeure inflexible, cependant impressionné par l'aplomb de la jeune femme.

38. Marin, Claire, Rupture(s), Paris, Éditions de l'Observatoire, coll. « La Relève », 2019, p. 31.

39. *Le Petit Parisien* est fondé par Élie-Joseph Bois le 15 octobre 1876, et disparaît le 21 juillet 1944. C'est un des journaux de l'époque les plus populaires et les plus influents de France. Il offre une source d'information variée (actualité française et internationale, politique, culture) à bon marché et avec une large diffusion.

40. Weiss, Louise, *Mémoires d'une Européenne*, t. I, *Une petite fille du siècle (1893-1919)*, Paris, Payot, 1968.

41. Bertin, Célia, *Louise Weiss*, Paris, Albin Michel, 1999, p. 107.

Elle se tourne alors vers son oncle qui la met en relation avec le directeur du journal financier *L'Information*. Elle obtient un contrat pour la production de deux articles par semaine. Outre son envie de découvrir les États qui viennent de naitre du redécoupage de l'Europe centrale, le départ, le voyage et le grand reportage représentent pour elle un espace de liberté, d'autonomie et d'émancipation. Ses relations avec le sponsor de *L'Europe nouvelle*, Hyacinthe Philouze, se détériorent. Leurs analyses sur la situation après-guerre divergent, Louise croyant à des solutions pacifistes pour réguler le désordre des nations, Philouze cherchant, lui, à profiter du chaos pour bénéficier de subsides, quitte à renoncer à certains principes. Comment Louise aborde-t-elle cette nouvelle étape professionnelle en qualité de grand reporter ? Qu'est-ce qu'être « grand reporter » et quelle est cette écriture de « grand reportage » ?

Louise assume son ambition et vise le monde extrêmement restreint des femmes grand reporter, combinant la rigueur du reportage avec la finesse du style littéraire. À la mi-août 1919, la jeune femme prend le train pour Prague. Elle sait le type d'informations qu'elle est venue chercher. Elle veut interroger le peuple aussi bien que les dirigeants. Ces nouveaux pays ont-ils conscience du rôle qu'ils ont à jouer dans cette Europe malmenée et en ruines ? Les débuts sont difficiles, notamment le recueil d'informations sur la situation politique, économique et sociale de la Tchécoslovaquie, qui vient tout juste de naitre et qui présente déjà des signes de fractures. Ses interlocuteurs rechignent à l'écouter et à répondre à ses questions. Elle est aidée par son réseau d'amitiés avec des personnes de pouvoir et d'influence qu'elle a su créer. Sa proximité avec le « héros », Milan Štefánik, et l'engagement pris à ses côtés pour la création de la Tchécoslovaquie lui valent, lors de sa visite à l'Assemblée, d'être ovationnée par les députés. Le président nouvellement élu, Tomáš Masaryk – que les Weiss avaient accueilli lors de son passage à Paris en

1916 –, la reçoit dans sa maison de campagne. Il est resté le même. Son intelligence et son intégrité transparaissent et donnent immédiatement confiance. Au cours de ses déplacements, qu'elle qualifie de « trimbalage affreux[42] », Louise doit aussi mobiliser ses ressources d'adaptation. Les logements sont variés ; les rencontres également. Et ce n'est pas sans risque : elle manque de se faire agresser par le cocher de sa logeuse et dort dans des trains bruyants et inconfortables en direction de la Slovaquie, où elle se fait aider par le chef de la mission militaire française auprès du gouvernement slovaque. Il lui transmet des lettres de recommandations qui lui ouvrent les portes. Élie-Joseph Bois, rédacteur en chef du *Petit Parisien,* finit par s'intéresser à ce qu'elle publie et accepte de financer la suite de son voyage. Direction Bratislava, puis Vienne, où la ville entière l'effraie. Elle découvre un peuple à l'agonie et des enfants mourant de faim. En 1921, Louise met son projet de visite de Moscou à exécution. Elle est l'une des rares journalistes à effectuer le voyage et à vivre au cœur de ce laboratoire du communisme. Si elle ne parvient pas à être reçue par Lénine en personne, elle obtient plusieurs entretiens avec Trotski. Louise arrive à créer un lien de confiance avec cet homme qui la fascine. Il évoque avec elle ses jours d'exil en Occident et lui parle de lui. Est-elle tentée, comme bon nombre de jeunes intellectuels de sa génération, par « cette grande lueur de l'Est[43] » ? Pense-t-elle que la révolution et l'abolition du capitalisme – dont les bolchéviques affirment qu'elle est la seule voie pour établir la paix – peuvent apporter la solution ?

42. WINKLER, Evelyne, *Louise Weiss. Une journaliste-voyageuse, au cœur de la construction européenne,* Paris, L'Harmattan, coll. « Biographies. Série XXe siècle », 2017, p. 70.

43. Cf. BARIÉTY, Jacques, « D'une guerre à l'autre : Louise Weiss à la recherche de la paix (1918-1939) », in MICHEL, Alain-René et VANDENBUSSCHE, Robert, *L'idée de paix en France et ses représentations au XXe siècle,* Lille, Institut de recherches historiques du Septentrion, 2001, p. 95-106.

Louise, dans ses reportages[44], semble touchée par un certain idéalisme incarné par Trotsky et, en même temps, perçoit durant son séjour les abus et les menaces de ce régime dirigé par des tyrans. Elle a vu « le manque de liberté, l'atroce misère[45] ».

Deux fois par semaine, *L'Information* publie ses reportages, remarquables par la précision de ses sources, la rigueur de ses analyses et un style journalistique relevé et alerte. Louise, en qualité de reporter débutante, opte pour une méthode spécifique : afin de laisser le lecteur libre de juger, elle commence par contextualiser son propos, en apportant des informations factuelles sur la géopolitique et la géographie de l'État qu'elle découvre. Ses sources sont citées dans une rubrique complémentaire à son article, intitulée « Sources et documents[46] ». Elle légitime sa posture de témoin privilégié en expliquant au lecteur ses motivations et sa manière d'envisager sa mission d'information. Elle l'associe à sa pratique professionnelle, en l'incluant dans l'aventure. « Je suis chargée, écrit-elle, par le plus grand journal de mon pays, d'étudier quels remèdes peuvent être apportés aux désastres causés par la famine. Je veux, en toute loyauté et humainement, comprendre la situation sans la juger[47]. » Elle insiste sur la loyauté inhérente à sa mission d'investigation et d'information et explique au lecteur d'où viennent ses sources. Elle use d'une technique narrative pour « embarquer » le lecteur dans ses découvertes. Par exemple, elle raconte comment, lors d'un séjour en Allemagne, logée par un de ses cousins, elle découvre des documents

---

44. Cf. WEISS, Louise, « Cinq semaines à Moscou », *Le Petit Parisien*, nov. 1921.

45. BERTIN, Célia, *Louise Weiss*, Paris, Albin Michel, 1999, p. 151.

46. *L'Europe nouvelle* datée du 2 juillet 1921 – Rubrique « Sources et Documents » – Les essentiels du livre vert italien sur les négociations directes entre le Gouvernement Italien et le Gouvernement Serbo-Croate-Slovène pour la paix adriatique.

47. WEISS, Louise, « La famine en Russie », *L'Europe nouvelle*, n° 33, 13 août 1921.

historiques inédits en se rendant dans la loge de la gouvernante. Elle tombe sur cinq lettres d'amour de Napoléon Ier à Joséphine de Beauharnais, quasi indéchiffrables, qu'elle prend le temps d'approfondir, pour le bonheur de son lecteur. Louise, avec son regard aiguisé et son sens de l'observation, excelle dans l'art de croquer des portraits qui, sous sa plume, deviennent pittoresques et passionnants. Lors de son séjour en Tchécoslovaquie chez le tout nouveau président Tomáš Mazaryk, son regard sur les filles de ce dernier est sans concession. « Elles se croyaient libres, elles n'étaient que captives : de leur père d'abord, de leur monde puritain ensuite. Je connaissais le problème. J'étais une déclassée supérieure. Mais au moins avais-je réussi à briser mes chaines immatérielles et à m'engager dans une voie dont j'étais décidée à franchir les obstacles[48]. » Elle conseille à ces jeunes filles d'opter pour un voyage incognito, seule façon de se découvrir soi-même et découvrir ses aspirations profondes. La jeune journaliste est également attentive aux anonymes. Elle sait s'arrêter face à cette femme hagarde, dans les rues de Moscou, qui dépose son nourrisson devant une porte cochère. « Mon enquête sur la faim ? Elle était faite[49]. » Si l'acuité de son intelligence, alliée à sa profonde connaissance de l'histoire, lui permet d'analyser avec finesse et lucidité cette Europe au lendemain de la Première Guerre mondiale, ce sont ses voyages, ses rencontres avec le peuple comme avec les puissants, son travail de terrain, son regard et sa sensibilité qui nourrissent sa réflexion et apportent une singularité dans ses reportages. Elle acquiert, grâce à ces voyages, que nous pouvons qualifier d'« initiatiques », une visibilité, une reconnaissance et une légitimité incontestables. Le journalisme d'idées fait place, avec l'apport de

---

48. WINKLER, Evelyne, *Louise Weiss. Une journaliste-voyageuse, au cœur de la construction européenne*, Paris, L'Harmattan, coll. « Biographies. Série XXe siècle », 2017, p. 60.

49. WEISS, Louise, *Mémoires d'une Européenne*, t. I, *Une petite fille du siècle (1893-1919)*, Paris, Payot, 1968.

Louise, au journalisme de faits, dans une démarche codifiée, résolument nouvelle.

Comment, grâce à ces voyages initiatiques,
développe-t-elle sa légitimité professionnelle
en tant que journaliste ?
Que nous donne-t-elle comme clés pour rendre
ses récits/ses communications percutantes,
voire passionnantes ?

Les inspirations de Louise pour rendre ses récits et ses communications passionnants

COACHING

Louise conceptualise, au travers de ses reportages et de ses articles, notamment dans *L'Europe nouvelle* et dans *Le Petit Parisien*, la notion de journalisme narratif, dont l'enjeu peut se résumer ainsi : passionner le lecteur tout en gardant hauteur de vue et le respect des faits.

Elle nous propose la démarche suivante : Respecter ces trois étapes VOIR/SAVOIR/ STRUCTURER pour construire un argumentaire et une communication percutants.

- Voir : au cours des échanges et des entretiens qu'elle obtient avec une grande variété de personnes et de situations, Louise convoque, dans cette observation pluridimensionnelle (à l'échelle de l'individu, du pays, de l'organisation), autant l'affectivité (les émotions) que des capacités d'action. À titre d'exemple, lorsqu'elle suit un homme rencontré dans les rues de Vienne, puis elle fait la connaissance de sa famille pour pouvoir décrire leurs conditions de vie, elle joue avec les deux registres : sa capacité d'empathie autant que sa puissance d'analyse. Elle propose de s'ouvrir aux mystères de l'altérité qu'offre l'imprévisible pour aiguiser sa compréhension d'un sujet. Elle accepte de rencontrer cette altérité, en fine analyste des comportements humains qu'elle est depuis l'enfance, et de se laisser transformer par elle. La mise en récit du voyage en témoigne.

- *Et vous, vous rappelez-vous une situation où vous avez été à la fois sensible à un aspect émotionnel, puis avez analysé froidement la situation ?*
- *Qu'avez-vous à dire de ce qui a émergé ?*
- *Comment l'avez-vous vécu ?*

• Savoir : Louise, depuis ses débuts dans le journalisme, a recours aux experts pour vérifier ses sources. Elle prend du temps pour réaliser un long travail d'enquête, et obtient par ses réseaux des informations qu'elle analyse, trie et regroupe en faits précis.

• Structurer son récit en quatre étapes : Louise nous donne quelques clés qui lui ont valu un succès éditorial et journalistique, à savoir :

- choisir un protagoniste central ou une unité thématique (cela peut être un individu, un groupe, une organisation) ;
- décrire une action qui comprend un début, un nœud (conflit, défi, obstacle que le protagoniste central doit relever) et un dénouement ;
- écrire des récits hybrides comportant des faits, des chiffres et des données dans un style littéraire ; Sur ce dernier point, n'hésitez pas à :
- utiliser des métaphores. Louise parle de « vermisseau apolitique », en désignant un employé, ou de « la meute », en parlant des réformateurs sociaux qui ont conquis le Kremlin[50].

Cette période lui a également permis de développer une compréhension d'elle et du monde.

50. Cf. Weiss, Louise, *Mémoires d'une Européenne*, t. I, *Une petite fille du siècle (1893-1919)*, Paris, Payot, 1968.

Entre 1919 et 1921, grâce à son expérience du voyage et les nombreux articles publiés, Louise est devenue une journaliste de réputation internationale et une experte reconnue. Ces voyages l'ont aussi profondément transformée. Outre l'aventure physique, Louise a été confrontée aux préjugés de l'époque et à ses propres représentations ; elle en a pris conscience pour prendre position et témoigner. Il est probable qu'en observant les conditions des femmes dans les différents pays européens, notamment en Russie, elle modifie son regard sur elle-même, pour parvenir à la conscience d'un monde commun : le voyage comme capacité à se représenter soi-même et les autres comme des exemples d'une seule humanité. Elle en retire une compréhension d'elle-même, du sens de ses combats, et l'art de se mettre à la bonne distance : rester ce témoin éveillé, stimulant les consciences. À son retour, elle oriente son action vers la promotion de la paix et l'éducation des dirigeants.

- *Demandez-vous : en quoi le voyage est-il un accélérateur de compréhension de soi et du monde ?*

Le voyage contient-t-il, comme l'écrit Montaigne, ce qui nous apprend à « frotter et limer notre cervelle contre celle d'autrui » ?

- *Pour vous, un voyage, une expérience ont-t-ils étés émancipateurs de quelque chose dans votre vie ?*
- *De quoi ?*

Influencer pour la paix : de la Société des Nations à la renonciation

À son retour, Louise a 27 ans et sa préoccupation majeure est de devenir rédactrice en chef de *L'Europe nouvelle*. Laissé entre les mains de Hyacinthe Philouze, dont elle connait la vénalité, le journal est au bord de la faillite. Avec son expérience et sa maturité nouvellement acquises, elle veut diriger seule la revue et, à travers elle, mener le combat pour la paix en Europe. Un projet de Société des Nations (SDN) est né des négociations du traité de Versailles en 1919[51]. Première organisation mondiale rassemblant la France, le Royaume-Uni, l'Italie, la Belgique et le Japon, elle doit servir de forum international pour résoudre diplomatiquement les conflits, en encourageant la coopération internationale, le maintien de la paix et la sécurité collective. Louise veut se faire le porte-parole de ce projet. Elle souhaite l'imposer dans les consciences comme une solution viable. Elle pense qu'il faut étudier scientifiquement et sociologiquement les guerres pour les éradiquer et comprend que l'adhésion des dirigeants, et plus largement des populations européennes, à la SDN (Société des Nations) sera facilitée s'ils comprennent ses finalités et les nouveaux modes de fonctionnement démocratiques. *L'Europe nouvelle* se doit donc de prendre ce rôle de pédagogue de la paix. Pour atteindre cet objectif, Louise a besoin de collaborateurs talentueux. Elle a pu, au cours de ses voyages, observer et expérimenter ce qui permet de repérer et de mobiliser les meilleurs talents ; et qui peut se résumer par quatre concepts : apprendre à collaborer, pratiquer une culture d'engagement relationnel, développer les compétences et orchestrer l'ensemble.

Elle commence donc par recruter des personnalités différentes et complémentaires, toutes dévouées à une vision, un projet, qu'elle exprime en quelques mots : « éveiller les consciences pour une paix durable[52] ». Cette capacité à formuler un futur désirable auquel chacun peut contribuer stimule d'emblée l'engagement et la proactivité des différentes parties prenantes. Tous ses collaborateurs auront, après l'expérience au sein de *L'Europe nouvelle*, une carrière de haut

51. Le traité de Versailles, signé le 28 juin 1919, met officiellement fin à la guerre entre les Alliés (la France, la Grande-Bretagne et les États-Unis) et l'Allemagne. Il impose des restrictions territoriales à cette dernière et la restitution à la France de l'Alsace et de la Lorraine, des restrictions militaires, des réparations dues par l'Allemagne pour dommages de guerre et la création de la Société des Nations.

52. BERTIN, Célia, *Louise Weiss*, Paris, Albin Michel, 1999, p. 139.

niveau. Roger Auboin deviendra le directeur de la Banque des règlements internationaux, Pierre Viénot sera le sous-secrétaire d'État aux Affaires étrangères en 1936-1937, Georges Bonnet deviendra le ministre des Affaires étrangères, et Jules Cain sera administrateur de la Bibliothèque nationale. Louise encourage ces individus à apprendre à se connaitre avant de commencer la collaboration. Son management est fondé sur la confiance et un engagement relationnel réciproque, qui donne de la souplesse adaptative et permet de déborder de son rôle habituel, en développant un esprit d'équipe. Louise met le meilleur d'elle-même pour écouter ce qui convient à chacun de ses collaborateurs, les sujets sur lesquels ils présentent une motivation forte, dès lors qu'ils sont des courroies de transmission pour promouvoir l'esprit et le but de la SDN. Louise engage, au début de l'année 1920, un directeur politique, Philippe Millet, qui facilite cet engagement collectif. Normalien et agrégé de philosophie, il écrit les éditoriaux du journal jusqu'à sa mort en 1923. Il pose un cadre précis avec des objectifs sur la ligne éditoriale de la revue, facilite les questions et les échanges pour que tous comprennent et s'approprient ces impératifs, mais donne latitude à chacun pour proposer des idées et les mettre en pratique. C'est également un homme qui stimule l'innovation. Il insiste pour que *L'Europe nouvelle* publie des documents diplomatiques d'actualité. « Comme il n'existait pas de Journal Officiel international, *L'Europe nouvelle* en tint lieu[53]. » Contrairement à Hyacinthe Philouze, Philippe Millet ne fluctue pas selon les courants et les incitations d'hommes d'affaires ou de bienfaiteurs discrets, dont l'ancien propriétaire se faisait le porte-parole. Au fil du temps, *L'Europe nouvelle* devient un journal d'information internationale de grande qualité, au service des politiques, des diplomates, des universitaires et du grand public cultivé. Louise cherche à aider les décideurs à préparer leurs décisions par une connaissance et

---

53. BERTIN, Célia, *Louise Weiss*, Paris, Albin Michel, 1999, p. 129.

une approche aussi objectives que possible des grands problèmes économiques, financiers et commerciaux. L'une des originalités de la revue est de donner une place prépondérante aux problèmes économiques et à leur influence sur la vie internationale. *L'Europe nouvelle* se veut être une méthode et un instrument de travail pour la paix, et n'a jamais été l'organe d'un pacifisme émotif ou moralisateur. Concrètement, le journal ne condamne pas le traité de Versailles, mais le juge imparfait et inachevé, notamment sur deux points : la sécurité et les réparations. Louise est consciente que la construction de la paix doit commencer par la construction de l'Europe et donc par le développement de relations franco-allemandes, tout en ne faisant pas une confiance aveugle à l'Allemagne. Avec son passé familial, proche de l'Allemagne impériale, Louise connait les responsabilités de ce pays dans la genèse du drame de la Première Guerre mondiale. Elle a compris, avant tout le monde, la fragilité des frontières germano-polonaise et leurs impacts futurs dans la géopolitique des années trente. Louise est incontestablement lucide sur ce point, car ce sera précisément sur ces frontières que la Seconde Guerre mondiale se déclenchera. Quant aux réparations dues par l'Allemagne, si elle les trouve justifiées, elle souhaite une évaluation scientifique des capacités de paiement de cette dernière. *L'Europe nouvelle* soutiendra d'ailleurs le plan de réaménagement de la dette allemande de 1924, appelé « plan Dawes[54] ». La renommée du journal et de sa rédactrice en chef n'est plus à prouver. Elle obtient en avant-première le discours inaugural d'Édouard Herriot, leader du parti radical, et d'Aristide Briand, en charge des Affaires

54. Le plan Dawes est un accord international signé en 1924 entre les États-Unis et plusieurs pays européens, principalement l'Allemagne, visant à résoudre les problèmes financiers de cette dernière après la Première Guerre mondiale dans le remboursement des dégâts causés par la guerre. Le plan doit son nom à Charles G. Dawes, un homme d'affaires américain qui a été chargé de présider une commission internationale des négociations des modalités de ce plan.

étrangères lors de la négociation du protocole de Genève, qui prévoit un arbitrage entre les nations en cas de conflit. Louise, à seulement 31 ans, est capable de faire de son journal un vecteur d'opinion de haut niveau. Elle obtient tout ce qu'elle veut des politiques. Personne n'a fait cela avant elle, encore moins à cet âge ! En 1925, Louise se rapproche d'Aristide Briand[55], en qui elle voit l'architecte de la politique de la paix au cœur de l'Europe. Elle le suit dans tous ses déplacements, devient une amie proche, reste admirative de l'homme politique, et partage sa conception du pacifisme : pragmatique et concret. Ainsi, Aristide Briand veut tenter une réconciliation avec l'Allemagne, qui représente, pour lui, l'assurance d'une paix européenne. En Suisse, un pacte est signé le 16 octobre 1925, appelé « le pacte de Locarno », véritable exemple de la diplomatie pacifiste menée par Aristide Briand. Il règle certaines questions territoriales : la reconnaissance des frontières occidentales de l'Allemagne avec la France et la Belgique et un engagement de non-recours à la guerre comme moyen de résolution des conflits. Ce traité est accueilli avec soulagement. La connaissance géopolitique de Louise et son analyse critique des textes produits apportent une profondeur et une lucidité à l'origine de la fidélité de ses lecteurs. Elle juge le pacte de Locarno inachevé, car il oublie la reconnaissance des frontières germano-polonaise et germano-tchèque. Or, pour elle, la paix doit s'orchestrer sur l'ensemble du continent. Sa réflexion a tout simplement vingt ans d'avance ! Peu de temps après, en août 1928, le pacte général de renonciation à la guerre, plus communément appelé le pacte Briand-Kellog, est signé à Paris et représente une nouvelle déception. Après l'effet désastreux de leur non-ratification du traité de Versailles, qui a déséquilibré tout le projet de paix, Aristide Briand espère ramener les Américains au cœur des

55. Aristide Briand est, en 1925, ministre des Affaires étrangères, négociateur des accords de Locarno. C'est un diplomate actif dans la mise en œuvre de la SDN et de la coopération entre pays européens.

problèmes de sécurité de l'Europe. Ces derniers ne veulent pas être impliqués dans les affaires européennes et la diplomatie américaine transforme le projet de Briand en une déclaration sans efficacité. Briand n'est pas dupe et, avec le soutien de Louise, s'investit corps et âme pour la création d'une « union européenne », en septembre 1929, devant la SDN. L'année suivante, Louise l'accompagne en Allemagne pour tenter de la renforcer. La jeune femme perçoit un pays au bord de l'abîme. À la nuit tombée, elle se perd dans les rues de Berlin, pour se rendre compte de ce qui se passe vraiment. Elle va écouter Hitler dans les stades et les théâtres, d'où il tonne ses slogans antisémites. Elle perçoit rapidement la menace et l'état de confusion que cet homme représente et souhaite en informer ses lecteurs. De retour à Paris, certains politiques lui reprochent ses articles alarmistes. La réponse de Louise est sans ambiguïté et, là encore, d'une foudroyante lucidité : « On ne pactise pas avec Hitler[56]. » Elle poursuit sur sa lancée et décide de publier dans son journal les lois relatives à l'aryanisation des administrations et des écoles, ainsi qu'à la stérilisation des infirmes et des malades. « Personne en France, n'y fit alors attention[57]. » Pour cette femme perspicace, consciente, passionnée par l'action, soucieuse d'influencer et qui cherche à regarder la vérité en face, les années 1930 et 1931 sont difficiles. Comment toucher un public plus vaste, des personnes amenées à prendre des responsabilités en politique, en entreprise ? Comment leur communiquer des informations stratégiques et renforcer leur conscience de dirigeants ? Louise a acquis un local dans lequel elle a transféré le siège social de *L'Europe nouvelle*, et se dit qu'il pourrait également servir de lieu de formation pour les futurs dirigeants. Elle imagine une École de la paix, qui pourrait compléter le travail d'information qu'elle fait déjà au sein de son journal. Elle veut un établissement ouvert, pouvant accueillir

56. BERTIN, Célia, *Louise Weiss*, Paris, Albin Michel, 1999, p. 194.
57. BERTIN, Célia, *Louise Weiss*, Paris, Albin Michel, 1999, p. 129.

tous ceux qui veulent en savoir plus sur la politique étrangère et qui veulent agir pour la paix. Chaque semaine, de novembre à mai, un conférencier inspirant, homme d'État, journaliste, écrivain, artiste, activiste... entretient ses auditeurs de sujets économiques, géopolitiques, sociaux ou politiques. Elle souhaite en faire un lieu de connaissances et d'échanges pour ceux qui veulent garder les yeux ouverts sur le monde. Louise crée une société civile pour administrer l'école, qui devient rapidement un établissement supérieur rattaché à l'académie de Paris. En véritable cheffe de projet, elle met autant d'énergie pour trouver des subsides, principalement venues d'entreprises privées et de collectivités locales, que pour veiller au contenu intellectuel des conférences. C'est l'une des forces de Louise : sa capacité, quand elle croit au projet, à piloter avec aisance les données intellectuelles autant que les détails logistiques. Le lundi 3 novembre 1930, l'École de la paix est inaugurée sous le haut patronage d'Aristide Briand. C'est d'emblée un succès. Plus de 450 personnes se précipitent pour écouter les conférenciers talentueux, et 150 personnes sont refusées chaque semaine. Face à cette forte affluence, l'École de la paix bénéficie de l'amphithéâtre Richelieu de la Sorbonne pour réaliser ses conférences. Louise, malgré son besoin d'être au centre de l'attention, sait mieux que quiconque évaluer les besoins de ses auditeurs. Les thèmes qu'elle choisit d'aborder sont d'actualité, traités sous des angles originaux. Les conférences peuvent évoquer les grands traits de l'histoire de la SDN, la naissance de l'Union européenne, ou la crise économique mondiale[58]. En mars 1932, Aristide Briand meurt, un drame intime pour Louise. Un an plus tard, Hitler arrive au pouvoir en Allemagne. Ces événements balaient ses rêves d'une génération

58. BERTIN, Célia, *Louise Weiss*, Paris, Albin Michel, 1999, p. 202 ; et BARIÉTY, Jacques, « D'une guerre à l'autre : Louise Weiss à la recherche de la paix (1918-1939) », in MICHEL, Alain-René et VANDENBUSSCHE, Robert, *L'idée de paix en France et ses représentations au XXe siècle*, Lille, Institut de recherches historiques du Septentrion, 2001, p. 23.

de dirigeants ouverts à la coopération et sachant insuffler la paix dans les relations internationales. Depuis cette prise de pouvoir, elle qui, habituellement, ne manque ni de ressource ni de créativité ne voit pas comment continuer sans se désavouer. Lorsqu'à l'automne 1933, Joseph Goebbels[59], ministre de Hitler, monte à la tribune de la SDN pour parler d'Europe et de paix et qu'il est applaudi par les mêmes délégués qui avaient ovationné, deux ans auparavant, Aristide Briand, c'est pour elle insupportable ! Sa lucidité ne peut tolérer une telle impudence. Elle n'est dupe de rien, et surtout pas de cette propagande mensongère. Ce qu'elle a voulu n'existera pas. Elle hésite, mais finalement décide d'arrêter l'aventure de *L'Europe nouvelle*. Son dernier éditorial est daté du 3 février 1934. Louise a 41 ans. C'est, de son point de vue, l'échec de son idéal de paix. Son école continue de fonctionner encore quelque temps, mais durant l'hiver 1934-1935, face à une vie politique qui se durcit, les conférences dérangent car elles prônent « l'esprit des lumières et le rapprochement des peuples[60] ». Louise, soucieuse de voir ses étudiants et auditeurs sereins et sécurisés, décide de suspendre les cours.

Cette femme aura mené seize ans de batailles ininterrompues, allant de victoires en déceptions, la projetant sur la scène politique internationale jusqu'à devenir l'une des personnes les plus perspicaces et les mieux informées de cette entre-deux-guerres. Son talent d'organisatrice, sa perméabilité aux tendances et sa compréhension des besoins des populations en font une pédagogue de la paix, jusqu'à créer cette école singulière. Toutefois, en ce début d'année 1934, ses rêves se sont évanouis. Elle ne perçoit pas de changement susceptible de l'aider à se remobiliser. Peut-elle vivre

---

59. Joseph Goebbels est un homme politique allemand et l'un des principaux membres du parti nazi dirigé par Adolf Hitler. Il est surtout connu pour avoir été le ministre de la Propagande du IIIe Reich, chargé de contrôler l'information, la culture et la communication en Allemagne pendant le régime nazi.

60. BERTIN, Célia, *Louise Weiss*, Paris, Albin Michel, 1999, p. 213.

sans combat ? Sachant qu'elle ne peut plus compter sur la SDN pour servir la cause de la paix, elle s'y prend autrement, en réparant les injustices faites aux femmes. Obtenir leur droit de vote sera son prochain combat !

En cheminant avec elle, quels sont ses principes pour garder les yeux ouverts et savoir contourner les résistances au changement tout en pilotant, avec talent, de nombreux interlocuteurs et/ou collaborateurs ?

Les inspirations de Louise pour garder les yeux ouverts et contourner habilement les résistances

COACHING

Louise, dans son rôle d'influenceuse et sa capacité à clarifier une vision de son projet, a intégré un concept que nous commençons seulement à transposer au sein des organisations actuelle : celui d'homéostasie. C'est une notion capitale pour comprendre ce qui détermine les comportements humains. L'homéostasie se définit comme la capacité de l'organisme à conserver un équilibre de fonctionnement en dépit des circonstances extérieures[61]. Ce concept peut être appliqué à tous les systèmes humains, dont l'entreprise. Il est au cœur de la problématique du changement et, plutôt que de parler de « résistance au changement » et de stigmatiser les personnes qui « suivent » et celles qui « résistent », il est utile d'observer que la résistance est un mécanisme de défense de l'organisation face à ce qui est perçu comme une agression. Cette grille de lecture est intéressante et Louise en a fait bon usage. Face aux enjeux géopolitiques

61. LECERF-THOMAS, Bernadette, *Neurosciences et management. Le pouvoir de changer*, Paris, Éditions Eyrolles, 2009, p. 31-33.

de cette après-guerre, elle opte pour une stratégie offensive pour, au fond, avoir plus de pouvoir sur l'avenir. Via son journal, elle cherche à influencer le système politique pour lui permettre de dominer cet environnement incertain et de le transformer, afin de maintenir un équilibre entre les nations, hier belligérantes.

Louise applique quatre principes intéressants pour évaluer autrement les défis et les résistances auxquels nous sommes confrontés :

1. Gouvernance : Vision/Partage

La façon dont est menée la réflexion stratégique exprime le style de la direction de l'entreprise. Louise apporte d'emblée à ses collaborateurs et aux dirigeants qu'elle souhaite informer une clarté et le positionnement de *L'Europe nouvelle*, qu'elle saura garder sur ses seize années de rédactrice en chef.

Sur le plan de notre cerveau, apporter de la clarté sur les enjeux et le positionnement d'un projet déclenche une sécurité neuronale et de la proactivité. Si vous pilotez des entreprises ou des projets, la question à vous poser est la suivante :

- *Pouvez-vous décrire en moins de dix mots, le « vers où » vous avez envie d'emmener vos équipes ?*

2. Accompagnement humain : animation de la relation au sein de vos équipes/ intelligence émotionnelle

Il s'agit ici de repérer ce qui motive la personne et comment elle communique. Louise veille avec attention à observer ce qui se passe chez ses collaborateurs, en posant des questions qui peuvent être utiles de se rappeler :

- *Que dit la personne ?*
- *Est-elle orientée vers les autres ou se ressource-t-elle de façon autonome ?*
- *A-t-elle un vaste réseau relationnel ou agit-elle en solitaire ? Entre-t-elle facilement en conflit ?*
- *A-t-elle besoin de formalisation pour pouvoir agir ?*

- *Utilise-t-elle le cadre comme appui ou tente-t-elle, face à des aléas, de le contourner ?*

Ces questions lui permettent une meilleure connaissance de ses équipiers. Elle veille à choisir des sujets qui correspondent aux motivations de ses collaborateurs, tout en les accompagnant pour développer des compétences nouvelles.

3. Organisation/méthodes/outils

Il s'agit d'informer, de clarifier la description des objectifs, des missions de chacun, et de voir comment l'équipe les applique :

- *Sont-elles sources d'efficacité ou non ?*
- *Quelles règles du jeu sont mises en place ?*
- *Aident-elles lors des changements et/ou des conflits ?*

4. L'action et les résultats

- *Comment les collaborateurs agissent-ils ?*
- *Cherchent-ils la perfection ?*
- *Arrivent-ils à maintenir un fort degré de concentration, ou peuvent-ils être sujets à une certaine procrastination ?*
- *Quels leviers dispose la personne pour réussir ses projets et quelles sont les zones de vulnérabilité ?*

L'articulation de ces quatre dimensions permet de clarifier le chemin entre l'intention (la vision), l'action (les résultats) et les modalités pour y parvenir (la relation au sein des équipes et les outils de cadrage). Louise, dans ses différents projets, et notamment ceux de l'École de la paix et de *L'Europe nouvelle*, a utilisé cette grille de lecture pour développer les compétences et l'engagement de ses collaborateurs.

Activiste pour la cause des femmes

Quel paradoxe pour cette femme aux multiples facettes : l'année où elle décide de s'engager pour le droit de vote des femmes, elle finit par respecter l'une des conventions sociales qu'elle a refusées jusqu'alors : se marier. Elle épouse un architecte de 39 ans, et prétend que ce mariage « adoucit[62] » sa condition sociale. Rêveur et musicien, ce mari ne lui fait pas d'ombre. La politique l'ennuie ; il ne rêve que de cathédrales, de théâtres ou d'habitats colossaux qu'il dessine au millimètre prés. Elle divorce trois ans plus tard et précise que « le mariage et surtout le divorce lui apportent un statut civil qui lui facilite l'existence[63] ». Elle n'évoque nulle part si ce mariage a, enfin, estompé la froideur désespérante de sa solitude. Elle découvre cependant ce qui lui a tant manqué : l'amour maternel, dont sa belle-mère la comble. Elle affirme avoir prolongé l'expérience conjugale par égard pour cette femme, dont « le courage et l'abnégation[64] » l'ont consolée et impressionnée. Une fois encore, la carence de relations chaleureuses, notamment avec sa mère, guide ses choix. Parallèlement à son mariage, Louise s'engage, en cette fin d'année 1934, pour La Cause des femmes[65]. Orpheline de ses deux grands projets, elle a besoin d'un espace, suffisamment vierge pour attirer l'attention, où elle peut briller et influencer. Elle veut réparer (peut-être aussi se réparer) « l'injustice de leur condition et les torts que causaient aux femmes, les coutumes et les lois[66] ». Ces torts, elle les a vécus et ressentis, mais ne s'y est pas attardée. Louise est ainsi : elle se focalise sur les buts qu'elle se fixe et sait faire fi du reste ! La jeune femme commence donc par rencontrer les mouvements, les personnes et les associations féministes déjà en place. Elle ne

62. BERTIN, Célia, *Louise Weiss*, Paris, Albin Michel, 1999, p. 216.

63. WEISS, Louise, *Mémoires d'une Européenne*, t. III, *Combats pour les femmes (1934-1939)*, Paris, Albin Michel, 1980, p. 16.

64. BERTIN, Célia, *Louise Weiss*, Paris, Albin Michel, 1999, p. 217.

65. La Cause des femmes est un mouvement féministe actif dans les années 1970, qui a lutté pour l'égalité des sexes et a mené des actions pour promouvoir les droits des femmes, y compris le droit à l'avortement. Gisèle Halimi est l'une des militantes illustres de ce mouvement.

66. WEISS, Louise, *Mémoires d'une Européenne*, t. III, *Combats pour les femmes (1934-1939)*, Paris, Albin Michel, 1980, p. 16.

manque pas d'idées pour développer et reformer ces mouvements, qu'elle considère souvent comme timorés. Les responsables, notamment celle de L'Union française pour le suffrage des femmes[67], prennent peur devant son énergie et la cohérence de ses propositions. Elle se rend à l'évidence : il lui faut sa propre organisation, qu'elle appelle « La Femme nouvelle », et précise : « Association pour l'égalité des droits civils entre Français et Françaises ». Louise, qui depuis toujours sait cultiver ses réseaux de compétences et d'amitiés en France et à l'étranger, dispose de relais influents. Elle rencontre madame Massis, qui travaille pour une société cinématographique, dont elle dirige la section féministe. Elles ont l'idée de réaliser des vidéos de femmes, ouvrières, paysannes, aviatrices, allant des ménagères aux savantes, réclamant le droit de vote. L'audace et la créativité de Louise rendent les « féministes notoires[68] » vertes de jalousie face au succès inattendu de ces films, où des femmes ordinaires sont acclamées. De toutes les femmes que Louise fréquentera dans ce combat féministe, peu trouvent grâce à ses yeux. Toute sa vie, Louise entretient avec les femmes des relations complexes : la plupart du temps, elle les juge dans une « servitude volontaire[69] », acceptant leur sort et y trouvant, finalement, des bénéfices. Pour lancer son mouvement, Louise a besoin d'un local. Elle aime ancrer ses projets dans des lieux qui frappent l'imagination du public. Elle opte pour une boutique située aux Champs-Élysées. L'inauguration à lieu le 6 octobre 1934, avec deux personnalités politiques qui ne sont pas hostiles à la cause féministe : le préfet de Paris et le président du Conseil

67. L'Union française pour le suffrage des femmes (UFSF) est un mouvement féministe français qui milite en faveur du droit de vote des femmes en France à cette époque.

68. Bertin, Célia, *Louise Weiss*, Paris, Albin Michel, 1999, p. 224.

69. Le concept de servitude volontaire fait référence à l'ouvrage d'Étienne de La Boétie, philosophe français du XVIIe siècle. La Boétie soutient que la servitude volontaire repose sur le consentement à être gouverné. Il avance l'idée que la tyrannie peut être maintenue parce que les individus acceptent leur sort et n'opposent pas de résistance.

général. Louise considère cette première action comme un succès. Sa secrétaire la ramène à la dure réalité : « Cette aimable cérémonie vous a couté quatre mille francs. C'est beaucoup pour du faux champagne, des tracts imprimés et des discours qu'emporte le vent[70]. » Louise croit tout de même avoir remporté une victoire. En fine connaisseuse des comportements humains, elle estime qu'elle ne devrait pas être la seule à porter le discours féministe. Elle a besoin de relais et d'un entourage stimulant ; elle ne veut pas s'encombrer de collègues féministes qu'elle juge inintéressantes. Elle sollicite donc et obtient l'aide de trois femmes aviatrices dont la notoriété progresse : Adrienne Bolland, rebelle et aventurière, qui va devenir la première pilote à traverser la cordillère des Andes ; Hélène Boucher, première femme à avoir traversé la Manche ; et Maryse Bastié, première femme à obtenir le brevet de pilote d'avion en 1925. Dans l'imaginaire des Français, ces débuts de l'aviation occupent une place importante. Ces femmes font rêver : leur courage, leur opiniâtreté et leur résilience fascinent. Tout le monde a conscience de la lutte qu'elles ont dû mener pour piloter ces précieux engins. Louise est sincèrement admirative de leurs talents. Avec la pertinence de cette communication émotionnelle et créative, elle crée des jalousies tenaces au sein des mouvements féministes. Son association se révèle beaucoup plus redoutable pour les politiques et les puissants opposés au vote des femmes que tous les autres mouvements. Outre sa connaissance et son expertise du monde politique, Louise sait manipuler avec talent, tous les réseaux d'influence : médias, groupes parlementaires, etc. Elle les connait tous ! De 1934 à 1939, elle rivalise de créativité, d'intelligence et de subtilité pour faire avancer sa cause. Ce qui est frappant dans les actions qu'elle entreprend, c'est ce mélange de mise en scène, saupoudré de drôlerie et d'humour. « Le féminisme français n'a jamais été aussi actif et inventif que quand elle s'en est

---

70. Bertin, Célia, *Louise Weiss*, Paris, Albin Michel, 1999, p. 225.

mêlé[71]. » Parmi les actions les plus éclatantes et qui sont devenues « virales », Louise décide de se présenter aux élections municipales de mai 1935, alors que la loi le lui interdit. Avec le maniement des mots qui la caractérise, elle sait frapper les esprits en résumant son programme : « La Française désire administrer les intérêts de la cité, comme elle administre les intérêts de son foyer[72]. » Le jour du vote approchant, Louise voit la police arriver à sa permanence pour empêcher leur manifestation. Elle redoute que les journalistes qu'elle a invités considèrent qu'il n'y a plus d'événement et qu'ils repartent. Il lui faut trouver une idée pour contrer ce risque. L'imagination fertile de Louise aime ce mélange de risque et de pression : une alliance essentielle pour faire jaillir une idée qui mettra le public de son côté ! Elle court chez un coiffeur et achète tout son stock de boites de poudre. Les forces de l'ordre se dirigent vers elle et ses collègues de l'association, pour les empoigner et les inviter à circuler. Elles leur jettent la poudre au visage. « Un nuage de poudre rose et parfumé envahit la rue. Ils jurèrent et éternuèrent. Les passants riaient[73]. » Comme Louise l'espérait, les journalistes n'ont rien manqué de la scène. Le public est conquis par l'humour et la créativité de ces femmes. C'est une première étape. Louise, qui connait bien le paysage législatif, propose aux députés une loi relative au droit de vote et à l'éligibilité des femmes. Pour se faire entendre, elle n'hésite pas à innover. D'abord, elle n'adopte pas le style vestimentaire des suffragettes anglo-saxonnes : amples jupes et talons plats. Louise est très à l'aise dans des robes haute couture et prend la parole publiquement dans des lieux très différents, comme à l'avant-première d'une pièce de théâtre, où son art oratoire et son verbe imagé font des merveilles. Elle y applique son intelligence rapide et claire pour évoquer le contexte des femmes, puis rend ce combat du droit

71. BERTIN, Célia, *Louise Weiss*, Paris, Albin Michel, 1999, p. 230.
72. BERTIN, Célia, *Louise Weiss*, Paris, Albin Michel, 1999, p. 230.
73. BERTIN, Célia, *Louise Weiss* , Paris, Albin Michel, 1999, p. 228.

de vote précis et d'actualité. À la suite de ses prises de parole, le nombre d'adhérents à La Femme nouvelle augmente. Louise sait que le président de la République, Albert Lebrun, assistera à la finale de la Coupe de France de football. Aux sons de *La Marseillaise*, elle lâche une centaine de ballons, en plus d'un lancer de tracts évoquant les buts de son association. Quelques suffragettes escaladent la tribune présidentielle pour remettre le contenu de sa proposition de loi. Louise est dorénavant reconnue pour la pertinence de ses actions et la cohérence de son projet féministe. En ce mois de juin 1936, Le Front populaire[74] gagne les élections législatives, et Léon Blum[75] devient Premier ministre. Sensible aux sujets défendus par Louise, il annonce vouloir intégrer des femmes dans son gouvernement. Il lui propose un poste, à condition qu'elle cesse ses actions féministes spectaculaires. La réponse de Louise est conforme à son éthique politique : « Non, pas à cette condition. J'ai lutté, non pour être nommée, mais pour être choisie[76]. » Les espoirs qu'elle a placés dans ce nouveau gouvernement s'évanouissent. Les partis au pouvoir ne veulent pas de ce sujet, sauf les communistes. Louise pense nécessaire de frapper fort l'imagination du public et, pour cela, de mener une action médiatique, violente et audacieuse. Elle cherche un lieu et un événement qui concentrent un nombre important de personne : ce sera l'hippodrome de Longchamps, le 28 juin 1937, pour le Prix de Diane, célèbre course hippique réunissant le Tout-Paris élégant. Avec une poignée de féministes, elles attendent les derniers instants pour se faufiler sur la piste de l'hippodrome

74. Le Front populaire est une coalition politique qui a existé pendant la période de la IIIe République française. Il est né en 1936 en réponse à la crise économique et sociale qui frappe la France à l'époque. Le Front populaire est principalement composé de trois partis de gauche : le Parti socialiste, le Parti communiste et le Parti radical-socialiste.

75. Léon Blum sera Premier ministre de la France du 4 juin 1936 au 13 mars 1938.

76. WEISS, Louise, *Mémoires d'une Européenne*, t. III, *Combats pour les femmes (1934-1939)*, Paris, Albin Michel, 1980, p. 30.

avec leurs affiches et leurs banderoles, prenant le risque de se faire faucher par les chevaux. Durant quelques instants, la stupeur est générale. Le service d'ordre est tétanisé et hésite à intervenir. Louise sent que la situation lui échappe. L'hostilité menaçante de la foule grandit. C'est alors qu'elle décide de poursuivre, sourire aux lèvres, leur marche vers les jockeys. La course débute à l'heure. Le lendemain, les journaux leur sont défavorables, mais Louise a compris que la presse doit être informée de toutes les revendications et de tous les projets de son association car, lorsque les journaux se taisent, le gouvernement ne se gêne pas pour prendre des décisions qui font régresser les quelques rares droits acquis par les féministes. En 1938, Louise sent la catastrophe mondiale arriver, alors que la majorité des Français ne semble pas s'inquiéter de ce qui se passe en Allemagne. Elle s'interroge sur les résultats de son combat féministe, qu'elle juge insuffisants. Elle pense nécessaire d'attirer l'attention du pouvoir pour l'obliger à l'action en faveur du droit des femmes. Elle crée l'Association des Françaises décorées de la Légion d'honneur, pour promouvoir l'importance de la défense passive d'un service national féminin. Les volontaires sont nombreuses à vouloir s'engager, mais le gouvernement refuse d'incorporer les femmes dans l'armée. On ne lui propose que d'organiser des collectes d'argent. Louise assiste, attristée, à la déroute de l'armée française en 1940 et à la prise de pouvoir du maréchal Pétain. Toute sa vie, elle a lutté, avec *L'Europe nouvelle* puis son École de la paix, contre ce que cet homme représente. Après la guerre, elle poursuivra son combat pour prévenir les conflits, grâce à une analyse scientifique et une pédagogie de la paix.

En étant témoin de l'activisme de Louise
pour la Cause des Femmes, que nous transmet-t-elle
pour rendre influentes des actions et faire entendre sa voix,
malgré un rapport de forces défavorable ?

Les inspirations de Louise pour développer son influence et faire entendre sa voix dans un contexte défavorable

COACHING

Pour qu'un message gagne en efficacité et en influence, inspirez-vous des actions de Louise pour mobiliser vos ressources autour de quatre points.

1. Voyez grand, mais commencez petit

Louise, avec plus de vingt ans d'avance, vise le droit de vote des femmes (qui sera finalement accordé en 1946 par le général de Gaulle), mais elle commence par essayer de rendre le combat pertinent pour le plus grand nombre, d'où son idée, avec la cinéaste Massi, de créer des vidéos qui deviendront virales pour toucher un public le plus vaste possible. Si vous voulez rendre votre message impactant, posez-vous cette question :

– *Quelle serait l'action qui pourrait vous permettre de rallier un maximum de personne à votre cause ?*

2. Bien dire et dire juste

Louise marie deux types d'arguments : des arguments politiques, avec sa précision habituelle dans la construction du projet de loi sur l'égalité du droit de vote, et des arguments liés à la finalité du combat. Elle sait clarifier, en quelques mots, l'enjeu de son combat.

3. Planifier votre action jusqu'à la victoire

Louise définit les idées générales qui permettent de coordonner et de diriger toutes les ressources nécessaires de son association (économiques, humaines, morales, politiques et organisationnelles) en vue d'atteindre son objectif : inscrire dans la loi le droit de vote des femmes. Elle élabore sa stratégie en utilisant les influences qui pourront soutenir son combat (presse, réseau politique, réseau des femmes décorées de la Légion d'honneur) et choisit des techniques d'action en lien avec sa finalité : meeting, manifestation, relais via la presse, etc.Les questions qu'elle ne cesse de se poser (et que vous pouvez vous poser) sont :

- *Faut-il combattre ?*
- *De quelle manière, afin de rechercher le maximum d'efficacité en atteignant ses objectifs ?*
- *Avec qui ?*
- *Comment faire équipe avec des personnes qui sont audacieuses et créatives ?*
- *Comme Louise, comment pouvez-vous être au fait des réalités du terrain ?*
- *Comment utiliser de façon optimale toutes les ressources à votre disposition ?*

4. Mailler Stratégie et Tactique

Ce sont deux attitudes différentes. Les penseurs stratégiques sont des gens sages et patients, qui vivent pour le jeu à long terme. Ils calculent leurs actions à l'avance et les intègrent dans une stratégie de long terme. Les tacticiens savent, eux, abandonner leur plan au beau milieu de l'action au profit d'une meilleure action quand la situation du terrain l'exige. Louise bénéficie des deux : une vision géopolitique à long terme et un sens de l'action tactique et spectaculaire. Et vous, lorsque vous voulez convaincre :

- *Êtes-vous plutôt tacticien ou stratège ?*
- *Pourriez-vous devenir les deux ?*
- *Et avec quelles actions ?*

L'amoureuse de l'Europe

En 1979, les partis politiques cherchent à présenter des femmes pour le premier scrutin au suffrage universel du Parlement européen. Jacques Chirac, alors patron du RPR[77],

77. Rassemblement pour la République, parti fondé en 1976. Il disparaît en 2002.

promet à Louise Weiss d'être « la *First Lady*[78] » de sa liste et la place en cinquième position, avec de véritables chances d'être élue. Elle a 86 ans, rêve de devenir la doyenne de ce Parlement et d'en prononcer la première allocution. Ce moment de couronnement approche. Élue, elle met toute son âme et toute sa force dans la rédaction de ce discours introductif, avec le même dynamisme et la même vitalité qu'elle a instillés dans tous les combats qui lui ont été chers. Le titre de son discours sonne comme un écho à la place que l'Europe a tenue dans sa vie : « Combat pour l'Europe[79] ». Louise y dresse une fresque de l'Europe à travers les âges et évoque les trois principaux fondateurs : Charlemagne, Karl Marx et Charles de Gaulle. « Le premier concilia la latinité et le germanisme, le second fut un protagoniste de l'amélioration de la condition ouvrière, et le troisième est tout simplement inoubliable[80]. » La presse, dans sa grande majorité, salue la clarté et la puissance visionnaire du discours. Louise est-elle enfin apaisée par cette reconnaissance tardive ? Goûte-t-elle les honneurs qui la saluent, elle, Européenne d'avant-garde, pacifiste convaincue et militante indomptable pour le droit des femmes ? Peut-elle enfin déposer les armes et apprécier le chemin parcouru ? Cette femme brillante, dont les talents n'ont pas toujours trouvé l'espace de déploiement, nous invite, cependant, à nous interroger, dans un contexte incertain, sur notre relation à l'Europe, à la paix et au combat pour « la cause des femmes ».

---

78. DENÉCHÈRE, Yves, « Historicité et subjectivité du parcours européiste de Louise Weiss », in Briatte, Anne-Laure, Gubin, Éliane et Thébaud, Françoise, *L'Europe, une chance pour les femmes ? Le genre dans la construction européenne*, Paris, Éditions de la Sorbonne, 2019, p. 35.
79. WEISS, Louise, « Un combat pour l'Europe », 17 juil. 1979.
80. WEISS, Louise, « Un combat pour l'Europe », 17 juil. 1979.

CHAPITRE 6

Frida Kahlo (1907-1954), ou faire de sa souffrance un levier de création

Frida Kahlo, l'artiste que l'on nomme par son prénom, est un volcan encore en éruption. Soixante-dix ans après sa mort, partout dans le monde, les expositions qui lui sont consacrées attirent des millions de visiteurs. On parle même de « Fridamania » pour décrire la popularité continue de Frida, son impact sur l'art moderne et l'influence qu'elle a exercée sur la culture populaire. Avec ses jupes traditionnelles chatoyantes et ses fleurs de couleur dans les cheveux, Frida mélange distinction et sensualité avec un langage brut, sur fond de révolution mexicaine. Ses yeux noirs en amande, légèrement remontés sur les côtés, vous regardent avec humour et intelligence. Tous ceux qui l'ont approchée racontent le magnétisme de ce regard franc et direct, une façon de mettre à nu, de pénétrer l'âme de ses interlocuteurs avec curiosité et délectation. Prisonnière d'un corps immobile et douloureux depuis ses 18 ans, c'est de son lit qu'elle décidera de mener un combat âpre et violent pour reconstruire sa vie. Frida crée pour respirer et développe un rapport charnel et intense à l'art. De « cette planète douloureuse[1] » qu'elle habite, elle conquiert le

1. KAHLO, Frida, *Frida Kahlo*, Paris, Fage éditions, coll. « Paroles d'artiste », 2017, p. 3.

monde, crée un art singulier comme le miroir de sa vie, s'engage politiquement, aime passionnément, suscite l'admiration des plus grands peintres de son époque – Pablo Picasso, Juan Miró ou Wassily Kandinsky –, et entretient une amitié de haut vol avec des écrivains et des hommes politiques – comme Nelson Rockefeller[2] ou André Breton[3]. Libre malgré ses chaines corporelles, assumant pleinement sa bisexualité, Frida ose peindre des sujets encore d'actualité aujourd'hui, comme la violence conjugale, les fracas intimes d'une fausse couche ou le suicide d'une amie. Du fond de son lit, elle nous interpelle intimement pour reconsidérer notre rapport à nous et au monde.

Comment cette artiste peut-elle nous donner des clés pour se créer une vie, au-delà de la souffrance ?
Quelles idées nous transmet-elle pour faire de notre condition humaine une œuvre de création ?
Quels leviers utilise-t-elle pour se créer une identité magnétique et singulière ?
Dans un monde en ébullition, quelles voies nouvelles, transgressives, créatives nous suggère-t-elle de prendre ?

Le feu follet et l'oiseau blessé

C'est sur les hauts plateaux mexicains, le 6 juillet 1907, par un jour de pluie gris et froid, que nait Frida, la troisième fille de Mathilde et Guillermo Kahlo. Ils auront sept enfants. C'est dans une rue adjacente à la maison familiale des Kahlo, située

2. Nelson Rockefeller (1908-1979) est un homme politique et homme d'affaires américain. Il est passionné d'art et crée le célèbre Museum of Modern Art (MoMA) à New York.

3. André Breton est un écrivain et poète français, qui écrit le *Manifeste du surréalisme* en 1924, et devient la figure de proue du mouvement surréaliste français. C'est un fervent de l'exploration des profondeurs de l'inconscient par l'art.

à Coyoacàn, dans la banlieue de Mexico, qu'elle pousse ses premiers cris. Les murs sont peints en bleu profond, égayés par des volets verts. De hautes fenêtres à petits carreaux s'ouvrent sur un jardin orné d'arbres tropicaux, de fontaines et de statuettes précolombiennes. Frida n'est pas un prénom mexicain, et son père doit se battre avec l'officier de l'état civil pour le faire admettre. Juif hongrois originaire d'Arad (aujourd'hui en Roumanie), son véritable nom est Wilhelm, né en 1872 à Baden-Baden, en Allemagne. Il apprend son métier de photographe en suivant son père puis, plus tard, à l'université de Baden-Baden. Sa mère meurt alors qu'il est encore jeune et son père se remarie rapidement. Il ne s'entend pas avec cette belle-mère distante et froide et décide de quitter son pays pour émigrer au Mexique. Arrivé à Mexico avec peu d'argent en poche, mais avec l'aide d'une puissante communauté d'immigrés allemands, Wilhelm traduit son prénom en Guillermo. Il cumule une série de petits boulots et épouse, en 1884, une Mexicaine qui meurt en couches en donnant naissance à leur seconde fille. Peu de temps après, il rencontre Matilde Cameron, jeune beauté d'origine espagnole et indienne. Ainée de douze enfants, la jeune Mathilde est élevée dans la religion, ne bénéficie d'aucune éducation et est quasiment illettrée. Selon Frida, sa mère ne s'est jamais vraiment remise d'un amour passionné avec un jeune allemand, qui s'est donné la mort sous ses yeux. La rencontre avec un autre homme, de la même nationalité, lui rappelle cette nostalgie amoureuse et elle décide de l'épouser. Matilde convainc son mari de développer ses talents de photographe et, ensemble, ils parcourent le pays, immortalisant une série de monuments précolombiens et coloniaux. Guillermo a un sens du détail qui se traduit par la méticulosité de ces productions. Son regard est distancié et objectif. Il transmettra à Frida cette précision du geste, son sens de l'observation, la préparation détaillée pour ses prises de vues et l'art de jouer sur les contrastes pour mettre en valeur les détails. Plus tard, l'œuvre picturale de Frida ne comportera ni effet trompeur, ni flou artistique.

De 1904 à 1908, Guillermo photographie les richesses architecturales du pays sur plus de 900 plaques de verre qu'il prépare lui-même. Grâce à ce travail, il est reconnu comme le « premier photographe officiel du patrimoine culturel du Mexique[4] ». Le ministre des Finances du dictateur Porfirio Díaz lui commande des photographies destinées à de luxueuses publications pour le centenaire de l'indépendance mexicaine en 1910. Malgré cette réussite, Frida aura l'occasion, dès son plus jeune âge, de constater les ravages des maladies sur l'humeur et le caractère de ses parents. Guillermo est atteint d'épilepsie et perd fréquemment connaissance devant les siens, et sa mère souffre d'hystérie avec des épisodes de paralysies transitoires : deux pathologies fondatrices de la neuropsychiatrie moderne. Est-ce la douleur de cette maladie qui explique la distance relationnelle que Matilde manifeste d'emblée face à sa toute petite fille ? Ce sont ses deux demi-sœurs, Marie-Luisa et Margarita, qui prendront soin de Frida. Matilde impose à ses enfants, particulièrement à ses filles, une routine religieuse stricte : prière à chaque repas et visite quotidienne à l'église. Frida se rebiffe dès l'enfance contre cette religion qui la corsette dans l'expression de sa curiosité enfantine. Avec sa sœur Cristina, elle s'échappe des cours de catéchisme pour aller « manger des coings dans le jardin voisin[5] ». Frida est une enfant espiègle, joyeuse, au regard vif et malicieux. Elle taquine volontiers son père en l'appelant « *Herr Kahlo*[6] » ; une fois, elle pousse même sa demi-sœur assise sur son pot de chambre, qui se renverse sur sa tête, ce qui la rend hilare. À 7 ans, elle aide sa sœur ainée, qui en a 15, à fuir l'austère domicile familial avec son amoureux, provoquant un cataclysme

4. Garcia Beraza, Felipe, « La Obra Historica de Guillermo Kahlo, en hommage à Guillermo Kahlo (1872-1941), catalogue d'exposition publié par l'Instituto Mexicano Norteamericano de Relationes Culturales- 1976.

5. Herrera, Hayden, *Frida Kahlo*, Paris, Flammarion, coll. « Grandes Bibliographies », 2013, p. 28.

6. Herrera, Hayden, *Frida Kahlo*, Paris, Flammarion, coll. « Grandes Bibliographies », 2013, p. 28.

familial qui vaudra à cette fille audacieuse un refus du pardon maternel durant plus de douze ans. Au même âge, cependant, cette petite Frida, toute en gaieté lumineuse, se transforme en une enfant au visage sombre et grave. « Je ressentais une douleur terrible à la jambe droite, qui irradiait du muscle jusqu'au pied. Avec de petites serviettes chaudes imbibées d'eau de noix, on lavait ma petite jambe dans une petite baignoire[7]. » Le médecin diagnostique une poliomyélite[8], qui a pour conséquence une atrophie de sa jambe droite. Première rencontre avec une douleur qui ne la lâchera plus, annonçant un cortège interminable de souffrances. C'est à cette époque également que se crée ce mélange de narcissisme et d'extraversion qui caractérisera la Frida adulte. La fillette malade prend conscience de sa singularité, des différences entre le monde imaginaire et le monde social. Pour trouver un dérivatif à l'impuissance physique imposée par sa maladie, Frida commence un travail intérieur pour mobiliser ses ressources créatives, en se créant un double idéal, une amie imaginaire avec laquelle elle entreprend un dialogue fécond et réparateur. En 1939, elle en fera un tableau, *Les Deux Frida*, dont elle décrit l'origine : « Je devais avoir 6 ans lorsque je vécus intensément une amitié imaginaire avec une petite fille, à peu près de mon âge. Sur un des carreaux, je faisais de la buée, et d'un doigt, je dessinais une porte. Je m'échappais en rêve avec joie et urgence. Mon amie imaginaire m'attendait toujours. Elle était gaie et riait beaucoup. Elle était souple et elle dansait, comme si elle avait été en état d'apesanteur. Je la suivais dans tous ses mouvements et lui racontais, tandis qu'elle dansait, mes problèmes secrets. De retour à la fenêtre, j'étais heureuse. J'effaçais la

7. Herrera, Hayden, *Frida Kahlo*, Paris, Flammarion, coll. « Grandes Bibliographies », 2013, p. 30.

Herrera, Hayden, *Frida Kahlo*, Paris, Flammarion, coll. « Grandes Bibliographies », 2013, p. 31.

8. La poliomyélite est une maladie virale infectieuse causée par le poliovirus. Elle affecte principalement le système nerveux, ce qui peut entraîner des paralysies et des atrophies musculaires, notamment des jambes.

“porte”, je courrais avec mon secret et ma joie jusqu’au fond du patio et je criais et riais[9]. » Ce tableau représente deux portraits en pied de Frida elle-même. Les deux fillettes se tiennent par la main devant un ciel sombre et menaçant, comme pour se soutenir mutuellement. Celle de gauche ne doit son salut qu’à une veine qui la relie à celle de droite, lui servant de « poche sanguine », à la fois physique, psychologique et psychique. Face à ses souffrances, Frida fait ainsi appel à son amie imaginaire pour ranimer sa flamme de vie. L’écho de cette amitié magique « résonne toujours au cœur de son monde[10] ». Quand les premiers soins sont achevés, le médecin conseille à l’enfant et à ses parents d’entreprendre des actions visant à fortifier la jambe malade. Son père, qui dès sa naissance ne cache pas sa préférence pour cette enfant précoce et énergique, connait lui aussi la violence de la maladie qui s’oppose au mouvement naturel du corps vers la santé et la vie. Il l’aide non pas à nier la puissance de la douleur, mais à faire avec et à garder une capacité d’action, base de toute survie mentale. Il choisit de sortir du cadre habituel des activités dites « féminines » pour lui proposer des expériences qui viennent nourrir son côté espiègle et son besoin de mouvement. Il lui fait pratiquer le football, la boxe, la lutte et la natation, où Frida excelle. Ses jouets sont ceux de garçons : patins à roulette, bicyclette… Elle passe ses journées à grimper aux arbres. Malgré ses efforts, sa démarche reste claudicante et sa jambe droite atrophiée. Dès l’enfance, elle est affublée d’un sobriquet « *Frida, pata de palo*[11] » (qui veut dire en espagnol : « Frida-jambe-de-bois »). Elle répond avec son franc-parler, en leur envoyant des injures choisies. Plus secrètement, certains de ses camarades admirent les prouesses sportives de cette fillette

9. HERRERA, Hayden, *Frida Kahlo*, Paris, Flammarion, coll. « Grandes Bibliographies », 2013, p. 30.
10. HERRERA, Hayden, *Frida Kahlo*, Paris, Flammarion, coll. « Grandes Bibliographies », 2013, p. 31.
11. HERRERA, Hayden, *Frida Kahlo*, Paris, Flammarion, coll. « Grandes Bibliographies », 2013, p. 31.

qui pédale de toutes ses forces sur son vélo et marche en sautillant, ce qui lui donne grâce et légèreté. Frida, malgré tout, se sent seule. À l'âge où elle pourrait élargir son cercle de relations, construire des histoires et des amitiés au gré des échanges entre enfants, elle est clouée au lit ou doit rééduquer sa jambe malade. La solitude s'est invitée dans la violence de ces premières blessures physiques. Ses tableaux *On demande des avions et on reçoit des ailes de paille*[12] et *Quatre habitants au Mexique*[13] illustrent l'enfant solitaire, l'incapacité physique et l'énergie brisée. Frida déteste sa jambe et s'emploiera à la cacher sous des jupes amples et colorées. Ce handicap oriente sa décision de se créer une identité bien à elle.

Comment, face à la soudaineté d'un handicap,
garder son énergie vitale, apprivoiser la douleur
et sortir de l'impuissance ?

Les inspirations de Frida la Jeune pour réagir face au handicap et maintenir son énergie vitale

COACHING

Frida est encore une jeune enfant quand elle doit faire face à cette poliomyélite, point de départ d'un cortège de souffrances qui marqueront à jamais sa vie et son œuvre. Cette première épreuve nous donne quelques informations sur les chemins à suivre pour mobiliser nos ressources, donner du sens, raconter, recréer et resurgir de l'abime. Frida développe, au tout

12. Peint en 1938, ce tableau est aujourd'hui disparu, mais une photographie est conservée dans les archives personnelles de Michel Petitjean. Cf. Herrera, Hayden, *Frida Kahlo*, Paris, Flammarion, coll. « Grandes Bibliographies », 2013, p. 523, notes.

13. Peint en 1938.

début de sa vie, cet art de ce soi vivant, existant, souffrant et créateur que nous explorerons au fil de sa vie.

Dans les faits, et selon le neurologue lithuanien Valmantas Budrys[14], Frida serait née avec une spina bifida[15], qui explique les symptômes qui l'accompagneront sa vie durant : douleurs dans les membres inférieurs, troubles sensitifs et pied droit déformé.

Des chercheurs ont découvert, il y a une vingtaine d'années[16], un circuit dans le cerveau et la moelle épinière qui opère comme une sorte de potentiomètre de la douleur, ajustant l'intensité de la douleur perçue en fonction des circonstances. Leurs recherches ont également démontré que l'anticipation mentale d'un soulagement ou d'une récompense, associée à un sentiment de plaisir et de gratitude, a pour effet de diminuer l'intensité d'une douleur. Se dire et se répéter qu'une douleur est insupportable augmente l'intensité ressentie de la douleur. Une étude datant de 2004 du rhumatologue Daniel Clauw a évalué la tendance au catastrophisme de vingt-neuf patients. Dans cet état d'esprit, tous présentent une augmentation de l'activité cérébrale dans les aires associées à l'anticipation de la douleur, à la focalisation sur la douleur et à la charge émotionnelle liée à la perception de la douleur.

La stratégie de Frida, consistant à se créer un Autre, un double riant, bavard et en mouvement, a stimulé l'anticipation d'un plaisir (dont elle parle lorsqu'elle rit dans le patio de sa maison), qui agit directement sur ce phénomène cérébral de réduction de l'intensité de la douleur. Même la simple anticipation du plaisir de l'échange avec ce double active ce circuit de la récompense et en fait baisser l'intensité.

14. Cf. Dieguez, Sébastien, « La douleur sublime de Frida Kahlo », *Cerveau & Psycho*, n° 23, sept. 2007. Sébastien Dieguez est docteur en neurosciences, auteur, enseignant et chercheur à l'université de Fribourg, en Suisse. Article de V. Budrys, Neurological deficits in the life and works of Frida Kahlo, in European Neurology, vol. 55, pp. 4-10, 2006.

15. Malformation congénitale du système nerveux central, qui se produit lorsque la colonne vertébrale d'un fœtus en développement ne se ferme pas correctement.

16. Cf. *Cerveau & Psycho*, n° 44, *La douleur chronique*, avr. 2011, p. 58 à 62

Si vous êtes confrontés à des situations de douleurs paralysantes et brutales, faites comme Frida : inventez-vous un double avec lequel anticiper un réel plaisir, celui de l'échange, de la découverte et de l'action.

Prenez le temps de le visualiser physiquement, et décrivez ses principales qualités.

Commencer un dialogue avec ce double, qui pourrait être une sorte de coach, en lui posant, par exemple, trois types de questions :

- *est-ce que tu aurais une anecdote ou une histoire vécue qui m'aiderait à avancer dans la situation dans laquelle je suis ?*
- *qu'est-ce qui a ou a été précieux dans cette histoire pour toi ?*
- *qui dans tes relations ne serait pas étonné de tes réponses et pourquoi ?*

Comme le souligne Pierre Blanc-Sahnoun, « ces trois questions sont des squelettes[17] » qui ouvrent un dialogue fructueux avec son double, dans un processus d'apaisement de l'intensité de la douleur.

Soulignons le sens de l'humour de cette batailleuse, qui peut se révéler réconfortant : « Certains naissent sous de bons auspices, mais crois-le ou non, je suis de ceux qui, dès la naissance, sont bons pour l'hospice[18]. »

Stimuler cet esprit curieux

Par sa sensibilité exacerbée, une certaine introversion et sa bataille permanente contre cette poliomyélite, Frida a des points communs avec son père. Celui-ci se montre attentionné et pédagogue. Comprenant le besoin de stimulation intellectuelle de sa fille, il lui choisit des livres dans sa bibliothèque et lui transmet sa passion pour le vivant : les pierres,

17. Blanc-Sahnoun, Pierre, avec la coll. de Blue Schermant, Véronique, *Comment rétrécir un dragon sans se bruler les sourcils ? L'art des questions puissantes en coaching et thérapie narrative*, Paris, Interéditions, 2023, p. 51.

18. Kahlo, Frida, *Frida Kahlo*, Paris, Fage éditions, coll. « Paroles d'artiste », 2017, p. 6.

les fleurs, les insectes, les coquillages. Plus grande, il lui raconte la culture artistique mexicaine, l'art et l'architecture. Un studio photographique est installé au sein de la maison familiale ; il la forme à se servir d'un appareil, à développer, à retoucher et à colorier les photographies. Si Frida n'a pas la patience nécessaire pour ces tâches minutieuses, elle gardera dans ses œuvres ces techniques de retouche photographiques. Le formalisme de ses portraits est en lien avec l'approche artistique de son père. « J'ai eu une enfance merveilleuse malgré un père malade. Il a été pour moi, un exemple exceptionnel de tendresse et de travail, mais surtout de compréhension à l'égard de tous mes problèmes[19]. » Le tableau *Portrait de Don Guillermo Kahlo*[20] prouve l'amour sincère et puissant que Frida lui porte. L'homme a d'épais sourcils, une expression intense dans son regard, exorbité et anxieux. Sur les deux cents œuvres de Frida, cinquante-cinq sont des autoportraits qui ont tous une caractéristique, issue de ce lien avec son père : le visage porte un masque inexpressif, destiné à cacher l'angoisse et la tristesse. Une fois Frida devenue jeune fille, Guillermo la soutient pour son admission dans le meilleur établissement scolaire du pays, l'École préparatoire nationale, ou la *Preparatoria*. L'enseignement qui y est délivré est de qualité. Les étudiants reçoivent une solide formation en mathématiques, physique, biologie et langues. Suivre les cours de cette école permet à Frida de s'immerger dans un milieu culturel de haut niveau, en lien avec l'effervescence politique et culturelle de l'époque. Au cours des trente années de dictature de Porfirio Díaz[21], le pays a été tenu par un groupe de juristes, de comptables et d'intellectuels, connus sous le nom de « *cientificos* » (les « scientifiques », en espagnol), prenant

19. Herrera, Hayden, *Frida Kahlo*, Paris, Flammarion, coll. « Grandes Bibliographies », 2013, p. 36.

20. Peint en 1951.

21. Porfirio Díaz est arrivé au pouvoir en renversant le président Sebastián Lerdo de Tejada en 1876. Il a ensuite gouverné le Mexique pendant plusieurs décennies, avec une brève interruption entre 1880 et 1884.

comme modèle culturel et économique l'Europe. La quasi-totalité des ressources industrielles et naturelles est exploitée par des compagnies américaines ou européennes, et la culture autochtone ne suscite que mépris et indifférence. Les artistes, sous la dictature de Díaz, préfèrent peindre des imitations des maitres espagnols Murillo et Zuloaga[22], plutôt que valoriser l'art du Mexique. Il faudra une décennie de révolution pour que les Mexicains puissent se reconstruire une identité. Frida poursuivra la même recherche identitaire que son pays. Pour l'heure, elle baigne dans une atmosphère d'ardeur, d'activisme et de zèle réformiste[23], qui la stimule et lui permet de sortir de l'emprise maternelle. Andrés Iduarte[24], ami de Frida, résume ainsi l'esprit qui règne à cette époque et qui la séduit tant : « Notre vitalité correspondait à celle du Mexique et notre esprit grandissait parallèlement à la morale du pays[25]. » Certains professeurs enthousiasment leurs étudiants : « Idéalistes, continuez d'œuvrer au salut de la République ! Tournez votre regard vers le sol mexicain, vers nos coutumes et nos traditions, nos espoirs et nos désirs, vers ce que nous sommes réellement[26]. » Frida, adolescente, est profondément et durablement inspirée par la vitalité débordante de cette injonction à relier histoire, art et tradition pour découvrir son identité propre. Lorsqu'elle intègre la Preparatoria, elles ne

22. Bartolomé Esteban Murillo (1617-1682) est un peintre baroque espagnol, connu pour ses peintures religieuses, ses portraits et ses scènes de genre. Il est particulièrement célèbre pour ses représentations de la Vierge Marie et d'enfants, ainsi que pour ses compositions pieuses et émotionnelles. Ignacio Zuloaga (1870-1945) est un peintre espagnol du début du XXe siècle, souvent associé au mouvement réaliste et symboliste de la peinture. Il est réputé pour ses portraits, ses scènes de genre et ses paysages, qui capturent souvent la vie rurale et traditionnelle espagnole.

23. Herrera, Hayden, *Frida Kahlo*, Paris, Flammarion, coll. « Grandes Bibliographies », 2013, p. 42.

24. Ami de Frida et étudiant à la Preparatoria en 1922.

25. Iduarte, Andrés, « Imagen de Frida Kahlo », coupure d'un journal de Caracas, 12 août 1954, archives Isolda-Kahlo.

26. Herrera, Hayden, *Frida Kahlo*, Paris, Flammarion, coll. « Grandes Bibliographies », 2013, p. 41.

sont que trente-cinq filles pour deux mille garçons. Frida ne ressemble à aucune autre étudiante. Une salopette bleue en guise d'uniforme, avec des pinces métalliques qu'elle utilise lorsqu'elle enfourche sa bicyclette, une coupe à la garçonne… la jeune fille est faite de vitalité, de cran et de tendresse. Des lèvres pleines et sensuelles que surmontent un regard noir et étincelant, des sourcils, comme des « ailes de mouette noire[27] », Frida fascine et interpelle. D'emblée, elle fréquente un groupe de jeunes garçons, ses véritables « potes » qui se surnomment « *Les Cachuchas* », en raison de leur casquette, signe distinctif[28]. C'est une bande de jeunes effrontés, intelligents et irrévérencieux, dont la plupart choisiront des professions libérales et deviendront des personnages publics. Ils aiment plus que tout organiser des « coups d'éclats » pleins d'humour. Un jour, c'est un âne qu'ils promènent dans les galeries de l'école, perturbant l'attention des élèves ; une autre fois, un chien avec des pétards attachés autour du cou qu'ils allument, faisant hurler de terreur la pauvre bête. À leur contact, Frida reprend vie, laissant sa malice naturelle et son goût de la subversion s'épanouir. Ces rapports francs et chaleureux, faits de loyauté et d'audace, guident Frida dans sa conception de l'amitié. Défier l'autorité par des arguments percutants est le sport favori de ces jeunes, et particulièrement de Frida. Un jour, face à un professeur qu'elle juge conservateur, elle lui répond en usant de l'art du calembour et se voit exclue de l'établissement. Frida porte l'affaire devant le ministre de l'Éducation et obtient sa réintégration. Les Cachucas dévorent tous les livres à leur disposition, d'Alexandre Dumas au poète Ramón López Velarde[29], dont l'œuvre poétique

27. Cf. « Des ailes de mouette noire : portrait en miroir de Frida Kahlo », podcast n° 2/5, sur *France Culture*, déc. 2016.

28. Herrera, Hayden, *Frida Kahlo*, Paris, Flammarion, coll. « Grandes Bibliographies », 2013, p. 45.

29. Ramón López Velarde (1888-1921) est l'un des poètes les plus importants et les plus influents de la littérature mexicaine du XXe siècle. Son recueil de poèmes le plus célèbre est *La suave patria* [*La Douce Patrie*],

valorise les racines culturelles et identitaires du Mexique. Ils se passionnent autant pour les classiques de la littérature ibérique que pour les écrivains russes comme Nicolas Gogol et Alexandre Pouchkine. Ils organisent des concours pour découvrir de nouveaux ouvrages, les mettent en scène avec créativité en improvisant des voyages imaginaires. Frida, avec ses jeunes compères, découvre l'état de flow, ce sentiment de gratification intrinsèque, un intérêt profond qui va au-delà des récompenses externes, comme la reconnaissance sociale, un équilibre entre les compétences et les défis de la tâche. Elle se passionne pour la philosophie, découvre Hegel et s'intéresse à la biologie, voulant même devenir médecin. À cette époque, elle débute aussi sa carrière de séductrice et devient la petite amie du leader des Cachucas. Alejandro Gómez Arias est un brillant orateur, cultivé, conteur charismatique et sportif ; de quoi attirer Frida, qui n'aimera que des « grands hommes ». Vive et intense, la jeune fille a un besoin impérieux d'exprimer ses sentiments. Ses lettres à son compagnon sont portées par un style alerte, sans ponctuation, d'un seul trait. Elles sont agrémentées de croquis, de dessins de visages qui rient ou pleurent et expriment un constant besoin de réassurance. Frida connait aussi ses premières expériences sexuelles et Alejandro s'en souvient encore : « Sur le plan sexuel, Frida était précoce. Pour elle, la sexualité était une façon de jouir de la vie, une sorte d'instinct de vie[30]. » Frida se sent à l'étroit, malgré les diverses expériences intellectuelles et émotionnelles que cette période d'adolescence lui fait traverser. Elle rêve de partir aux États-Unis. À l'issue de son cycle d'études à la Preparatoria, la jeune fille de 18 ans a laissé place à une jeune femme moderne, influencée par l'effervescence artistique des années folles, rebelle aux conventions, voulant créer

publié en 1921 et largement considéré comme un chef-d'œuvre de la poésie mexicaine. Il y explore les paysages, les traditions et les valeurs du Mexique, tout en exprimant un profond amour pour son pays natal.

30. Herrera, Hayden, *Frida Kahlo*, Paris, Flammarion, coll. « Grandes Bibliographies », 2013, p. 59.

son propre chemin et relativement libérée du jugement des autres. Frida vous regarde droit dans les yeux, avec un aplomb singulier pour son âge, une aura de sensualité et de dérision qui ne laisse personne indifférent.

En quoi les expériences intellectuelles et émotionnelles
de Frida adolescente nous renseignent-elles
sur le développement de notre pouvoir de création ?
Peut-on se préparer à la création ou est-ce un don inné
que les hasards de la vie nous font découvrir ?
Peut-on développer une compétence créative ?

Les inspirations de Frida pour se préparer à la création

COACHING

Selon la docteure en neurosciences Samah Karaki[31], notre cerveau est un organe de nature créative. Tout au long de notre vie, notre cerveau perçoit le monde, cumule des informations et des connaissances. Il est capable de se modifier en adaptant ses réseaux selon l'histoire et le milieu de chacun. Cette neuroplasticité, nous indique Samah Karaki, provient d'une multitude d'influences et d'inspirations acquises au cours de notre vie. « Les idées provoquent les idées et aident à faire évoluer de nouvelles idées[32]. » Il est donc essentiel, comme Frida au cours de ses années à la Preparatoria, de multiplier les expériences, de se créer un réservoir de matières premières, comme des ressources mentales, à partir desquelles vous pouvez construire de

31. Cf. « Votre cerveau », podcast saison 3 « La créativité », sur *France Culture*, mai 2023.

32. Karaki, Samah, « Votre cerveau », podcast saison 3 « La créativité », sur *France Culture*, mai 2023.

nouvelles combinaisons. Plus ce réservoir est riche, plus vos combinaisons et vos constructions mentales seront robustes et créatives. « L'inspiration ne surgit pas de nulle part. Il ne s'agit pas de quelque chose qui frappe soudainement l'artiste. Le cerveau crée au gré du vécu, de la répétition et des expériences[33]. »

Dans son livre de 1996 intitulé *Creativity: The Work and Lives of 91 Eminent People*, le psychologue Mihály Csíkszentmihályi suggère que « de toutes les activités humaines, c'est la créativité qui se rapproche le plus de l'épanouissement que nous espérons tous trouver dans notre vie ».

Voici donc quelques conseils, issus de l'expérience de Frida, pour vous créer un réservoir d'expériences, base de votre créativité future :

- prenez le temps de laisser votre esprit vagabonder librement;
- regardez les choses d'une manière nouvelle, voire naïve, afin de conserver votre sens de l'émerveillement et de la curiosité ;
- combinez légèreté et persévérance ; légèreté quand vous cherchez des idées nouvelles et persévérance quand vous êtes en phase de réalisation
- cultivez fierté et modestie. Les personnes très créatives ont tendance à être fières de leurs réalisations et de leurs accomplissements, mais elles sont également conscientes de leur place. Elles peuvent avoir un immense respect pour les autres personnes qui travaillent dans leur domaine et pour l'influence que ces innovations antérieures ont eue sur leur travail ;
- osez une attitude rebelle, tout en intégrant des connaissances de façon méthodique. La créativité exige d'être à la fois traditionnel et iconoclaste. Cela signifie qu'il faut être capable d'apprécier et même d'embrasser le passé en tant que source de connaissances, tout en recherchant des moyens améliorés de créer de nouvelles solutions.

33. Karaki, Samah, « Votre cerveau », podcast saison 3 « La créativité », sur *France Culture*, mai 2023.

La Ballerina au corps brisé

C'est un après-midi de septembre 1925, pluvieux et froid, qui inversera définitivement le cours de l'existence de Frida. Un accident qui fait frémir d'horreur, malheureusement fréquent dans le Mexico de l'époque, où les chauffeurs ont des audaces mortifères. Frida est assise aux côtés d'Alejandro dans un bus à destination de Coyoacán. « Les deux wagons du tramway se sont rapprochés lentement de l'autobus. Au moment où le bus a atteint son degré maximal de flexibilité, il a éclaté en mille morceaux. Le tram a continué d'avancer. Je suis resté sous le tram, pas Frida. Parmi les pièces métalliques du tram, la rampe a cassé et a traversé le corps de Frida de part en part, au niveau du pubis[34]. » Sous la violence du choc, un paquet de poudre rosée s'est éparpillé et a recouvert le corps ensanglanté de Frida, totalement nue. Les passants l'ont prise pour une danseuse et se sont écriés : « ¡*La Ballerina*! ¡*La Ballerina*! ». « Je l'ai prise dans mes bras et ai remarqué avec horreur qu'un morceau de fer était planté dans son corps. Un homme rescapé de la collision lui dit : "Il faut lui retirer." Lorsqu'il l'a extirpé, Frida a hurlé si fort que « ses hurlements couvraient le bruit de l'ambulance[35]. » Son corps est martyrisé par l'accident : trois fractures à la colonne vertébrale, onze sur sa jambe droite et un abdomen transpercé par la rampe d'acier. L'adolescente intrépide, qui se voyait oiseau, se trouve enfermée pour de longs mois dans une cage de ferraille : corset métallique et autres instruments de torture. Son corps, véhicule sublime de sa liberté, est devenu tombeau, disloqué et en mille morceaux. Il est désormais entre les mains de médecins, bricoleurs et réparateurs, que Frida collectionnera comme des amants. Pour l'heure, ils s'ingénient à la sortir des griffes de la mort. Ses

34. Cité dans HERRERA, Hayden, *Frida Kahlo*, Paris, Flammarion, coll. « Grandes Bibliographies », 2013, p. 68.

35. HERRERA, Hayden, *Frida Kahlo*, Paris, Flammarion, coll. « Grandes Bibliographies », 2013, p. 69.

parents sont sous le choc. Sa mère en perd la parole pendant plus d'un mois et son père s'enfonce dans une tristesse infinie. C'est sa sœur ainée, Matilde, qui vient aussitôt lui rendre visite et « lui remonte le moral[36] ». « Dans cet hôpital, la mort danse autour de mon lit toute la nuit[37]. » Déjouant tous les pronostics des médecins, Frida peut enfin sortir de l'hôpital. De retour chez elle, la jeune femme doit rester immobile sur son lit durant de longues semaines pour réparer son corps meurtri, s'il se répare un jour. Sa mère lui a fait installer un miroir au-dessus de son lit et un chevalet spécial qui permet d'incliner sa toile. Ses bras sont les seuls membres mobiles de son corps. Frida commence à peindre son *Autoportrait à la robe de velours*[38], qu'elle destine à son amour perdu Alejandro. Depuis son accident, malgré les lettres enflammées qu'elle lui adresse, les périodes de doutes, les silences s'installent et le jeune homme la fuit, sans doute quelque peu effrayé par l'intensité de ses demandes et sa solitude plaintive. La douleur de l'attente est la pire, surtout lorsqu'elle se justifie de moins en moins. Frida, du fond de son lit, commence à apprendre comment user de son intelligence, de sa sensibilité, de sa souffrance et de son magnétisme pour s'attacher ceux qu'elle aime. Cet autoportrait raconte la supplique de la jeune femme brisée, au moment où elle pense avoir perdu l'homme aimé. C'est une œuvre sombre et émouvante. Frida se représente avec un grand décolleté. Ses yeux délicatement peints absorbent le spectateur, montrant cette véritable étincelle d'intelligence, encadrés par des sourcils incomparables, qui seront sa marque esthétique et identitaire. La main droite, dans la partie inférieure du tableau, semble inviter Alejandro à la rejoindre. La douleur s'invite dans cette toile, mise cependant à distance par la froideur de l'expression de son visage. Alejandro a dû entendre le message puisque

36. Citée dans HERRERA, Hayden, *Frida Kahlo*, Paris, Flammarion, coll. « Grandes Bibliographies », 2013, p. 70.

37. HERRERA, Hayden, *Frida Kahlo*, Paris, Flammarion, coll. « Grandes Bibliographies », 2013, p. 526.

38. Peint en 1926.

leurs relations reprennent brièvement. À partir de 1925, Frida subit plus de trente opérations. « Elle a passé sa vie à mourir[39] », déclare son ami l'écrivain Andrés Henestrosa. Face à sa polio, pour gérer au mieux son handicap, Frida se transforme, avec l'aide de son père, en athlète. Depuis l'accident, la voie de réparation de ce corps si mal en point, est l'immobilité. « Je n'avais jamais pensé à la peinture avant 1926. Je m'ennuyais beaucoup dans mon lit, alors j'ai décidé de faire quelque chose car je me sentais suffisamment d'énergie pour faire n'importe quoi, à la place des études de médecine. Et sans trop y faire attention, je me suis mise à peindre[40]. » Elle passe des heures à étudier l'histoire de l'art et la peinture italienne, notamment Botticelli. Elle prend comme sujets de peinture des proches, des amis et des membres de sa famille. Ses premiers portraits, comme celui de sa sœur Adriana, donnent déjà des indications sur le style artistique particulier de Frida : un visage qui a l'apparence d'un masque, un corps souvent blessé et immobile, un regard sombre, puissant, laissant filtrer la douleur. Sa peinture révèle, avec la précision et la méticulosité apprises auprès de son père photographe, ses sentiments et ses souffrances. Si ses rêves de devenir médecin s'achèvent l'année de ses 18 ans, sa peinture explore son être en profondeur et avec la précision d'un scalpel. Prisonnière d'un corps sans contrôle, c'est par sa peinture qu'elle tente d'agir, de se créer un monde dont elle sera le centre et qu'elle réinventera sans cesse, au gré des rechutes et des guérisons, toujours éphémères. L'une de ses amies, Lola Álvarez Bravo, témoigne : « Frida est la seule artiste qui ait accouché d'elle-même[41]. » Un an après l'accident, Frida analyse cet événement comme un gigantesque

---

39. HERRERA, Hayden, *Frida Kahlo*, Paris, Flammarion, coll. « Grandes Bibliographies », 2013, p. 85.

40. KAHLO, Frida, *Frida Kahlo*, Paris, Fage éditions, coll. « Paroles d'artiste », 2017, p. 4.

41. Interviewée par Karen et David Crommie et citée dans HERRERA, Hayden, *Frida Kahlo*, Paris, Flammarion, coll. « Grandes Bibliographies », 2013, p. 528.

processus d'accélération de son vieillissement. Elle s'interroge sur le sens de la vie. Dans une lettre à Alejandro, elle l'interroge, et ses questions résonnent en chacun d'entre nous : « Pourquoi étudies-tu tellement ? Quel secret cherches-tu ? La vie te le révèlera bientôt. Je sais déjà tout, sans lire ni écrire. Il y a peu, quelques jours à peine, j'étais une enfant qui évoluait dans un monde de couleurs, de formes dures et tangibles. Tout était mystérieux et quelque chose était caché, deviner quoi était un jeu d'enfant. Si tu savais comme c'est terrible de tout savoir brusquement, comme si un éclair illuminait la terre. Maintenant, je vis sur une planète de douleur, transparente comme de la glace ; c'est comme si j'avais tout appris d'un seul coup, en quelques secondes[42]. » Frida décrit la sombre désolation de cette « planète de douleur » qu'elle n'évoque jamais en public. Quand ses amis viennent lui rendre visite, elle est gaie et alerte, réconforte les autres. Au fil du temps, elle se compose pour survivre un personnage puissant et fort. Si ses autoportraits relatent cette lutte contre la mort, ils évoquent tous la dignité et la détermination qu'elle déploie pour surmonter les épreuves. Ce mélange de force, de brutalité et de dignité, combiné avec une mise en scène soignée, donne à ses œuvres ce caractère singulier et unique, pouvant expliquer sa capacité à toucher un public aussi varié et nombreux. Dans son œuvre *La Colonne brisée*, cette intensité faite de brutalité et de fierté est à son apogée. Le corps est traversé d'une faille, qu'un corset de fer maintient, comme pour éviter qu'il ne s'effondre. Les clous sont plantés dans son buste nu, un regard farouche et fier regarde bien en face la réalité de sa condition et l'incite à rester debout, envers et contre toutes les calamités qui se sont liguées contre elle au cours de sa courte vie. Même si ses joues sont baignées de larmes, elle ne pleure pas, elle affronte la désolation. L'immense plaine aride en fond de son tableau ouvre un horizon et un espoir incertains.

---

42. Citée dans HERRERA, Hayden, *Frida Kahlo*, Paris, Flammarion, coll. « Grandes Bibliographies », 2013, p. 100.

Quand Frida peint allongée sur son lit,
que nous transmet-elle sur notre capacité à, d'une part,
cheminer avec cette souffrance et, d'autre part,
à la rendre créatrice, voire féconde ?
Comment l'esprit peut-il se réapproprier la souffrance du corps ?
En quoi « cette mort qui rôde au-dessus de son lit »[43]
confère-t-elle ou non un sens à la vie d'artiste
que Frida se choisit ?

Les inspirations de Frida pour se créer un chemin du traumatisme vers l'espoir

COACHING

Frida, lors de son accident, voit son corps devenir sa principale source de préoccupation. Il fait l'objet de toutes ses attentions et devient omniprésent dans sa vie. Cette expérience transforme son identité, son apparence et son rapport aux autres. La douleur défigure son reflet, son image intérieure, et suspend la continuité de son existence.Faut-il donc donner un sens à cette souffrance ? Ou ce sens peut-il émerger de la rencontre avec la souffrance ?

1re étape pour trouver un chemin de la souffrance à l'espoir : le refus de l'abdication devant cette souffrance

Comment s'y prend-elle ? Frida nous donne quelques pistes pour développer notre robustesse psychique face à la maladie et la souffrance

- savoir réguler ses émotions ;
- adopter des points de vue positifs et aborder les problèmes de manière active. Frida, même alitée de longues

43. Kahlo, Frida, *Frida Kahlo*, Paris, Fage éditions, coll. « Paroles d'artiste », 2017, p. 15.

heures, pose des questions à ses amis, relate des expériences positives et s'intéresse aux autres ;
- entretenir un réseau relationnel. Frida saura développer le sien tout au long de sa vie, ce qui lui offrira une protection émotionnelle.

De récentes recherches[44], menées par les psychologues Julianne Holt-Lunstad et Timothy Smith de l'université Brigham-Young ont analysé 150 études concernant plus de 300 000 personnes. Il en ressort que les liens sociaux stables et riches augmentent nos capacités de résilience et notre santé mentale. Ils démontrent également que les personnes hautement résilientes se caractérisent par un sentiment de très forte cohérence. Ce concept a d'ailleurs été mis en lumière par le médecin et sociologue Aaron Antonovsky (1923-1994) qui décrit trois composantes dans la façon d'orienter sa vie. Ces personnes trouvent un sens dans les événements qu'elles traversent,. Elles considèrent que les crises et les coups du sort peuvent s'expliquer et qu'elles possèdent suffisamment de ressources pour les surmonter. Enfin, elles estiment qu'au fond, ces défis valent la peine d'être relevés. Elles ont une résistance au stress largement supérieure au reste de la population. Frida incarne ces trois composantes, développées par Antonovsky.

2e étape : savoir se détacher de soi

Si l'art ne guérit pas la douleur et n'a pas le pouvoir de nous faire passer de l'enfer au paradis, peut-il transformer la souffrance ? Lorsque le corps est au paroxysme de ce qu'il peut endurer, l'esprit prend alors le relais pour faire diversion. Frida n'a d'autres choix que de réaliser des autoportraits pour se distraire de ses interminables journées couchée, avec un miroir au-dessus d'elle. Les expériences en neurosciences[45]

44. Cf. HOLT-LUNSTAD, Julianne, LAYTON, J. Bradley et SMITH, Timothy, « Social Relationships and Mortality Risk: A Meta-Analytic Review, *Plos Medicine*, vol. VII, n° 7, 27 juil. 2010.

45. Cf. DIEGUEZ, Sébastien, « La douleur sublime de Frida Kahlo », *Cerveau & Psycho*, n° 23, sept. 2007.

nous enseignent qu'une observation prolongée d'un miroir peut produire des visions, des hallucinations visuelles et des illusions corporelles, peut-être à l'origine de ce clivage entre les deux Frida, l'une clouée sur son lit, l'autre évoluant dans un monde libre et imaginaire. Ce dialogue entamé enfant avec son amie imaginaire se prolongera dans la recherche créative et volontaire de cet art de l'autoportrait.

3e étape : se redéfinir une identité face à la souffrance et à la maladie

La souffrance de Frida l'a obligée à se redéfinir autour d'un élément clé de son identité : son apparence. Elle s'interroge sur ce qui compose son identité et se crée un personnage. C'est à cette époque qu'elle affirme, par ses vêtements, une mexicanité ancrée dans ses racines indiennes et qui se traduit par un style coloré, riche en texture, inventif, provocateur, irrévérencieux et authentique. Ces costumes sont pour Frida un moyen de se rendre visible dans un espace et de renforcer son magnétisme. Ses vêtements sont à la fois un cadre et un masque. Ils définissent une identité et lui permettent de cacher ses fragilités physiques.

Elle valorise également des attributs androgynes, en refusant de s'épiler la moustache, et colore le tout d'une touche de modernité, en se maquillant les lèvres et les yeux.

Pour vous créer ce chemin, du traumatisme à l'espoir, osez, comme Frida, développer votre réseau relationnel, adopter des points de vue positifs, garder une cohérence et une capacité à donner du sens dans ce que vous traversez. Profitez-en pour redéfinir une identité bien à vous.

L'amour de l'Ogre

En 1927, Frida s'est suffisamment rétablie pour reprendre une vie presque normale et décide de se consacrer définitivement à la peinture. Le contexte politique a changé. En 1920, sous la présidence d'Álvaro Obregón, le pays s'engage dans un changement politique, dont le domaine de l'art est le principal bénéficiaire. Les années 1920 connaissent un essor artistique phénoménal, sous l'impulsion du philosophe José Vasconcelos, secrétaire d'État à l'Éducation publique. Intellectuel et visionnaire, il croit à la force des idées pour changer la société et l'éducation, et encourage une pensée libre. Il s'engage à mettre des livres entre les mains de tous les Mexicains et l'art sur tous les murs publics. Il charge les artistes de créer des œuvres stimulantes et générer ainsi des bouleversements profonds au sein de la société. Le Mexique est désormais un terreau fertile où s'épanouissent peintres et écrivains venus des quatre coins de l'Europe et des États-Unis. C'est dans ce contexte que Frida rencontre Tina Modotti, photographe nord-américaine d'origine italienne, qui a quitté les États-Unis pour le Mexique. Tina Modotti est une aventurière et une activiste politique aux amours pléthoriques, dont la beauté est un détail par rapport à sa capacité de vie, à son savoir-faire relationnel et à son intelligence aiguisée. La connexion entre les deux femmes est immédiate. Tina Modotti fascine Frida par ses audaces et sa manière incomparable de conjuguer beauté, sensualité et liberté. Frida aime sa façon de photographier les femmes mexicaines de dos, les rues de face et les fleurs sans tige. Tina adhère au Parti communiste mexicain en 1927, et Frida en 1928. C'est par son intermédiaire qu'elle rencontre Diego Rivera, l'amour de sa vie. Ce n'est pas totalement un inconnu. Adolescente, alors que Diego peint une fresque murale au sein de la Preparatoria, Frida l'interpelle en lui demandant de descendre de son échelle. Elle veut un avis éclairé et professionnel sur ses peintures. « Il y a quelque chose d'intéressant, tu devrais poursuivre dans cette voie. Peins ce qui te fait plaisir sans te laisser influencer[46]. » Ce premier contact ouvre la porte d'une relation unique et singulière entre Frida et Diego. Elle séduit par son art, « d'une

46. Cf. LOCHWOOD, Louise, *Frida Kahlo*, ép. 2, « Tout pour Diego », France Télévision, 2023.

honnêteté plastique fondamentale et d'un pouvoir d'observation impitoyable et sensible[47] ». Diego reconnait alors une véritable artiste, dont le talent est peut-être supérieur au sien. Il l'invite à explorer sa singularité, ses émotions, son intuition et à suivre son propre chemin. Lorsqu'elle le revoit, l'homme est l'artiste le plus loué et le plus décrié du Mexique. Derrière l'homme séducteur, fantasque et excessif se cache un travailleur acharné qui se passionne pour la création d'un art révolutionnaire et spécifiquement mexicain. Son moyen d'expression est la fresque murale. Cette peinture monumentale donne la possibilité à tous, et notamment aux analphabètes, de connaitre leur histoire nationale. De 1923 à 1928, Diego peint des fresques au ministère de l'Éducation publique. Au travers de celles-ci, il raconte les Indiens travaillant dans les champs, dans les mines, et la lutte pour leurs droits. Il affirme que l'art mexicain est un art collectif et « l'expression de la spiritualité la plus grande et la plus saine du monde[48] ». Qualifié naguère de barbare, l'art précolombien devient l'incarnation d'une mexicanité originelle et vivante. Diego et Frida collectionneront de nombreux objets de production artisanale et sculptures précolombiennes, comme d'authentiques œuvres du peuple. Pour créer un art mexicain, il est temps de rejeter toute influence « coloniale » et européenne. Quand Frida rencontre Diego, celui-ci est libre. Diego, l'homme quintal, est laid et pourtant, il captive les regards et envahit l'espace. Derrière le pachyderme, un humour étincelant, un charme et une vitalité jaillissent. Il est drôle, sensuel et tendre. Il tranche avec ses contemporains en concédant volontiers la supériorité et le talent des femmes, les jugeant plus sensibles, plus pacifistes et plus civilisées[49]. Diego reconnait la Frida, opiniâtre et

47. Herrera, Hayden, *Frida Kahlo*, Paris, Flammarion, coll. « Grandes Bibliographies », 2013, p. 116.

48. Herrera, Hayden, *Frida Kahlo*, Paris, Flammarion, coll. « Grandes Bibliographies », 2013, p. 108.

49. Herrera, Hayden, *Frida Kahlo*, Paris, Flammarion, coll. « Grandes Bibliographies », 2013, p. 114.

décidée, qui l'avait invité à lui livrer, sans complaisance, son avis sur ses œuvres. Au moment où il commence sa phrase : « Mais tu es[50]... », Frida le regarde de ses yeux étincelants et lui met la main sur la bouche : « Oui et alors ? C'était moi, la fille de l'amphithéâtre, mais ça n'a rien à voir avec ce qui se passe aujourd'hui. ». Diego l'écrit : « Je le savais, à cet instant-là, Frida était devenue l'élément le plus important de ma vie, et devait le rester jusqu'à ma mort[51]. »

Diego est captivé par Frida. Ce mélange singulier de fraicheur, de sensualité affirmée, de cran et de malice en phase avec son esprit juvénile stimule un attachement chaque jour plus fort. Il aime son esprit vif, anticonformiste. Ensemble, ils partagent une même vision de l'existence où se mêlent ironie, humour noir et fous rires. Leur intelligence se complète. Frida aime décoder les individus et pour cela s'attache à observer les détails comme les visages, les vêtements, la profondeur de leurs sentiments. Ses sources d'inspirations privilégient le familier, la nature, les fruits, les plantes, les animaux et, bien sûr, elle-même, ses pensées, ses émotions, ses actions. Diego, lui, est attiré par l'abstraction, le grand flot de l'Histoire humaine et de la société. Ses fresques monumentales correspondent à sa pensée globale, à ses engagements pour promouvoir une conscience sociale et politique du peuple mexicain. Ils ont cette capacité commune à injecter du merveilleux dans leur quotidien, et adorent le monde de l'absurde et de l'imaginaire. Au moment de leur rencontre, Diego est un militant engagé et est délégué de la Ligue des paysans mexicains du Parti communiste. Frida embrasse le rôle de la parfaite militante. Il la peint sur une de ses fresques, *Insurrection*[52], en héroïne politique revêtant une chemise rouge. Rivera lui aurait lancé, lors d'une séance de pose : « Tu as une tête de chien »,

50. HERRERA, Hayden, *Frida Kahlo*, Paris, Flammarion, coll. « Grandes Bibliographies », 2013, p. 117.
51. HERRERA, Hayden, *Frida Kahlo*, Paris, Flammarion, coll. « Grandes Bibliographies », 2013, p. 120.
52. Peinte en 1928.

et Frida, avec son humour piquant, de répliquer : « Et toi, une tête de grenouille[53]. » Plus tard, dans sa peinture *L'Autobus*, Frida tentera de reproduire, à sa façon, ce que Diego exécute sur ses fresques gigantesques. Sur une banquette sont alignés tous les stéréotypes de la société mexicaine : une ménagère avec un panier, un ouvrier en bleu de travail, une Indienne aux pieds nus qui allaite son enfant et, à droite, un homme endimanché qui porte un sac rempli d'argent. Frida a une conscience politique qu'elle sait entrelacer avec un sens de l'humour et du ridicule. De son coté, Diego sollicite l'avis de Frida pour ses choix narratifs, ses traits, ses couleurs et ses métaphores. Leur dialogue insatiable, curieux et exalté les ravit ; Diego car il a enfin trouvé un regard à sa hauteur, Frida car il a une posture juste envers elle : conseiller sans professer. Frida devient sa référence. Diego lui permet de trouver sa propre expression. « Diego m'a montré le sens révolutionnaire de la vie et le vrai sens de la couleur[54]. » En août 1929, Diego épouse Frida. Débute alors pour elle la vie de jeune mariée, qui devient un objectif à part entière. De façon surprenante, elle se met dans la peau de « femme d'un grand homme », sollicitant les conseils de l'ancienne amoureuse de Diego, Lupe, pour satisfaire les caprices de l'artiste. Frida, aussi indépendante et anticonformiste qu'elle puisse être, endosse ce rôle avec plaisir et gourmandise. Elle observe avec acuité le travail de Diego, qui ne peut se passer de son avis. Elle apprend l'art de l'influence, en sachant, avec diplomatie, formuler des questions ouvertes pour inviter Diego à réfléchir différemment et à sortir de ses certitudes artistiques. Parfois, il la laisse corriger son esquisse. Frida admire l'imagination féconde de Diego et lui voue dès le début de leur relation amoureuse un amour fou, obsessionnel. Dans les lettres de Diego à Frida, exposées au musée Frida-Kahlo, la tendresse

53. HERRERA, Hayden, *Frida Kahlo*, Paris, Flammarion, coll. « Grandes Bibliographies », 2013, p. 123.
54. HERRERA, Hayden, *Frida Kahlo*, Paris, Flammarion, coll. « Grandes Bibliographies », 2013, notes p. 531.

et la sollicitude envers Frida sont omniprésentes, ce qui peut être étonnant de la part d'un homme dont la priorité inflexible reste la peinture. Frida devient, au fil du temps, le pilier central de « l'Ogre ». Elle sait mieux que personne déceler les fragilités et les besoins de son époux et sait tisser des espaces où, malgré les infidélités nombreuses de Diego, ils se retrouvent et maintiennent une stimulation amoureuse et créative. Tous ceux qui les ont approchés notent « une vie commune extrêmement conflictuelle et contrastée[55] ».

Avec l'amour de l'Ogre, quelles voies Frida
nous offre-t-elle pour faire exister deux individualités fortes
et créatives, au sein d'un couple ?
En quoi l'amour qui les lie, volcanique et tumultueux,
constitue-t-il un cadre qui influence leur production artistique ?

Les inspirations de Frida pour développer sa force créative grâce à l'interaction avec l'Autre

COACHING

La relation que tissent Frida et Diego nous donne des clés sur la constitution de notre identité, via le rôle de l'autre et de l'amour. Le philosophe du XXe siècle Martin Buber, dans son livre singulier *Je et Tu*[56], explore les différentes relations interpersonnelles et démontre que c'est principalement par le rapport à autrui que la conscience de soi peut se développer. Cette prise de conscience passe aussi par l'amour. La présence et le regard de l'être aimé sur soi transforment la

55. Herrera, Hayden, *Frida Kahlo*, Paris, Flammarion, coll. « Grandes Bibliographies », 2013, p. 137.
56. Martin Buber (1878-1965) est un philosophe et théologien juif autrichien. Il publie en 1923 son livre *Je et Tu*.

relation entre soi et le monde. L'amour nous constitue dans notre identité affective et psychologique. Buber soutient que la véritable réalité de l'existence se trouve dans les relations interpersonnelles du « JE-TU », où les individus se rejoignent dans un espace de dialogue, de rencontre et de communion. Frida et Diego savent cultiver cet espace de partage.

Ils nous donnent également des clés sur la façon dont ce dialogue de couple développe leur créativité. Issu de leurs échanges féconds, ils nous invitent à la démarche suivante :

- pour bousculer le statu quo, il convient d'abord d'observer le monde qui nous entoure pour identifier et challenger les conventions et les normes devenues obsolètes. Diego et Frida le feront par leur peinture. Ils se complètent dans leur compréhension du monde ; Diego avec une vision globale et synthétique, Frida dans une approche en profondeur et en lien avec le vivant ;
- leur capacité à créer repose sur la liberté avec laquelle ils se livrent à des jeux d'association, ce qui veut dire prendre le risque de l'absurde et du décalé, pour trouver des idées plus percutantes. Leur duo fonctionne sur ce principe ;
- être curieux, explorer des domaines différents, observer tous les aspects du monde, quitte à se disperser, sont des voies à tenter pour développer, comme Frida et Diego, son potentiel créatif ;
- enfin, l'exemple de Frida, avec son lot inédit de contraintes, nous indique que, contrairement à nos croyances qui associent liberté et créativité, la contrainte a pour vertu de nous barrer l'accès au chemin le plus évident. La contrainte nous pousse vers des idées plus innovantes et nous oblige à nous rappeler le sens et la valeur de ce que nous faisons.

Ainsi, pour regarder la contrainte comme un défi créatif et rechercher des solutions moins évidentes et plus audacieuses, osez vous poser les questions suivantes :

- *en quoi la contrainte peut-elle m'inviter à réfléchir différemment ?*

- *quels sont les freins et comment puis-je les utiliser à mon avantage ?*
- *comment cette contrainte peut-elle influencer ma perception du problème ?*

Une femme libre et audacieuse, conjuguant ethnicité et handicap

Le jour de son mariage, Frida choisit une tenue qui marque le début de son identité d'artiste. Elle revêt un costume tehuana, composé d'une jupe longue, d'un corsage richement brodé, d'un long châle tissé, de rubans et de fleurs dans ses cheveux. Ces traditions de Tehuantepec sont documentées par le travail universitaire du peintre et anthropologue Miguel Covarrubias[57], qui fait connaitre les traditions des peuples autochtones. Dans les années 1920, les artistes et les intellectuels voient dans les Tehuanas le symbole idéal pour incarner un nouveau Mexique, capable d'intégrer ses cultures indigènes et de déployer l'idée d'une nation unie. La description des femmes tehuanas touche Frida. Elles sont décrites par Covarrubias comme « des femmes dont la démarche est pure poésie[58] ». Ces femmes sont réputées pour « leur noblesse, leur beauté, leur sensualité, leur intelligence, leur courage et leur force[59] ». Cette société matriarcale concentre également le pouvoir économique en organisant les marchés et la gestion des ressources financières. Au moment où Frida est en train de bâtir sa propre image, l'inspiration de ces femmes

57. Miguel Covarrubias (1906-1957) est un artiste polyvalent, originaire du Mexique, célèbre pour ses talents dans plusieurs domaines, notamment l'art visuel, l'anthropologie, l'illustration, l'écriture et la danse.

58. Henestrosa, Circe, *Frida Kahlo. Au-delà des apparences*, Paris, coéd. Paris Musées et Palais Galliera, 2022, p. 70 ; cat. exp. *Frida Kahlo. Au-delà des apparences*, Paris, musée Galliera, 15 sept. 2022 – 5 mars 2023.

59. Herrera, Hayden, *Frida Kahlo*, Paris, Flammarion, coll. « Grandes Bibliographies », 2013, p. 141.

indépendantes et fidèles à leurs traditions représente un socle identitaire pour l'artiste. Dans son journal intime, elle démontre qu'elle comprend le pouvoir magique du vêtement. Elle écrit que « la tenue de Tehuana forme le portrait absent d'une seule personne : celui de son moi absent[60] ». Avec le temps, Frida use de son style vestimentaire comme d'une forme de communion sociale, servant une cause : l'alliance complexe de son idéologie communiste, de sa mexicanité et une réaction à son handicap. Elle n'hésite pas à y associer d'autres vêtements, venus d'autres régions, comme des chemisiers européens ou américains. Elle crée elle-même ses propres costumes. Dès l'âge de 6 ans, elle superpose trois ou quatre couches de chaussettes sur sa jambe atrophiée et opte pour des chaussures compensées pour cacher l'asymétrie de ses jambes. Loin de se laisser envahir par le handicap, elle décore avec soin ses chaussures avec des nœuds, de la soie brodée de dragons chinois, ou des clochettes. Elle assortit ses chaussures avec ses prothèses, donnant ainsi le sentiment qu'elles ne sont pas subies, mais qu'elles constituent un accessoire de mode essentiel à sa garde-robe. Elle choisit également les matières de ses robes : des cotons ou des soies légers, respirants et confortables, lui permettant de porter ses corsets sous de jolis chemisiers mexicains. Son apparence et ses choix vestimentaires s'inscrivent dans une recherche permanente d'affirmation de soi. Frida compose son style comme une palette de couleurs, à partir de laquelle, tous les matins, elle souhaite se présenter au monde. Avec son sens du détail et son perfectionnisme, elle joue sur les proportions de son corps : en bas, une jupe longue, froncée à la taille, l'*enagua* ; en haut, une tunique géométrique de coupe carrée, le huipil[61] ; enfin, une coiffure faite de tresses et de fleurs. Frida

60. HERRERA, Hayden, *Frida Kahlo*, Paris, Flammarion, coll. « Grandes Bibliographies », 2013, p. 144.

61. HENESTROSA, Circe, *Frida Kahlo. Au-delà des apparences*, Paris, coéd. Paris Musées et Palais Galliera, 2022, p. 80 ; cat. exp. *Frida Kahlo. Au-delà des apparences*, Paris, musée Galliera, 15 sept. 2022 – 5 mars 2023.

sait diriger les regards vers le haut de son corps, détournant l'attention du bas de son corps. Le huipil, grâce à ses proportions, la fait paraitre plus grande. Frida ajoute à ses costumes des bijoux qu'elle aime porter de façon spectaculaire. Lucienne Bloch, artiste suisse-américaine et amie du couple, dit de Frida qu'« elle a un talent extraordinaire pour détecter l'authentique et le beau[62] ». Elle déniche des bijoux de pacotille qu'elle transforme en ornements fantastiques. Elle utilise également des pierres qui la relie à l'histoire précolombienne du Mexique, symbole de sa mexicanité assumée. Son style très personnel met en scène ce qui est en elle depuis toujours, et qui suscite l'admiration de Diego. Face à l'homme obèse, Frida, belle, élégante et originale, est son double. Ils composent ainsi, entre la brillante extravagance de Frida et la laideur de Diego, un couple mythique, sachant mailler symboles et ethnicité, à l'origine de leur succès mondial.

En 1930, les Rivera partent pour San Francisco, car Diego doit y honorer des commandes. Il travaille sans relâche. Durant les six mois passés dans cette ville, Frida peint différents portraits, échos parfaits de ses relations sociales. Ces tableaux reflètent la façon dont elle entretient ses amitiés : sans prétention, avec humour et une réelle finesse d'appréhension d'autrui. Elle peint le *Portrait d'Eva Frederik*[63], dont on perçoit de façon directe, frontale, sans artifice, l'intelligence et la profonde lassitude. Diego, épuisé par sa fresque californienne, part avec Frida dans la propriété d'une protectrice des arts, Sigmund Stern. Frida effectue une toile qui symbolise un tournant dans son approche artistique. Elle réalise le *Portrait de Luther Burbank*, autodidacte, surnommé « le magicien des plantes », dont le génie se cache dans son talent d'hybridation entre les différentes variétés de plantes. Il révolutionne l'horticulture en créant les plants hybrides. Cet inventeur de

62. HENESTROSA, Circe, *Frida Kahlo. Au-delà des apparences*, Paris, coéd. Paris Musées et Palais Galliera, 2022, p. 85 ; cat. exp. *Frida Kahlo. Au-delà des apparences*, Paris, musée Galliera, 15 sept. 2022 – 5 mars 2023.

63. Peint en 1931.

végétaux séduit les Rivera. Dans son portrait, elle transforme Burbank en hybride : mi-homme mi-plante, tenant à la main une plante déracinée, géante, avec de larges feuilles vertes qui sont aussi grandes que sa tête. Ce n'est pas la plante qui est en terre mais lui, le bas de son pantalon pris dans un arbre. Sous la terre gît un squelette humain dans lequel les racines s'entremêlent. C'est sa première production artistique autour d'un thème qui deviendra, au fil des années, central pour Frida : le dialogue incessant entre la vie et la mort. L'homme a besoin de la terre pour se nourrir, comme celle-ci se nourrit des morts pour transmettre à nouveau la vie. À partir de 1932, Frida cesse de réaliser des portraits réalistes pour se tourner vers des œuvres plus imaginatives, plus créatives, et d'inspiration surréaliste. Durant cette période, elle se démène pour devenir l'alliée la plus sûre de son mari. Bien qu'amoureux de sa jeune épouse, il éprouve une passion pour la beauté, l'art, le Mexique et les femmes (surtout !). « Diego est au-delà des relations personnelles limitées et précises. Il n'a pas d'amis, il a des alliés : il est très affectueux, mais il n'abandonne jamais[64]. » À San Francisco, au cours d'un diner où Diego séduit sa voisine, Frida passe à l'attaque en cherchant à faire rire le géant. Elle commence à chanter des chansons mexicaines scabreuses, avec un soupçon d'obscénité, sachant capter toute l'attention de la tablée. Sous le charme, Diego ne la quitte plus du regard. Effrontée, audacieuse et libre, c'est ainsi qu'il l'aime. À peine revenus de San Francisco, Diego est invité à exposer ses œuvres au musée d'Art moderne de New York. Henry Ford lui fera ensuite un pont d'or pour qu'il vienne peindre une fresque murale à la gloire de l'industrie automobile dans la ville de Détroit. Ils sont accueillis pour un diner mondain dans la somptueuse villa des Ford. Dans ce paysage industriel, Frida jure avec ses jupes tehuana et ses fleurs multicolores. À table, Henry Ford lui demande où ils

64. Herrera, Hayden, *Frida Kahlo*, Paris, Flammarion, coll. « Grandes Bibliographies », 2013, p. 157.

sont logés. Frida répond qu'ils ont failli changer de logement car les propriétaires n'aiment pas les juifs. Au mot « juif », que Frida prononce avec force, un silence gênant s'abat sur l'assemblée, au courant de la réputation d'antisémite de Ford. Frida, nullement impressionnée par cette ambiance glaciale, poursuit : « Monsieur Ford, est-ce que vous êtes juif[65] ? » L'élégant sexagénaire, au regard bleu métal, éclate de rire et répond en lui signifiant qu'il aimerait bien voir ses toiles. « Je comprends, je suis la meilleure peintre du monde[66]. » Diego, de retour chez eux, hurle de rire et ne tarit pas d'éloge sur sa « Fisita » : « Quelle bonne femme[67] ! » Au quotidien, Frida supporte mal le décalage entre l'extravagant train de vie des personnes riches qu'elle côtoie et la misère dans les rues de Détroit. Fêtée par l'élite culturelle, on trouve cependant étranges sa personnalité et ses costumes ; elle réagit par des discours provoquants, louant le communisme chez les Ford, critiquant l'Église chez les catholiques, instillant dans certaines phrases des mots grossiers. Frida est ravie de bousculer les gens bien-pensants.

Face à la capacité de Frida, de se créer une identité aussi graphique que créative, que nous propose-t-elle comme voies pour conjuguer originalité et handicap ? En quoi le comportement artistique et social de Frida nous invite-t-il à aller à l'essentiel, sans s'inquiéter de déplaire ou d'effrayer ?

65. Berest, Claire, *Rien n'est noir*, Paris, Éditions Stock, 2019, p. 115.
66. Berest, Claire, *Rien n'est noir*, Paris, Éditions Stock, 2019, p. 115.
67. Herrera, Hayden, *Frida Kahlo*, Paris, Flammarion, coll. « Grandes Bibliographies », 2013, p. 169.

Les inspirations de Frida pour se créer une identité, sans s'inquiéter de plaire ou d'effrayer

COACHING

Ce qui semble inspirant chez Frida, c'est sa capacité à accepter et à intégrer les différentes facettes de sa personnalité et ses propres contradictions en les associant sous la forme d'une composition artistique. Quels sont ses leviers pour réaliser cela avec brio et finesse ?

1er levier : négocier, en toute conscience, ses désirs contradictoires

Frida ne cherche pas à opposer ses différents moi : elle leur donne un espace. Elle veut être une artiste indépendante et une épouse prête à investir temps et énergie pour satisfaire les besoins et les désirs de son époux. Elle veut s'ancrer dans une certaine modernité et exploiter les bases ethniques de sa mexicanité.

2e levier : entretenir un dialogue avec soi pour, *in fine*, devenir son meilleur ami

Le philosophe Ralph Waldo Emerson, dans son livre *La Confiance en soi*, publié en 1841[68], donne des pistes pour créer ce dialogue avec soi. Exprimez avec des paroles fortes et sous la forme qui vous convient (lettre, dessin, poème, etc.) ce que vous ressentez aujourd'hui : vos sentiments, vos pensées... Faites la même chose en vous projetant sur le futur : vos aspirations, vos envies, vos émotions. Relisez le tout régulièrement.

---

68. Cf. Lacroix, Alexandre, « Les trois rounds du duel intérieur, *Philosophie Magazine*, n°, *Peut-on être en accord avec soi-même*, sept. 2023.

3e levier : réduire l'écart entre ses valeurs, ses désirs profonds, et les comportements sociaux répondant aux attentes des autres

Le psychologue de la motivation Olivier Schultheiss[69], de l'université d'Erlangen-Nuremberg, a étudié le rapport entre les objectifs exprimés ouvertement par des personnes et leurs motivations profondes. Il a constaté que la plupart des gens ont une corrélation entre leurs motifs intimes et leurs buts explicites à peine supérieure au hasard, soit 0,13 %. Cela voudrait dire que l'authenticité n'existe pratiquement pas.

En allant plus loin dans ses recherches, il a constaté que plus les personnes ont une conscience d'elles-mêmes et de leurs aspirations profondes, plus l'authenticité s'exprime dans le choix et le comportement de l'individu.

4e levier : Un talent crucial, développé par Frida : savoir déchiffrer ses sensations et verbaliser ses ressentis

Frida est, depuis son accident, à l'écoute (forcée) de son corps. Schultheiss a également prouvé que décoder les signes d'une excitation somatique est une des voies pour trouver ce qui constitue une motivation et une base d'authenticité, alors que des stratégies purement cognitives nous enferment dans les exigences et les attentes de notre environnement. Les personnes comme Frida qui ne tiennent pas compte de ces exigences sont plus à l'écoute de ce qui leur correspond vraiment.

Cette planète de douleurs

Au mois de mai 1932, Frida découvre qu'elle est enceinte. Diego, essentiellement préoccupé par sa peinture et déjà père,

69. KÖLLNER, Martin G. et SCHULTHEISS, Olivier C., « Meta-Analytic Evidence of Low Convergence Between Implicit and Explicit Measures of the Needs for Achievement, Affiliation, and Power », *Frontiers in Psychology*, vol. V, 8 août 2014, p. 26.

ne souhaite pas d'autres enfants. Malgré tous les risques encourus, Frida reste inflexible sur sa volonté d'être mère. Isolée et malade, elle s'ennuie. Diego n'a pas l'intention de rester à la maison pour veiller sur elle. Quand son assistante, Lucienne Bloch, arrive en juin à Détroit, il la presse de venir s'installer chez eux et de veiller sur son épouse. L'air est saturé par la chaleur, quand, une soirée de juin, Frida se plaint de douleur dans l'utérus. Des cris de désespoirs venant de la chambre de Diego et Frida réveillent Lucienne qui raconte, dans son journal intime, les cheveux trempés de larmes de Frida, les douleurs de l'accouchement et le flot de sang ininterrompu[70]. L'artiste est transportée d'urgence à l'hôpital Henry-Ford et y passe treize jours sinistres, désespérée à l'idée de ne plus jamais avoir d'enfant. Elle s'égare sur les raisons pour lesquelles son corps rejette son projet de maternité. Entre la chaleur, le sang et les larmes, Frida vacille. « J'aimerai mieux être morte[71] », déclare-t-elle à un Diego épouvanté et impuissant. Quelques jours après sa fausse couche, Frida reprend le crayon et dessine un autoportrait où elle apparait en buste, portant un kimono, les cheveux pris dans un filet et le visage baigné de larmes[72]. Elle poursuit son travail d'artiste en écoutant la femme blessée et la mère qu'elle ne sera jamais, en suppliant le médecin qui s'occupe d'elle de lui procurer des livres de médecine comportant des illustrations sur les fausses couches. Le médecin refuse, prétextant que ces images auront un pouvoir de perturbation mentale préjudiciable à Frida. Diego intervient et synthétise parfaitement la puissance de résilience et de transformation qui caractérisent sa femme : « Vous n'avez pas affaire à n'importe qui. Frida va

70. Cf. Herrera, Hayden, *Frida Kahlo*, Paris, Flammarion, coll. « Grandes Bibliographies », 2013, p. 176.

71. Herrera, Hayden, *Frida Kahlo*, Paris, Flammarion, coll. « Grandes Bibliographies », 2013, p. 176.

72. Herrera, Hayden, *Frida Kahlo*, Paris, Flammarion, coll. « Grandes Bibliographies », 2013, p. 176.

en faire quelque chose. Elle en fera une œuvre d'art[73]. » Frida, après avoir étudié en détail un fœtus mâle, réalise une œuvre qui constitue un tournant dans son parcours artistique : *L'Hôpital Henry-Ford*[74]. Par sa qualité et sa puissance d'expression, ce tableau inaugure une série d'autoportraits sanglants et terrifiants, portant les qualités d'endurance de vérité et de souffrance des femmes à un niveau d'angoisse poétique et d'émotions, qui furent à l'origine de son succès flamboyant. Personne, à l'époque, n'a cette capacité créative de mettre à nu toutes les vulnérabilités physiques et émotionnelles de la vie intime des femmes. Elle est la première dans l'histoire de l'art à saisir, avec une sincérité absolue et voisine d'une calme cruauté, les thèmes de l'avortement et des fausses couches. Elle brise le tabou du silence et réduit en pièces les représentations idéalisées du corps et de la sexualité de la femme. Dans cette peinture, *L'Hôpital Henry-Ford*, Frida est nue, étendue sur son lit de souffrances, baignant dans le sang qui macule le drap. Sur son ventre déformé, elle retient d'une main cinq rubans qui ressemblent à des veines. À l'extrémité flottent les symboles des souffrances éprouvées par la jeune femme : le fœtus de son petit garçon qu'elle ne cajolera jamais, un escargot qui, selon elle, symbolise la lenteur avec laquelle cette fausse couche est arrivée, une colonne vertébrale illustrant sa blessure originelle, et un étau de fer, à l'image de son ressenti. Ce lit flotte dans un paysage aride, évoquant l'intense solitude dans laquelle elle a vécu cet événement. Frida ose se montrer telle qu'elle est dans ce moment d'extrême dénuement : une épave.

Avec cette peinture, Frida impose un style direct, comme un dialogue brutal sur les complexités de la vie. L'étrangeté de cette composition aimante le regard, invitant à analyser, à interpréter chaque élément : l'escargot, l'orchidée violette,

---

73. HERRERA, Hayden, *Frida Kahlo*, Paris, Flammarion, coll. « Grandes Bibliographies », 2013, p. 177.

74. Peint en 1932.

la mécanique abandonnée à gauche du tableau. Cette peinture fait émerger un cri de panique, une pulsion complexe de vie et de mort, en créant ce qui sera la marque de fabrique des œuvres de Frida : une connexion intime entre elle et le public. Après la réalisation de cette toile, Lucienne et Diego associent leurs énergies et leurs talents pour l'aider à lutter contre la dépression. Connaissant sa curiosité intrinsèque, Lucienne incite Frida à explorer une autre technique artistique : la lithographie, sous la houlette d'un artisan d'art. Malgré sa santé chancelante, elle y travaille plus de huit heures par jour. Le résultat, lorsqu'elle procède à l'impression, est décevant. Diego l'encourage à poursuivre. Elle s'acharne et obtient une meilleure qualité. Cependant, elle préfère l'intimité de la peinture à l'huile. Pour tromper sa tristesse, Frida étudie également la biologie, l'anatomie et l'histoire, et donne des cours d'espagnol à Lucienne. Celle-ci observe qu'elle « a de grosses difficultés à faire les choses avec régularité[75] ». Frida a gardé des apprentissages paternels un sens du détail, un goût de l'ordre et une méticulosité, mais elle se laisse facilement distraire par une visite impromptue. De ce séjour douloureux à Détroit, Frida amorce un changement de posture quant à sa qualité de peintre. Mi-sérieuse mi-ironique, elle refuse d'adopter la tenue professionnelle des artistes-peintres féminines (une salopette), et juxtapose, sur ses grandes jupes colorées, un tablier à volants, plus propice à évoquer une fête qu'un travail concentré de peintre. Frida garde humour et détachement face à son travail. Même au faîte de sa reconnaissance publique, elle est insensible à l'admiration et aux encouragements qu'on lui prodigue. Son comportement est à l'inverse d'une carriériste. Ses peintures cherchent à toucher, de façon la plus directe et la plus parlante possibles. Le fait d'être marié à Diego, considéré par ses contemporains comme un

75. HERRERA, Hayden, *Frida Kahlo*, Paris, Flammarion, coll. « Grandes Bibliographies », 2013, p. 191.

génie, la protège-t-elle de la notoriété ? Ou a-t-elle délibérément choisi de minimiser son travail, reléguant ses créations au rang d'« exotiques » ou de « charmantes[76] » pour se tenir à l'écart des critiques et/ou de la concurrence ? De façon certaine, Frida reste passionnée par la recherche d'innovations et par la dynamique créative. C'est par la mobilisation de ses capacités à réaliser des associations et des connexions créatives qu'elle retrouve goût à la vie. Elle développe des méthodes de travail insolites en faisant élever dans son atelier un tube d'aluminium sur lequel coulisse un support, selon l'état d'avancement du tableau, et en lui donnant la possibilité de peindre debout ou couchée, selon son état physique. Elle réinterroge la façon de présenter ses peintures : pourquoi toujours accrocher des peintures au mur[77] ? Elle utilise, sous l'influence de Diego et pour la première fois, le métal pour ancrer son œuvre dans les traditions picturales mexicaines, les *retablos*[78]. Frida s'inspire de ses traditions culturelles et réinterprète les symboles de ces *retablos* (un personnage sacré, la Vierge, le Christ ou un saint qui sauve un malade menacé) en mélangeant réalité et imaginaire et en rendant compte, par de nombreux détails, de la souffrance physique, sans fausse pudeur, mais sans recherche d'objectivité. À la fin de 1933, les Rivera rentrent au Mexique après quatre années presque ininterrompues aux États-Unis. Frida aspire à ces retrouvailles avec son pays natal et espère une existence harmonieuse avec son mari. En observant sa production picturale, cet objectif ne semble pas atteint. De 1934 à 1935, elle crée deux tableaux dont l'un – « Quelques petites coupures » – est révélateur d'une autre douleur qui

76. Herrera, Hayden, *Frida Kahlo*, Paris, Flammarion, coll. « Grandes Bibliographies », 2013, p. 271

77. Herrera, Hayden, *Frida Kahlo*, Paris, Flammarion, coll. « Grandes Bibliographies », 2013, p. 186.

78. Petites peintures réalisées sur des plaques de métal pour exprimer la gratitude envers les saints ou les divinités, qui témoignent de l'art, de la culture et des croyances du peuple mexicain.

la touche au plus profond d'elle-même[79]. Ce tableau est issu d'un fait divers sur les violences faites à une femme par son amant ivrogne, qui l'a criblée de vingt coups de couteau. Aux juges qui l'interrogent sur le mobile de cet acte ignoble, l'homme répond qu'« il ne lui a fait que quelques petites coupures[80] ». Frida dépeint les stéréotypes à l'œuvre dans cette société mexicaine, le « macho » et la « *chingada*[81] » (littéralement « la baisée »), la réduction des femmes à des objets dont l'homme peut disposer à son gré. Elle explique à un ami qu'elle a représenté le meurtrier sous l'aspect d'un macho, parce qu'au Mexique, « il est tout à fait satisfaisant et normal de tuer[82] ». Frida y voit aussi un lien avec la victime car elle se dit elle-même « assassinée par la vie[83] ». Pendant ce temps, Diego a séduit sa sœur Christina, toute en sensualité et en admiration pour lui, et c'est un traumatisme affectif pour Frida. Ce tableau est la représentation particulièrement sanglante de leur relation, faite de souffrance, de cruauté et, malgré tout, d'absolue nécessité. Cet épisode dans leur couple anticonformiste et libre est néanmoins un cauchemar pour Frida, sa sœur Christina étant sa seule véritable alliée. Frida quitte leur maison, évite de « se laisser emporter par des préjugés idiots[84] », et cherche à sortir du statut de victime pour devenir cette jeune femme qu'elle dépeint dans l'*Autoportrait aux cheveux bouclés*[85], sage et sereine. Frida réussira à pardonner à sa sœur après de multiples

79. Peint en 1935.
80. HERRERA, Hayden, *Frida Kahlo*, Paris, Flammarion, coll. « Grandes Bibliographies », 2013, p. 220.
81. HERRERA, Hayden, *Frida Kahlo*, Paris, Flammarion, coll. « Grandes Bibliographies », 2013, p. 220.
82. HERRERA, Hayden, *Frida Kahlo*, Paris, Flammarion, coll. « Grandes Bibliographies », 2013, p. 221.
83. HERRERA, Hayden, *Frida Kahlo*, Paris, Flammarion, coll. « Grandes Bibliographies », 2013, p. 221.
84. HERRERA, Hayden, *Frida Kahlo*, Paris, Flammarion, coll. « Grandes Bibliographies », 2013, p. 225.
85. Peint en 1935.

séparations et retrouvailles avec Diego, gardant l'essentiel dans chacune de ses relations : la complicité intellectuelle et artistique avec Diego, la confidence attentive avec Christina.

Face à l'avalanche de douleur, encaissée par Frida et sa résistance hors du commun, que nous dit-elle sur les leviers à activer dans ces moments d'intenses et durables vulnérabilités ?

Les inspirations de Frida pour résister à (presque) tout

COACHING

« L'art de Frida est un ruban noué autour d'une bombe », disait André Breton. Frida, face aux nombreuses épreuves, corporelles comme émotionnelles, se révèle une conquérante. Elle tire sa force de sa vulnérabilité, et va au bout d'elle-même et de son projet de création. À chaque épreuve, facteur de souffrances, elle gagne en sincérité et en conscience, et transforme son art. Son art est sa seule intégrité, sa révolte, son unique moyen de survivre à son corps dégradé, à son amour tumultueux avec Diego et à ses questions angoissées sur son envie d'être mère. Elle ose se montrer dans le vif de ses émotions et de ses souffrances.

- *Qu'est-ce que cela vous inspire ?*
- *En quoi sa capacité à exprimer, via un véhicule créatif (sa peinture), ses émotions et ses états physiques sans filtre vous parle ?*
- *Vous questionne sur vous et l'expression de ce qui vous aide dans les moments douloureux ?*

Frida nous donne également quelques pistes pour aider notre cerveau à sortir de la rumination (ce dont elle parle au moment de l'infidélité de Diego avec sa sœur Christina) :

- accepter notre angoisse, notre tristesse, comme point de départ pour s'approprier l'idée que ce que nous vivons sur un plan affectif et émotionnel est normal et que les représentations du monde que nous nous faisions ont changé ;

- utiliser un outil précieux, l'écriture expressive, pour exprimer la transformation qui se joue en nous, par exemple :
  - *« Aujourd'hui, je suis une personne différente, quelles sont les pertes que j'ai subies et qu'aie-je gagné ? »*
- Enfin, Frida sait utiliser en pleine tourmente ses fonctions cérébrales créatives, qui aboutissent parfois à des innovations (son chevalet en hauteur pour accrocher ses toiles et peindre debout ou allongée).
  - *Comment s'y prend-t-elle ?*

Contrairement à ce mythe archétypal du génie solitaire frappé soudainement par une illumination créative, la créativité de Frida s'est construite grâce à un nuage d'influences et d'inspirations qui s'entremêlent : sa connaissance pointue de l'histoire et de l'art mexicain, ses propres expériences, sa connaissance et son intérêt pour la biologie et l'anatomie. Les neurosciences nous apprennent[86] que, chez la plupart d'entre nous, la réflexion est cloisonnée, tandis que chez les personnes plus créatives, elle fonctionne en roue libre.

L'analogie de la bibliothécaire et du chef d'orchestre illustre ce qui se passe dans notre cerveau :

- la bibliothécaire range toutes les sources d'informations afin que le mode mental automatique (mode par défaut) puisse rapidement trouver une solution à notre problème ;
- le chef d'orchestre est le créatif qui crée des liens insolites, pilotant les processus cognitifs en enchainant les connexions improbables.

86. Nielsen, Dorte et Thurber, Sarah, *Les Secrets de la pensées créative*, Paris, Pyramid Éditions, 2017, p. 56-60.

Entrainez-vous, à l'image de Frida qui aime l'humour, même dans les pires moments, à réaliser des connexions en vous posant des questions comme :

- *« Quel rapprochement pouvez-vous faire entre des moufles et une boite aux lettres ? »*
- *« Un ventilateur et une prise de karaté, des chaussures de sport et un moule à gaufres ? »*

Multiplier les lectures, les aventures, les informations venues de lieux inattendus, de sources incongrues, les voyages... Ce sont autant de chances de faire des associations inédites.

Peintre reconnue, pédagogue aimée

En 1938, encouragée par Diego, Frida participe à une exposition collective à Mexico et déclare à son amie Lucienne : « J'ai réalisé à peu près douze peintures, toutes petites et sans importance, avec les mêmes sujets personnels qui n'intéressent que moi et personne d'autre[87]. » Parmi les personnes présentes se trouve un galeriste, Julien Levy. C'est un passionné d'art, aussi beau qu'élégant, doté d'une intelligence aiguisée, qui impressionne Frida. Ils ont en commun un intérêt pour la photographie, et particulièrement cette approche méticuleuse et pure dépourvue d'effets parasites comme les floutés. Ils ont une volonté commune de rendre le spectateur témoin d'une réalité sans filtre ni artifice. Il lui propose d'exposer dans sa galerie d'art à New York. Il est le précurseur et l'ambassadeur du mouvement surréaliste aux États-Unis. Lors de l'inauguration de son exposition, Frida apparait dans ses robes colorées, avec ses bijoux étonnants de poésie, ses fleurs de couleurs vives accrochées dans l'architecture complexe de sa coiffure, laissant flotter derrière elle un parfum d'originalité et d'exotisme. Toutes les personnes

87. HERRERA, Hayden, *Frida Kahlo*, Paris, Flammarion, coll. « Grandes Bibliographies », 2013, p. 270.

présentes sont subjuguées par la force de vie tellurique qui anime cette femme mexicaine. La vérité, c'est que son corps commence à lâcher. Elle le sent faillir. Il lui faut éblouir fortement et rapidement, puis s'éclipser pour panser ses plaies et récupérer en énergie. L'exposition trouve un écho favorable dans la presse qui évoque, à propos de Frida, « un peintre à part entière, aussi considérable que mystérieux[88] ». Si Frida demeure peu sensible aux honneurs, son sens du contact et sa personnalité atypique lui valent des invitations mondaines. Elle ressent un certain plaisir à montrer ses talents. Son sens de la répartie et son art du storytelling, mêlant les histoires traditionnelles mexicaines et ses anecdotes sur les États-Unis, font merveille. Elle existe enfin à part entière, ayant quitté le sillage magnétique de Diego. Durant ce séjour, elle vit également une relation douce et passionnée avec le photographe Nickolas Muray, dont la gentillesse et la sincérité sont des baumes pour son cœur meurtri. Il l'aide dans l'organisation de son exposition à New York et se charge de l'acheminement et de l'installation des œuvres. Toujours en 1938, André Breton, porte-parole du mouvement surréaliste en France, est sollicité par le ministre des Affaires étrangères français pour donner une série de conférences au Mexique. Il est subjugué par les œuvres de Frida et lui propose d'exposer à Paris. Elle trouve l'homme arrogant et ennuyeux avec ses théories prétentieuses et ineptes, déconnectées de la réalité de la vie et de la souffrance dans laquelle elle se débat quotidiennement. En revanche, elle trouve Jacqueline, sa femme, vive et espiègle, et débute une amitié amoureuse profonde et durable. Breton rêve de la rallier à la bannière surréaliste. Son arrivée à Paris confirme ses doutes sur ses qualités d'organisateur, car la promesse d'une exposition n'a aucune réalité. Grâce à Marcel Duchamp[89], une exposition sur le Mexique a lieu en 1939 à

88. Catalogue d'exposition, 1938.

89. Marcel Duchamp (1887-1968) est un des pionniers du dadaïsme et du surréalisme. Il est connu pour sa remise en question radicale des conventions artistiques et pour sa volonté de briser les normes établies de l'art.

Paris. Frida expose ses œuvres avec d'autres artistes. Elle a 31 ans. Paris l'ennuie, mais elle décide de l'utiliser pour construire sa légende et sa réputation. Séductrice éclectique, Frida parle fort, choque autant qu'elle peut, développe des stratégies de conquêtes audacieuses, rivalisant de moues suggestives et de regards langoureux. Séduisant trois ou quatre hommes par soirée, elle finit ses nuits au hasard de ses envies. Elle se pare de ses robes inégalables. On la croirait sortie d'un cirque. Elle est l'objet des désirs de toute cette société intellectuelle et artistique. Le monde de la haute couture est sensible à l'esthétisme de ses costumes, et Elsa Schiaparelli dessine une robe, « Madame Rivera », pour les Parisiennes. Frida fait même la couverture du magazine *Vogue*. Après dix ans dans l'ombre du grand Diego Rivera, elle respire le même air que lui : celui de la notoriété. Une fois admise au sein du mouvement des surréalistes, elle déclarera n'avoir jamais su qu'elle était surréaliste, jusqu'à ce qu'André Breton vienne au Mexique. « Je ne sais qu'une chose, écrit-elle : la peinture est pour moi un besoin. Et je peins toujours ce qui me passe par la tête, sans penser à rien d'autre[90]. » Frida refuse les étiquettes, tout en jouant avec les tendances de l'époque. Complexe et originale, elle maitrise son image. En 1942, l'École de peinture et de sculpture du ministère de l'Éducation publique ouvre ses portes au Mexique, sous l'impulsion de celui qui sera son directeur, Antonio Ruiz, qui recrute une pléiade de talents, dont Diego et Frida, pour assumer les missions d'enseignement. Frida fait sensation à son arrivée. Une de ses élèves raconte : « Dans un premier temps, quand on m'a dit que j'allais avoir une femme professeur, cette idée m'a déplu. Au Mexique, la gent masculine contrôle tout. Mais dès l'instant où j'ai fait la connaissance de Frida ; j'ai été fascinée. Elle était unique. Elle avait énormément d'humour et d'amour de

90. HERRERA, Hayden, *Frida Kahlo*, Paris, Flammarion, coll. « Grandes Bibliographies », 2013, p. 303.

la vie[91]. » Frida détonne par son positionnement en tant que pédagogue. Elle se détourne de la posture classique d'expert ; le sachant qui transmet de façon professorale à son élève. « Tu vas être mon élève ! Écoute, comment ça se passe ce truc de donner des cours ? Je n'en sais rien. Mais je crois que cela va aller[92]. » Grâce à sa sensibilité et à son expérience, Frida comprend d'emblée, pour transmettre efficacement, la nécessité de créer une relation de confiance. Sa gaieté, sa simplicité et sa proximité avec ses élèves développent confiance et sentiment d'appartenance. Son discours est clair, fondé sur trois clés qu'elle incarne : apprendre la technique, faire preuve d'autodiscipline et s'abandonner à l'amour de l'art et de la peinture. Elle adopte volontiers un ton humble, précisant « qu'il n'existe pas un seul professeur capable d'enseigner l'histoire de l'art[93] ». Ses cours sont antiacadémiques. Elle est une éveilleuse de talents, observant, chez chacun de ses élèves, son tempérament et ses motivations, et oriente sa pédagogie pour stimuler cette réserve d'envie et de motivation. Elle leur apprend à développer un auto-feedback avec recul, objectivité et orienté vers un objectif de croissance personnelle. Ses remarques sont pertinentes, voire pénétrantes, sans jugement sur la personne et sans « recettes » à appliquer. Plutôt que de suivre la voie d'un maitre, ce qui intéresse Frida, c'est la capacité à mobiliser ressources, intelligence et sens critique pour trouver sa voie d'expression picturale. En cela, elle diffère de Diego qui, lui, impose un style (le sien !) comme base pour devenir un peintre. Frida pense que nos réserves de créativité viennent d'expériences diverses. Elle apprend à chacun de ses élèves à utiliser son regard d'artiste et à le poser sur le monde, le Mexique, la vie. Pour elle, le

---

91. HERRERA, Hayden, *Frida Kahlo*, Paris, Flammarion, coll. « Grandes Bibliographies », 2013, p. 389.

92. HERRERA, Hayden, *Frida Kahlo*, Paris, Flammarion, coll. « Grandes Bibliographies », 2013, p. 389.

93. HERRERA, Hayden, *Frida Kahlo*, Paris, Flammarion, coll. « Grandes Bibliographies », 2013, p. 390.

regard et la sensibilité doivent être au cœur du projet artistique. Pour cela, l'expérience sensorielle du vécu permet de libérer sa créativité. Elle fait sortir ses élèves de l'atelier « pour peindre la vie de la rue[94] ». Plus tard, quand se déplacer devient un défi, elle ouvre sa maison à ses étudiants selon le même principe. Elle transmet une approche esthétique de la vie quotidienne en utilisant le jeu : par exemple, créer une composition originale avec objets, fruits et animaux. Elle les pousse également à intégrer des matières, à priori éloignées de l'art, comme la biologie, en leur faisant observer au microscope les micro-organismes des végétaux. Fascinée par le cycle de la vie, elle leur donne de temps à autre des cours d'éducation sexuelle, pour clarifier le fonctionnement du corps humain. Lorsqu'un projet d'envergure est obtenu grâce à l'influence de Frida, elle pilote une dizaine d'adolescents, entre 14 et 19 ans, pour créer deux fresques sur les murs de l'école. Le travail est effectué dans la joie et le plaisir de coopérer. Il séduit immédiatement par la pertinence et la maitrise de la composition.

En s'inspirant de Frida-la-pédagogue,
que nous invite-t-elle à développer comme posture
pour transmettre, accompagner et éduquer un jeune public ?

Les inspirations de Frida
pour transmettre et accompagner

COACHING

Frida sait d'emblée mobiliser l'engagement de ses étudiants, en les rendant acteurs de leurs apprentissages,

94. Herrera, Hayden, *Frida Kahlo*, Paris, Flammarion, coll. « Grandes Bibliographies », 2013, p. 392.

c'est-à-dire en stimulant leur curiosité, en les aidant à se poser des questions et à renouveler leurs idées et leurs pratiques.

Stanislas Dehaene[95] nous apprend que notre cerveau, pour retenir une information, doit d'abord former une carte mentale du monde extérieur, pour ensuite le projeter sur son environnement et le mettre « à l'épreuve en comparant ses prédictions avec la réalité sensorielle[96] ». Ce travail mental implique une posture active, engagée et attentive. « On n'apprend bien que si on a une idée claire du but à atteindre, et qu'on adhère pleinement à l'objectif[97]. » Frida, par la variété des expériences qu'elle propose à ses élèves, leur permet de régénérer leurs modèles mentaux, d'explorer cognitivement des idées, de générer des hypothèses, de leur permettre par l'auto-feedback qu'elle transmet de reformuler leurs apprentissages, gages d'ancrages mémoriels durables. De plus, elle privilégie l'expérimentation en premier lieu, puis donne des explications et les fait travailler en petits groupes. Résultat (confirmé par les expériences scientifiques de Dehaene) : l'apprentissage est meilleur quand les individus bénéficient d'une interaction active entre eux et les objets.

Frida donne des explications claires : la technique/la discipline/l'art du savoir regarder avec ses sens et sa sensibilité ; puis les met à l'épreuve via l'expérience directe de la peinture.

Enfin, elle mise sur un atout essentiel dans l'apprentissage : la curiosité (qui n'est pas du tout un vilain défaut !). Cette curiosité est une force qui nous incite à explorer. Dans notre cerveau, la découverte d'une information inconnue

95. Stanislas Dehaene est professeur au Collège de France, titulaire de la chaire de psychologie cognitive expérimentale et membre de l'Académie des sciences. Il préside le Conseil scientifiques de l'Éducation nationale.

96. Dehaene, Stanislas, *Apprendre ! Les talents du cerveau, le défi des machines*, Paris, Odile Jacob, 2018, p. 243.

97. Dehaene, Stanislas, *Apprendre ! Les talents du cerveau, le défi des machines*, Paris, Odile Jacob, 2018, p. 243.

active le circuit de la dopamine (circuit de la récompense, dont nous avons déjà parlé).

En résumé, si vous avez à transmettre, à accompagner des enfants/adolescents dans la maitrise de leurs savoirs, posez-vous deux questions :

- *comment les rendre acteurs/auteurs de leurs connaissances ?*
- *comment stimuler expériences diverses et curiosité ?*

Viva la vida !

En 1954, le corps de Frida n'est plus que douleur ininterrompue. Bourrée de drogues, son comportement change, il devient imprévisible. Diego tient comme il peut. Parfois, il pleure et confie à son entourage : « Si j'avais le courage, je la tuerais. Je ne supporte pas de la voir souffrir comme cela[98]. » Frida continue chaque jour de se vêtir et de se coiffer avec soin, mais l'espoir s'est évanoui. Elle a l'impression d'habiller un squelette. Après l'amputation de sa jambe droite jusqu'au genou, la souffrance explose : « J'ai beau jouer la forte, il y a des fois où j'aimerais bien jeter l'éponge[99] ». Le combat de cette femme audacieuse, fière et opiniâtre, supportant stoïquement son corps martyrisé émeut. Baignant depuis l'enfance dans les affres de la souffrance, il n'y a, dans ses cinquante-cinq autoportraits, ni apitoiement, ni sensiblerie, ni complaisance envers elle-même. Elle use de son goût singulier de la théâtralisation pour préserver sa dignité d'être humain. Vivant depuis toujours avec son double, Frida brille, parade et éblouit... Puis, soudainement, change de registre et avoue « se sentir un déchet[100] ». Son tableau *Arbre de*

98. HERRERA, Hayden, *Frida Kahlo*, Paris, Flammarion, coll. « Grandes Bibliographies », 2013, p. 493.
99. Lettre de Frida Kahlo à Eduardo Morillo Safa, 11 oct. 1946.
100. GARDOU, Charles, *Frida Kahlo. De la douleur de vivre à la fièvre de peindre*, Paris, Éditions Erès, 2005, p. 129.

l'espérance, reste ferme[101], l'un de ses derniers, évoque ces deux Frida : l'une représentant le jour, l'autre la nuit. Le corps mutilé est attribué au soleil. La Frida forte, remplie d'espoir, correspond à la lune. Lutte sans fin entre la mort qui habite constamment ses mots et ses peintures, et la vie qu'elle choisit, toujours, malgré le travail usant qu'elle s'impose. Frida ne peint pas pour être aimée, même si elle a joui de cette turbulence médiatique. Elle vise la transparence, comme une fenêtre qu'elle ouvre sur son intériorité. Elle peint la vérité de son désarroi et de sa détresse. Elle a, logiquement, horreur des gens qui se prennent au sérieux, qui déclament théorie et concepts mais restent figés devant l'action.

Frida braque ses yeux sur notre féminité blessée, sur notre condition humaine : désemparées, vulnérables par essence. Elle ne fait pas de nos faiblesses un porte-drapeau, mais une source de création pour tenir debout, pour agir face aux injustices, pour aimer avec frénésie, pour s'arracher à notre propre chair. Frida, ou l'art d'être SOI !

101. Peint en 1946.

Conclusion

Face à la montée en puissance des discriminations, comme l'atteste la déferlante de contenus ouvertement misogynes des masculinistes[1] en écho à #MeToo, comment le parcours de ces six femmes peut-il éclairer les combats d'aujourd'hui ?

Quels mécanismes communs ont-elles activés pour se libérer de la peur, comme Lucie ; pour déjouer les stéréotypes de genre et la discrimination raciale, comme Joséphine ; pour se faire une place dans le monde très masculin du cinéma, comme Alice ; pour combattre la barbarie et trouver des moyens de rester en vie face au déni d'humanité, comme Germaine ; pour créer des œuvres originales et résolument touchantes malgré un corps émietté, comme Frida ; ou, enfin, pour fédérer les énergies humaines au service d'un projet européen et pacifiste, comme Louise ?

Quels sont les invariants du succès de ces six personnalités, dont vous pouvez vous servir ? Ils sont à votre portée afin de vous créer une vie pleine, passionnante et congruente !

1. Cf. LEGROS, Claire, « L'heure du Monde », podcast ép. « Masculinisme : l'important regain d'une pensée millénaire », sur *Le Monde*, avril 2024.

Tout commence par être l'auteur de sa vie et de sa destinée

Avec leurs moyens, leur culture, leurs ressources cognitives, émotionnelles et physiques, ces femmes ont cherché à exister, à créer un *opéra* au sens latin du terme, c'est-à-dire « une œuvre ». Elles ont pris leur existence à bras-le-corps. Elles ont échappé aux plans préétablis pour elles : femme soumise et silencieuse pour Lucie, « femmes de » pour Louise, Alice et Frida, femme invisible pour Joséphine.

Elles ont rédigé, chapitre par chapitre, leur propre histoire et ont fait mentir l'hypothèse du déterminisme selon laquelle les mêmes causes produisent des effets similaires.

Vouloir être l'auteure de sa propre vie a impliqué, pour chacune de ces femmes, de se rendre responsable de ses choix. Elles ont hérité d'une condition sociale, d'un statut infériorisant, d'un corps martyrisé, d'une posture d'assistance et de service et, pourtant, elles sont devenues des créatrices. L'œuvre qu'elles ont faite de leur existence a une valeur à nos yeux et aux yeux de l'Histoire. Si cette volonté d'être auteure de sa vie les a guidées, elles ont toutes laissé de la place à l'indéterminé, à l'improvisation, à l'imprévisible et au flou.

Malgré la rigueur dans l'organisation dont Lucie Baud fait preuve au cours de son engagement syndical, elle offre un espace de liberté aux ouvrières, qui rivalisent de créativité et de joie. Elle leur permet ainsi de devenir, elles aussi, créatrices d'une œuvre originale.

Joséphine Baker accepte la proposition de Caroline Dudley sans véritablement connaitre les détails de cette aventure, point de départ de l'élan créateur qui la propulsera au rang d'artiste mondialement reconnue et d'icône de la lutte contre la discrimination raciale.

Alice Guy se lance dans l'écriture et la scénarisation de films, choisit de restée concentrée sur ses aptitudes créatives et se laisse absorber par les défis humains des Etats-Unis, qu'elle sait capter et mettre en image.

Louise Weiss, éreintée par la Première Guerre mondiale, décide de partir vers des territoires étrangers pour expérimenter émotionnellement et intellectuellement les contradictions d'une Europe fragmentée dont elle saura expliquer le sens à travers son journal *L'Europe nouvelle*.

Frida Kahlo et sa « planète de douleurs », en contact permanent avec l'imprévisibilité des choses, saura accepter ce mouvement qui finalement la mènera vers une création insolite et percutante.

Enfin, Germaine Tillion, par son observation aiguisée du comportement des êtres humains dans des situations extrêmes, improvise des actions nouvelles pour elle, comme l'écriture de cet opéra au sein du camp d'extermination de Ravensbrück.

Ces six femmes nous invitent ainsi à nous poser trois questions :

- quelle part d'initiative, de liberté et de responsabilité ai-je à l'égard de ma vie ?
- comment puis-je accepter de me laisser transformer par ce qui m'arrive ?
- et pour en faire quoi ?

Lucie Baud, après s'être soumise aux lois patronales et patriarcales, décide de prendre sa part de responsabilité et d'initiative dans la défense des femmes ouvrières, ouvrant un long combat pour le respect de leurs droits. Elle en sortira transformée, incomprise de ses proches, mais avec une conviction : la nécessité d'une solidarité et d'une unité dans le combat collectif.

Germaine Tillion positionne son existence comme une responsabilité individuelle à comprendre le monde, à discerner hommes et actions avec recul et indépendance d'esprit. Pour elle, il s'agit de regarder les événements comme des objets à analyser, pour préparer une action juste pour soi et pour le monde : cette façon d'être au monde pilotera toute sa vie.

S'épanouir dans le mouvement

Ces six femmes nous invitent à imaginer que le mouvement, le changement, la souplesse et l'adaptabilité se révèlent être des conditions favorables pour suivre son élan créateur. Accueillir en soi un flux qui mène vers autre chose est un processus qui s'opère dans la durée, avec son propre rythme, sa propre mélodie. Henri Bergson le souligne : « Notre personnalité, [...] c'est une continuité de mouvement, une continuité de changement[2]. »

Lucie Baud prend le temps d'observer son environnement pour, ensuite, aller vers son acte créateur et s'affranchir de la peur en créant un syndicat. Joséphine accepte, au sommet de sa popularité, de repartir de zéro et d'apprendre différement pour enrichir son tempérament d'artiste.

Ces femmes nous guident dans ce que nous pouvons appeler « la création de soi ». Chacune à sa façon, elles se sont toutes affranchies du « moi » social figé : Louise, lorsqu'elle décide d'aller à l'encontre des injonctions parentales et éducatives et de suivre la voie du journalisme au lieu de celle du mariage ; Frida, lorsqu'elle choisit de devenir une artiste à part entière ; Germaine, lorsqu'elle relève le défi de partir observer les populations dans les Aurès. Aucune n'envisage sa vie comme une ligne droite nécessitant, pour changer de direction, un sacrifice ou un renoncement. Elles nous invitent à « une éthique du multiple[3] » : une capacité à garder une certaine cohérence, une unité et une fiabilité, tout en développant l'idée de pouvoir être des personnes différentes à certaines phases de notre vie. Comment s'autoriser

---

2. Cf. MARIN, Claire, « Bergson nous apprend à ne pas passer à côté de sa vie », *Philosophie Magazine*, nov. 2019. Henri Bergson : « La pensée et le Mouvant », publié chez Félix Alcan en 1934. La perception du changement : 1ère conférence », conférences faites à l'université d'Oxford (1911), Quadrige, p.149.

3. Expression empruntée à Claire Marin, dans « Bergson nous apprend à ne pas passer à côté de sa vie », *Philosophie Magazine*, nov. 2019.

à se surprendre à créer quelque chose de neuf, tout en gardant une part de cohérence intime ?

Germaine conserve toute sa vie une façon ethnologique d'être au monde, mais elle se réinvente, en plein chaos, dans le camp de Ravensbrück en créant un opéra qui la maintient en vie. Elle poursuit cette « réinvention d'elle-même » au moment de la guerre d'Algérie, où elle saura trouver les mots et la posture justes pour imposer respect et dialogue avec le leader du FLN. Louise, face à l'échec de la SDN, embrasse pour quelques années une autre cause, celle du féminisme. Alice se surprend, après la projection des premiers films des frères Lumière, à négocier auprès de Gaumont pour créer des synopsis et les premiers films de fiction de l'histoire du cinéma.

Quel que soit le moment de votre vie où vous êtes actuellement, osez faire comme elles, en vous posant cette question :

- *quelles ambitions, peut-être oubliées, délaissées, inexploitées, pourraient aujourd'hui se traduire en audace pour m'affirmer différemment ?*

Une souffrance traversée et finalement transformatrice

Germaine Tillion l'écrira : elle a « traversé le mal[4] » et l'extrême douleur de l'univers inhumain de Heinrich Himmler. Elle a su mobiliser sa fermeté d'âme, ne pas se laisser accabler par un système mortifère, en gardant sa passion du savoir et de la transmission. Joséphine, jeune fille, se fige, impuissante face au crime raciste dont elle est témoin. Cet événement dramatique lui ouvre un espace de compassion pour l'autre, qu'elle activera toute sa vie. Frida est confrontée dès son plus jeune âge à la souffrance corporelle. Elle intègre l'idée de déchéance et de dégradation physiques,

4. Cf. TILLION, Germaine, *La Traversée du mal*, Paris, Arléa, 2015.

qu'elle transcende pour accéder à un autre soi, qui palpite au rythme de la création. Alice est brisée, à l'issue de son divorce, mais elle reste lucide sur la gestion calamiteuse de son entreprise par son mari. À la fin de sa vie, elle trouve la force de se réinventer en auteure de livres pour enfant.

Ces survivantes, ces revenantes du racisme et de l'injustice restent toujours embrassées d'amour : de la connaissance, de la fraternité, de la solidarité, de la création, de la coopération... Face à leur souffrance, elles savent déployer compassion et tolérance dans leurs interactions avec les autres. Elles nous interpellent, par leurs écrits et leur art, à être et demeurer des acteurs et actrices inlassables de l'altérité.

Trouver une puissance d'agir dans une certaine vision de l'humanité

Toutes les six ont réfléchi, clarifié le « vers quoi » et le « à quoi » elles veulent contribuer dans leur vie. C'est au nom de ce « pour quoi » qu'elles ont mobilisé leur puissance d'agir en s'engageant. Elles ont eu le sentiment de participer à une histoire plus grande que la leur, de défendre plus que leur propre existence, tout en restant elles-mêmes. Toutes ont décliné concrètement les notions de solidarité et de coopération. Leur puissance d'action est venue de leur capacité à être affectées par le monde, à le comprendre avec leur sensibilité, leurs forces et leur vulnérabilité. Si elles ont tâtonné, hésité, elles ont finalement trouvé une dynamique qui les a fait respirer à pleins poumons.

Elles nous poussent à se poser la question :

– *quelle dynamique est-ce que je veux amorcer pour respirer à pleins poumons ?*

Dans vos vies quotidiennes, prenez le temps de vous observer dans vos actions, vos pensées et repérez ce qui vous procure cette sensation de vivre « à pleins poumons », ce sentiment de gratitude et de joie.

L'expérimentation de la lutte sociale pour Lucie, de la guerre pour Louise, de la discrimination pour Joséphine, de la douleur pour Frida, de la déportation pour Germaine, du sexisme ordinaire pour Alice ont accéléré leurs prises de conscience, ont modifié leur regard sur elles-mêmes. Ce vécu a ouvert des possibles, des voies nouvelles qu'elles n'imaginaient, *a priori*, pas et qui ont abouti à des créations majeures : le premier syndicat d'ouvrières, des œuvres intenses et puissantes, des films dérangeants et diversifiés, des communications percutantes sur les enjeux politiques de l'entre-deux guerre, des analyses percutantes sur l'altérité et les organisations humaines, des spectacles joyeux et originaux...

Elles nous invitent, à l'issue de ce voyage, à se poser cette ultime question :

– *au gré de mes expérimentations, ne fais-je que répéter ou est-ce que j'ose tisser, créer autre chose et autrement ?*

Remerciements

Je tiens à remercier Enrick Barbillon, éditeur engagé, avec qui ce travail de création fut riche et profitable ; et Julia Fauconnier, subtile et efficace correctrice, qui a pris le temps de me relire, de me conseiller et de me soutenir tout au long de ce travail. Qu'elle soit chaleureusement remerciée pour cette aide !

Merci à mon équipe, et particulièrement Yann Harlaut, historien de talent, qui a su trouver textes, articles et biographies ; solides bases historiques, indispensables, pour connaitre et comprendre ces six femmes.

Enfin, je tiens à remercier du fond du cœur celui qui partage ma vie pour sa patience, ses encouragements, sa drôlerie, son art fascinant de dialoguer avec le cosmos et de m'ouvrir des espaces insolites et créatifs.

Imprimé en UE (Bulgarie) par Colorix

Dépôt légal : quatrième trimestre 2024

Diffusion, distribution :
– France, Belgique : DILISCO
– Suisse : OLF
– Canada (Québec) : SOMABEC